本书为甘肃省“飞天学者特聘计划”人才项目、
甘肃政法大学国家治理协同研究创新团队**研究成果**

GONGGONG WENHUA ZHILI DAOLUN

公共文化
治理导论

曹爱军◎著

中国经济出版社
CHINA ECONOMIC PUBLISHING HOUSE
·北京·

图书在版编目（CIP）数据

公共文化治理导论/曹爱军著．
—北京：中国经济出版社，2019.12
ISBN 978-7-5136-5898-0

Ⅰ.①公… Ⅱ.①曹… Ⅲ.①公共管理—文化工作—研究—中国 Ⅳ.①G123

中国版本图书馆 CIP 数据核字（2019）第 276514 号

责任编辑　夏军城
责任印制　马小宾
封面设计　任燕飞

出版发行　中国经济出版社
印 刷 者　北京九州迅驰传媒文化有限公司
经 销 者　各地新华书店
开　　本　710mm×1000mm　1/16
印　　张　16
字　　数　254 千字
版　　次　2019 年 12 月第 1 版
印　　次　2019 年 12 月第 1 次
定　　价　68.00 元
广告经营许可证　京西工商广字第 8179 号

中国经济出版社 **网址** www.economyph.com **社址** 北京市东城区安定门外大街 58 号 **邮编** 100011
本版图书如存在印装质量问题，请与本社销售中心联系调换（联系电话：010-57512564）

引言

文化是一个国家、一个民族的灵魂。文化是民族发展的精神血脉，是民族凝聚力、国家软实力的重要来源。在国家治理的宏观视野中，文化发展既与文化生产力和文化业态融合有关，也与公民文化权利和文化享有有关，更与国家文化主权和文化秩序有关。新时代国家建设总体战略布局中，文化建设作为“五位一体”格局的其中一维，在国家治理体系中的战略定位和社会功能日益明确。文化治理是当代中国文化建设的新思维和新趋向，体现出文化强国的战略意识，表达出以人为本的发展理念和价值取向，展现出社会人文精神在社会教化、文化传播、信仰重塑、认同强化等方面的重要作用。

公共文化是以公共性为特质的文化形态，是社会文化生态系统的重要构成。公共文化作为一种公益性、全民性和价值导向性的文化形态，具有公共性的物质形态、规范性的制度平台和导向性的精神内核。公共文化的核心价值引领和公共需求导向，使其对社会大众的思想意识、价值取向和行为习惯发挥着广泛而深刻的影响。值得注意的是，我国长期非均衡发展，造成公共文化事业发展滞后，引发公共文化地带的式微，社会多元文化形式的平衡状态被打破。公共文化地带的式微引发社会公共意识、公共舆论、公共道德的弱化甚至异化。在利益分化、意义竞争、规则多元的转型社会，民众生活日渐世俗化、自利化、疏离化，以互助、互惠、合作为内核的群体意识和集体行动在减退，基层社会的“公共性”在消解。

公共文化建设作为当代中国文化建设的重大实践，有其深远的民族文化使命，那就是建立民族文化家园，建设超越于意识形态之上的民族文化精神结构和文化根性谱系，重塑社会文化生态。通过公共文化建设，发掘并创造一些为民众认同的文化事项，加深民众对民族文化谱系和精神内涵的体验和情感，强化民众对公共生活伦理和文化秩序的认同，从而产生普遍的文化自觉、文化自信和文化认同，重建民众的精神结构和文化品格，使民众不至于在日用文化、商业文化提供的感官享受中蜕变成“单向度的人”。发展公共文化事业，就是要净化社会的文化环境，通过弘扬主旋律、倡导主导价值观、强调社会公平，注重在全社会形成共同的理想信念和精神支柱，使传统文化与现代文化、精英文化与大众文化、商业文化与公益文化实现良性互动，并以主导文化引领社会文化的基本走向，形成主流明确、多元共存的文化生态结构。

新时代的公共文化治理，需要对我国文化发展的现实场景做出自觉回应，使公共文化回归应然的价值诉求和功能定位。公共文化治理，要合理安置诸如制度安排、政策选择和服务提升等目标，就必须意识到与它们不可割裂的意义关联和价值关联，将公共文化由高到低切分为意识形态层面、公共性层面和民间性三个截面。这样，公共文化建设才不会在单一价值引导下造成功能缺失，也不会在纷繁的文化事态面前陷入手足无措，更不会在意义遮蔽之后失去对文化发展方向的把控能力。沿着意识形态性、公共性和民间性的价值分层逻辑，公共文化建设应自觉协调好三重文化向度，即确保核心文化价值的坚守、确保公共文化生活的社会增量、确保民族文化维系的社会进化。换言之，公共文化治理必然要与公共文化的价值定位相一致，以弘扬先进文化价值、保障公民文化权益、建设民族共同文化家园为须臾不可偏离的功能目标，实现公共文化建设多重功能的存在性均衡和整体性协调。

公共文化治理是一项复杂、开放、系统的工程，是治理理念、治理实践与文化价值转换，文化体制改革相互交织、相互作用的过程。公共文化治理，以图书馆、群艺馆、博物馆、文化站等文化空间为载体，以图书、报刊、广播、电影、网络和公共文化资源为依托，以文化传播、文化娱乐、文化教育、文化传承为内容，以丰富多彩的群众性文化活动为形式，旨在保障公民文化权益，维护社会文化生态、促进国家文化认同。公共文化资源和设施的公益性、共享性，公共文化空间和场域的开放性和共建性，公共文化活动和生活的参与性和共享性，公共文化价值的建构性和传播性，意味必须以国家治理的系统思维来看待公共文化建设。公共文化治理，涉及治理主体、内容、方式及其它们的耦合。

公共文化治理追求主体异质性、过程开放性和关系协商性，强调多元行动者的共生互赖与互动合作。长期以来，我国公共文化建设突出政府及文化事业单位的主导性，漠视群众主体性、话语权和正当诉求，形成了“只输入，不培育”的嵌入式文化建设模式，公共文化建设的内生动力不足。为此，政府要有所为有所不为，适时改变全能型的角色，逐渐向社会赋权，有效挖掘民间资源、动员社会力量、利用市场机制，寻求与社会、市场的有效合作。强调多元参与、协同治理，并不是要照搬西方的“多中心、多主体”的文化治理模式，而是要尊重中国国情社情，发挥政府作为“元治理”主体的作用，通过让渡部分权力及职责，吸纳协同社会多元力量，综合利用多种文化发展要素，实现多元发展动力的有效组合和良性互动，实现多元主体的协同共治。

公共文化治理追求对社会文化发展正确方向的引领、对文化生态系统平衡态的维系。公共文化是一个内容繁杂的体系，涵盖了国家主流价值体系与时代文化、民族优秀传统文化、民间文化形式和群众日常文化生活，涉及文化价值观、道德信仰、科普知识、民间风俗和地方知识，关涉国家文化体制、文化法规与政策、公共文化资源配置、公共文化生产供给等诸多方面。公共文化治理，应秉持系统观和生态观，实现对公共文化物质层、制度层、理念层及公共文化诸要素的系统集成；要弘扬主旋律，提倡多样化，正视主导文化、精英文化、大众文化的竞争性共存，关注它们之间的交流互动和动态平衡，以先进文化引领社会文化发展的正确方向，发挥公共文化在先进文化传播、文化权益保障、文化秩序建构的作用，维系社会文化生态的平衡。

公共文化治理追求文化治理方式的民主化、科学化和多样化。公共文化治理关乎国家软实力与文化安全、国民文化享受与幸福感、社会文化秩序与文化认同，是一种涉及文化制度、文化政策、文化管理与文化服务的治理事项，应当处理好顶层设计与和基层创新的关系，完善治理体系、搭建治理平台、创新治理方式。在文化治理方式上，应打破传统全能型的文化职能体系、集权化的文化管理模式，推动政府从行政管理为主向依法管理为主、从直接管理向间接管理转变，促进行业规制向融合规制转变。公共文化治理，要科学区分文化生产与提供职能，合理定位各级政府的文化职能，以职能分工和职责异构为原则，提高各级政府和地方文化部门自主权，调动社会力量参与公共文化建设，统筹协调文化系统及全社会的资源和力量，发挥网络化治理、公民自组织治理、数字化管理等模式的作用。

目录

第一章　问题缘起与研究设计

第一节　立题逻辑

一、文化建设的时代使命

当代世界，文化作为民族国家的精神血脉，越来越成为民族凝聚力与国家软实力的重要来源。中国作为发展中的大国，文化建设作为“五个建设”的重要方面，在国家发展战略中占有主要地位。在国家发展的宏观视野，文化建设既与国家文化主权和文化秩序有关，也与公民文化权利和文化享有有关。

当今世界，国家之间的竞争不再是单纯的硬实力较量，而是越来越明显地整合了软实力，成为综合国力的较量。在国家软实力构成中，文化乃是核心和深层要素。捍卫文化主权事关民族文化的独立性和国家主权的完整性。[①] 在权力角逐和利益博弈的国际竞争中，文化、价值观、意识形态乃是国家安全的深层次内容，构成国家安全维护和社会制度竞争的重要基础。美国前总统里根认为，在社会主义与资本主义两种社会制度的竞争中，“最终的决定因素不是核弹和火箭，而是意志和精神的较量。”[②] 毛泽东曾说，无产阶级与资产阶级的较量，很大程度上是各自信仰的世界观的交锋，他们都想用自己的世界观来改造世界，从而达到“不战而屈人之

---

① 吴满意等．中国文化安全面临的挑战及其战略选择［J］．当代世界与社会主义，2004（3）：118.

② 屈全绳等．和平演变及其对策［M］．北京：知识产权出版社，1990：67.

兵”的目的。守卫精神领土、捍卫文化主权成为关乎国家命脉的战略事项，应当引起民族国家的高度重视。

在国际体系中，资本主义长期占据主导地位，形成对社会主义中国的排他。西方国家试图借助其主导的国际话语矮化中国，试图通过“意识形态入侵”扰乱中国民众的价值信仰，蓄意抛出“中国威胁论”试图遏制中国的和平崛起。在国际交往中，西方国家常以价值观划界，大搞“价值观外交”，试图在国际上分化并孤立中国。近年，日本为了遏制中国崛起，以“共同价值观”名义到处纵横捭阖，鼓吹日、美、澳、印四国应联手主导亚洲事务，试图抑制中国在亚太事务上的话语权。面对西方世界的文化渗透和战略遏制，中国需要做好“两手准备”：一方面，不断增强经济、科技、军事等硬实力；另一方面，充分发挥文化吸引力、价值感召力、国际影响力等软实力。毫无疑问，随着国家现代化的推进，中国在经济、科技、军事等方面的硬实力得到根本提升；但非均衡发展的战略思维，未能赋予文化建设应有地位，社会主义文化建设相对滞后，国家软实力未能取得同步发展。事实上，“一个民族或国家，如果精神支柱坍塌、文化阵地丧失、意识形态失控，社会成员的价值规范就会陷入混乱，国家安全就无法保障。”①

改革开放以来，中国创造了令世界瞩目的经济奇迹，“中国制造”在全球范围内随处可见；但在全球文化市场中，中国还很难称得上是文化强国，中国长期处于国际文化贸易逆差的地位，文化产品进出口结构严重失衡。在中国文化产品有限的海外市场中，文化出口产品的内容并不先进，游戏设备、文教娱乐和体育器材等硬件设施所占份额较大，创意性、理念性的文化出口相当有限，这与发达国家形成了鲜明对照。相比之下，美国的好莱坞电影、英国的科幻影片、日本的动漫业、韩国的家庭伦理剧，在国际市场都有不俗表现，成为国家文化形象展示的窗口。积极应对全球文化竞争，需要从国家利益的高度来审视文化发展，积极参与国际文化交流和竞争，有效保护自己的文化价值与文化身份，防范西方资本主义文化的渗透。

现代社会，文化生活是人的社会生活不可或缺的部分，是人的一种内在的普遍需要。马斯洛的需要层次论反映了人的需要的多样性和发展性，

① 郭建宁．中国文化强国战略［M］．北京：高等教育出版社，2012：140.

指出人的需要总体上遵循着“剥夺-主宰”律和“满足-激活”律。当人的基本生活得到满足后，精神文化需要就成为主导需要。在中国古语中，“仓廪实而知礼节，衣食足而知荣辱”蕴含了同样的意思。从国际经验来看，当一个国家人均 GDP 达到 3000 美元后，人的生存状态就逐渐从温饱型向享受型转变，国民的消费结构也会从物质消费偏重逐渐转向物质与精神消费并重。就中国而言，30 多年的超高速经济增长，使中国经济总量持续增长，2014 年中国经济总量超过 10 万亿美元，成为全球第二大经济体。粗略估计，中国人均 GDP 超过 7000 美元，总体上迈向了全面小康型社会。在此过程中，国民的文化需求得到快速释放，文化消费呈现多样化趋势。社会大众已经不满足于听广播、看电视、读书看报等文化形式，多样化的文化产品和文化服务，高品位的文化生活和文化享受正成为普遍的社会需求，以追求参与、互动和体验为特征的精神文化方式成为新的期待。文化由生活在特定时代中的人所创造，也必须服务于特定时代的人。面对社会发展蕴含的文化期许，文化系统应当予以积极回应。

当今社会，权利已发展成为思考、评价一切社会问题的重要标尺。全球范围内人权运动的推进，使人权观念得以拓展和深化，经济社会文化权利进入人权话语。人权在深层意义上，是一种基于人性关怀的信仰，是对生存的一种理想、一种盼望，包含着“人应该是什么”的思考。① 人类尽管在历史发展中形成了多样化的生活方式和文化样式，但是，文化的多样性并不排斥文化权利的普遍性。这种普遍性体现在：一是文化权利主体的普遍性。任何人都不应当被任意排除在权利享有的范围之外，除非他自愿放弃对权利的主张；二是文化权利价值的普遍性。任何国家对文化权利的尊重都应当与“普遍的善”——诸如德性、幸福与正义相联系；三是文化权利内容的广泛性。文化权利不是单项权利，而是逻辑自洽的一组“权利束”，它包括文化享受的权利、文化参与的权利、文化创造的权利、文化成果受保护的权利等。② 人权是道德意义上的，当它获得国家宪法和法律确认后，就实现了道德权利向法定权利的转化。当代中国的文化建设，是以公民文化权利为逻辑起点和终极目标的。现代社会，公民权利与国家义

① 麻宝斌等．十大基本政治观念［M］．北京：社会科学文献出版社，2011：74.
② 陈威．文化服务体系研究［M］．深圳：深圳报业集团出版社，2006：24.

务是相伴随而存在的。在一定意义上，公民的权利构成国家的义务。就中国而言，公民的文化权利得到国家根本大法的确认，由此成为国家的义务和政府的责任。

二、公共文化建设的实践逻辑

党的十六大以来，国家对文化建设给予高度重视，将其纳入“五位一体”的战略框架。从党的十六届五中全会提出“加大政府对文化事业的投入，逐步形成覆盖全社会的比较完备的公共文化服务体系”，到十七届六中全会提出“完善覆盖城乡、结构合理、功能健全、实用高效的公共文化服务体系”，再到十八大提出“要加强重大公共文化工程和文化项目建设，完善公共文化服务体系，提高服务效能”，十八届三中全会提出“构建现代公共文化服务体系”，公共文化服务体系建设一直与公民文化权益保障、国家文化软实力建设、社会主义先进文化发展、社会主义文化秩序建构等主题紧密联系在一起。

改革开放 40 年是中国社会快速发展和全面转型期，经济、社会变迁的过程必然伴随着传统文化的扬弃、社会主义新文化孕育和形成。在这一社会转型及构建社会主义和谐社会的历史时期，坚持文化秩序建构的社会主义方向，全面推进具有全民性和健康文化价值导向性的公共文化事业是必然的选择。在“五个建设”五位一体的发展格局中，文化建设相对滞后。特别是，市场经济资本逻辑的过度张扬，引发公共文化活动的萎缩，商业性文化得以大肆扩张，在很大程度上担当起了公共文化的价值引领和伦理规范责任，一些地区文化建设出现“逆流”。公共文化作为一种公益性、全民性和价值导向性的文化形态，具有公共性的物质形态、规范性的制度平台和导向性的精神内核。公共文化的“核心价值引领”和“公共需求导向”，使其对社会大众的思想意识、价值取向和行为习惯发挥着广泛而深刻的影响，在建构社会规范、维系社会秩序、构建和谐社会中起到润物无声的作用。推进公共文化事业发展，是保障公民的基本文化权利，回应公民的文化需求的基本要求。文化权利与经济权利、政治权利是当今社会人的三大权力，也是公共文化服务的基本诉求。在三大权利中，经济权利是基础，政治权利是保证，文化权利是目标。公共文化服务主要是满足全社会成员的基本文化需求，基本文化需求则是人在其生存和发展过程中所衍生出的对文化的需求。这一需求在相同的社会发展阶段中个体需求的取向是基本一致的，它是个体的人在其社会存在中所应享有的最基本的文化权利。从社会发展的角度，一个国家、民族在其社会的发展过程中，必须首先考虑其成员基本的生存状况，达到一定生存状况的文化需求，保证其基本的文化权益；在此基础上，进一步考虑国家安全、民族传统、文化形象等问题，才能保持社会的稳定与和谐。保证人民基本的文化权益是对一个健康、文明社会的基本要求，也是一个国家、民族文化形象和民族传统继承和弘扬之必需。

推进公共文化事业发展，是坚持文化发展的正确方向，弘扬社会主义先进文化的本质要求。我国正处于体制转轨和社会转型的变革时期，社会生活的方方面面正经历着激烈的碰撞。在这一社会历史时期，各种不同性质和类型的文化鱼龙混杂，粉墨登场；一时之间文化市场“硝烟弥漫”，主流文化与世俗文化、先进文化与腐朽文化、民族文化与外来文化并存共生。如果不弘扬社会主义文化主旋律，及时引导先进文化去占领文化阵地，腐朽文化就会兴风作浪，使我国社会主义事业陷入困境。弘扬社会主义先进文化，是公共文化社会功能的基本价值导向：通过公共文化，传播马克思主义基本理论、观点和方法，承担树立正确的世界观、人生观、价值观的功能；弘扬社会主义先进文化、民族优秀文化与民族精神，承担文明传承和确立文化自信心、自豪感，激发人民群众建设社会主义现代化热情的功能；提供文化设施、场所和产品，承担满足人民群众日益增长的精神文化需求，实现人民群众文化利益的功能；通过文化活动与实践，激发人们的想象力、创造力，承担培育人文精神与人文情怀的功能。

推进公共文化事业发展，是实现社会多元文化互动，优化社会文化生态的必然要求。文化以价值理性和工具理性的方式提供着人类社会发展的目的意义和根本动力。在全球化和信息化时代，文化是围绕着消费展开的，更多地与休闲娱乐和个人意志的张扬相关联。商业化对于文化的提升作用是很明显的，但商业化也容易导致文化的低俗化，忽略文化传播的精神文明实质。发展公共文化事业，是实现社会文化生态平衡和优化的基本路径。公共文化建设，应正视主流文化、精英文化、大众文化三者的互动。主流文化的中心性、统摄性、同一性，使其具有强烈的意识形态色彩，占据主导地位，承担着其控制领域内的文化监护和文化培育的权利和责任。精英文化主要以人文精神作为批判性话语，探求社会结构的本质、规律、合理性及其可能性。大众文化与主流文化、精英文化并存，一方面，以主流文化规范大众文化，为大众提供精神食粮，弘扬爱国主义、集体主义、社会主义的主旋律。主流文化调整策略，既要借鉴大众文化的成功模式，又要对大众文化因势利导，传播意识形态。另一方面，以精英文化的思想指导、学术喂养与智力支持来提升大众文化，提高大众的文化素质和精神境界，重建文化价值系统，建设涵盖和包容历史精神、人文精神和时代精神的大众文化。

推进公共文化事业发展，是实现文化资源平等共享，促进社会和谐发展的必然要求。党的十六大，中央提出了科学发展观和构建社会主义和谐社会的目标，并将积极发展文化事业和文化产业提到全面建设小康社会的国家战略高度，明确指出要快速发展文化事业和文化产业，以满足人民群众的精神文化需求，并把推动文化事业和文化产业的发展与建设和谐社会、提高政府执政能力结合起来，凸现了文化建设在人民精神文化生活及经济社会发展中的重要作用。建立覆盖全社会的公共文化服务体系，需要大量的资金投入为其提供经济基础，需要文化市场的建立和完善、需要科学合理的管理体制、需要社会整体的协调发展为其提供良好的发展环境。构建公共文化服务体系，建立公共文化资源的共建共享机制，加大公共文化产品的生产供给，推动基本公共文化服务在地域、城乡和阶层之间的协调发展，就会增进整个社会的稳定团结，促进社会经济、政治、文化的协调发展；推动公益性文化事业的可持续发展，努力发展面向现代化、面向世界、面向未来的，民族的、科学的、大众的社会主义文化，是增强我国文化凝聚力和国家软实力的重要途径。

第二节　现状综述

一、国外的理论研究与实践动态

（一）理论研究进展

在国外的理论研究中，公共服务一直是广泛关注的议题。公共物品理论基于经济学的研究路径，通过解释公共物品的概念和特性来推演“公共服务”的概念，提出可依据公共服务的属性选择恰当的生产供给方式。民主公民权理论基于政治学的理论视野，指出保障和实现公民权利，需要政府向全社会提供公共服务，这是政府责任性和政治合法性的基础。随着联合国教科文组织 1982 年“世界文化政策大会”的召开，国际社会开始把广义的文化问题纳入经济、政治和社会发展战略，“文化权利”问题日益引起发达国家的关注和重视。与此同时，西方学术界出现的公共选择理论、新公共管理、新公共服务、治理理论等秉持管理主义或宪政主义的价值观，为西方国家公共文化的发展与变革提供了理论指导。

公共文化服务作为公共服务的一种特殊范畴，国外的研究主要从公民的文化权利、政府的文化行政职能和公共文化的共同治理等方面展开。文化权利作为公民权范畴的观念受到了普遍认同，主张将其作为文化体制设计、政策制定和模式选择的核心理念，强调政府应承担其发展公益文化事业的责任，而公共文化事业的公共特性决定了公共财政对文化事业的支持。多元治理成为公共文化管理的普遍模式，强调引导并依靠社会力量，实现公共文化服务适度的社会化与市场化。随着文化平等、文化民主等概念的兴起，西方国家对于加大文化艺术的扶持力度，以及支持艺术创作与文化参与机制等方面的研究已经蔚然成形。

（二）实践发展动态

在实践上，20 世纪 80 年代以来，西方国家公共行政和公共服务改革中出现的新潮流波及文化领域，从文物遗址、博物馆、档案馆等国家文化遗产到歌剧、芭蕾舞、戏剧等民族艺术遗产，乃至公共广播电视等公共文化传播媒体和国家艺术文化中心等公共文化空间，都不同程度地卷入其中。西方各国结合文化在公共生活空间及国际竞争格局中重要性日益突显的现实，从机构设置、机制创新、政策调整等方面程度不同地对其文化管理体制进行了全面改革。[①] 各国由于具有不同的历史和国情，其在政治制度和公共管理哲学上也存在差异，由此形成了不同的公共服务制度与模式，比较成熟的模式大致有三种：

一是以法国和日本等为代表的“中央集权”或“政府主导”模式。这

① 毛少莹．发达国家的公共文化管理与服务［J］．特区实践与理论，2007（2）．

种模式下，各级政府的文化行政部门负责全社会公共文化事业发展，并为公益性文艺社团、非营利文化机构提供财政资助。这一模式的基本特征在于集权、分权、放权的交叉和并存，具体表现：其一，中央集权与地方分权相结合，能充分调动地方办文化的积极性，增加对地方文化单位和文化活动的资助；其二，国家干预与市场调节相结合，可依据不同文化行业或部门的性质和职能，合理选择资源配置方式，实现各类文化活动的有序发展；其三，集权、分权、放权并用，可根据具体情况合理选择相应的管理方式，使文化事务管理遵循文化活动规律从而便捷高效。

二是以美国、加拿大为代表的“市场分散”或“民间主导”模式。这种模式下，政府并不直接介入文化事业发展，而主要通过政策法规、项目资助等方式实现对民间文化团体和机构的引导、协调和规制。公共文化服务的提供主要由大量的非政府组织或非营利机构承担。以社会为主导，政府间接引导是这一模式的主要特征，体现：其一，政府在文化发展中主要发挥制度供给和政策协调的作用，文化单位依赖市场实现自由竞争，能有效形成多层次的文化格局，满足公众多样化的文化需要；其二，依靠众多民间文化机构来承担公共文化产品的生产供给任务，实现公共文化产品最终责任人和生产供给者的分离，有效提高文化资源配置和公共产品供给效率；其三，政府主要依靠法律制度而非行政手段来规范文化市场，主要通过经济性优惠政策而非行政拨款来扶持公益性文化单位的发展，有助于社会文化稳定有序发展。①

三是以英国、澳大利亚等为代表的“分权化”模式。政府以“一臂之距”② 与民间“建立伙伴关系”，进行文化资源的分配、文化事务的管理和文化服务的提供。这种模式强调官方和民间合作共建公共文化事业，其特点体现为③：一是横向上的集中管理。在“一臂之距”原则之下，国家文化艺术事业由中央一级文化主管部门来统一规划和协调，通过制定和贯彻国家文化政策，实现全国文化建设的协调发展。二是纵向上的分权管理。

---

① 凌金铸．公共文化行政学［M］．上海：上海交通大学出版社，2012：44-45.

② 西方国家在中央政府文化行政系统之外建立起相对自主的、半官方的、专业的文化艺术基金管理组织，置于国会和中央政府的监督下，通过独立分配国家文化基金的方式执行国家的文化政策。这种间接管理和分配文化经费的做法，被称为“一臂之距”。

③ 方晓彤．西方公共文化发展的理论视界与实践模式［J］．重庆：重庆工商大学学报（社会科学版），2014（1）.

政府在纵向上加强对文化领域的分权管理，将政府文化管理权限分散给非政府公共文化管理机构，并将国家一些文化管理权限下放给地方政府，有效调动了各方力量参与文化管理和运行的动力。三是间接管理，即政府文化部门对文化建设、发展和管理只进行宏观政策指导和财政拨款引导，并不直接干预具体的文化事务，以保证文化机构的组织活力。

发达国家的公共文化发展模式确各有其特点，但共同之处也清晰可见——建基于政府—市场—社会“三分法”框架之上，定位在形成国家和社会共同价值观的战略思维下，强调实现公民文化权利的价值指引，采取适度分权化的运作模式，建立民主化的“共同治理”结构。值得注意的是，当代中国的文化建设是在市场经济体制已基本确立的背景下进行的，文化领域已初步形成了“二元分流”格局，这在一定程度上为借鉴西方国家文化发展的经验提供了制度空间。

在全球范围，新兴工业化国家也格外重视国家文化发展，在实践中形成了一些有益经验。南美的巴西、阿根廷都把文化遗产保护和公共文化服务提供作为民主政府的职责，通过政府出资和企业赞助，保障低收入居民都能够享受到低价或免费的基本文化服务。亚洲的韩国、新加坡也很重视国家文化发展，注重发挥政府的主导作用，利用政府掌握的权力和资源，对文化发展进行积极的引导和调控。强调政府在文化发展中的主导地位，并不是政府要管办包揽，而是侧重政府对文化发展的宏观管理。通过政府的必要引导和有力调控，一方面，防范消极、腐朽的外来文化的影响，保护本国文化传统的核心价值和代际传承，增强国民的文化认同感和国家的文化整合力；另一方面，通过计划协调和财政资助，重点培育影视、动漫、音像、传媒等产业，为其进军海外市场创造机会，以增强文化产业的国际竞争力。需要指出的是，发展中国家在政府文化行政模式、政府与市场的协调互动、文化产业的引导支持等方面的政策实践，对我国文化建设具有若干理念和实践上的启示。

二、国内的研究进展与实践动态

（一）理论研究进展

中国政府对文化建设的战略定位和政策规划，引发了学术界的普遍关注，相关学术会议相继召开，总结各地公共文化服务体系建设构想和实践的论文集或蓝皮书先后推出：《中国公共文化服务体系建设论丛》（2005年）是国内第一本有关公共文化服务体系建设方面的论文集；《公共文化服务体系研究》（2006）是系统探讨公共文化服务体系的专著；文化蓝皮书《中国公共文化服务发展报告》也于2007年问世。随着公共文化服务论题研究的深化，理论性、规范性的研究成果相继出现：《国家公共文化服务体系论》（王列生、郭全中、肖庆，2009）对公共文化服务体系进行了全景描绘和深度阐释，构建了完整的公共文化服务“知识谱系”，涵盖了公共文化服务的基本原则、权益保障、利益配置及项目设置、制度保障和运营系统等诸多方面。《文化制度创新论稿》（王列生，2011）指涉“文化创新”之作为学理性命题和政策性取向的诉求，论证了文化体制改革的路线图，即宏观制度设计先于政策工具选择，抑或宏观的制度体系决定具体的功能配置，这样就可以将学理性、合理性、法理性等客观性要素融入文化制度创新的过程，从而使功能配置中条件给定的秩序和流程更容易获得保障。《公共文化行政学》（凌金铸，2012）沿袭公共行政学的理论框架，以新中国文化行政转型为线索，系统阐述了文化行政职能、体制、运行、效率和发展等一系列公共文化行政的基本问题，深入论述了我国文化行政产生的原因、过程和发展趋势。《文化管理学导论》（刘吉发等，2013）着眼于文化管理的要素和层次，系统论述了文化管理的主体、客体、模式，文化管理的领域、内容及形式，初步形成文化管理的知识体系。同时，注重对中国公共文化实践的观照，阐释了文化体制改革、公共文化服务体系等关键议题。《中国公共文化政策实验基地观察报告（2014）》（王亚南，2014）围绕“文化政策”这一重大问题，对我国公共文化政策及其实践发展进行了多面向、全景式分析、评估和展望。在宏观的文化政策和理论层面，该报告梳理了我国公共文化政策的发展进程，评估了近年我国公共文化政策的实施效果；结合文化单位的具体实践，对公共文化机构健康发展的政策诉求进行了检视和阐述。在微观实验基地和案例层面，立足于54家“国家公共文化政策研究实验基地”的观察数据，考察了我国基层文化单位——“三馆一站”、剧团、非遗保护机构改革发展的微观进程，分析并总结了它们在体制机制改革、管理运作创新、服务模式创新、组织效能提升等方面的典型实践和成功经验。

与此同时，以“公共文化服务”为主题的论文呈几何级数增长，主要围绕公共文化服务的概念、特征、意义、提供主体、供给机制等，以及公共文化服务体系的设施条件、软件配置、管理体制、运行机制、构建模式、绩效评估等方面展开。在公共文化服务提供上，基于公共物品的非竞争性、非排他性和效用的不可分割性等特征，研究者大都强调政府应发挥主导作用；同时也提出应根据物品或服务的属性适当引入市场机制，发挥社会力量和公民个体的作用。研究者认为，对公益性文化产品和服务，包括图书馆、文化馆、博物馆等，政府不宜垄断供给，而应当向社会、个人提供参与的机会；应采取政府与社会共同参与、国家保证基础和重点、社会力量参与兴办的多元主体形式。在公共文化服务的供给模式上，研究者基于国内外实践，总结提出了权威型供给、自主型供给、市场型供给、混合型供给等多种方式。文化设施与文化资源是公共文化生活的物质载体和基本依托，需要国家财政资源予以支持。中国现行的财政体制总体上是一种建设型体制，需要逐步向服务型体制转变。公共文化服务是在特定的制度环境中运行的，其中最为关键的就是文化体制。作为文化领域各种制度规则链接构成的体系，文化体制应当与基础制度改革相适应。从制度变迁的视角考察我国文化体制改革，应重点观照意识形态安全、既得利益格局、资源配置效率三个问题。我国文化体制改革，应当以维护国家文化主权、保障公民文化发展权为核心，调适政府、市场、文化单位三者之间的关系；通过政府调控、市场调节、单位改革的“三角协调模式”，实现在各种力量的“相对均衡”中促进文化资源优化配置，建立合理的资源配置方式和激励约束机制，[①] 创造有利于公共文化健康、持续发展的制度平台。

推动城乡一体化发展，建立覆盖全社会的公共文化服务体系，重点在基层，难点在农村。受资源禀赋、经济水平、制度安排、人文生态、需求偏好等诸多因素影响，我国农村公共文化事业发展明显滞后，形成了对文化需求满足、新型农民培养、新农村建设的深刻制约，一定程度上造成了农民文化权益的式微，农村文化生态的失序，农村社会认同的衰退。随着公共文化建设的推进，有关乡村文化建设的论著时有出版，代表性的有

---

① 傅才武，陈庚．三十年来的中国文化体制改革进程：一个宏观分析框架［J］．福建论坛·人文社会科学版，2009（2）．

《新农村文化建设与管理》（方亮，2010）、《中国现代化与乡村文化建构》（周军，2012）、《农村公共文化信息服务研究》（陈瑛，2013）等；与此同时，相关的调查研究和样本研究逐步展开，代表性成果有《当代中国农民文化生活调查》（吴理财，2011）、《现代公共文化服务体系：理论与浙江实践》（阮可，2014）、《互动与整合：甘南藏区农村公共文化服务发展研究》（李少惠，2014）、《公共性的消解与重建》（吴理财，2014）等。其中，《公共性的消解与重建》借鉴结构功能主义等研究范式，以我国中西部省份的实地调查数据为基础，对当代中国农村文化变迁和文化建设问题展开多维分析，主题涉及农村社区认同和社区文化、农村公共文化生活、农民的伦理道德和价值理念、农村宗教发展、农村公共文化服务等方面。在实地调查和现实材料的分析中，提出了公共性消解与重建的重大命题，为农村文化建设做了深度解读和前瞻分析。

探讨基层公共文化建设的意义与目标、内容与方式、设施与资源、体制与机制、模式与路径，是公共文化理论与实践推进的重要题域。近年来，相关主题的学术论文大量出现，基于实地调查的研究也逐步展开。[①]对公共文化建设的意义和目标，相关研究从和谐社会构建，文化需求响应、文化权益保障，公共文化空间营造、基层文化认同，主流意识形态的维护、民间民俗文化整合等方面展开了论述。在公共文化建设的内容上，涉及文化娱乐、文化科普、乡风文明、农村信仰等方面；在公共文化建设的形式上，强调提升图书馆、文化馆（站）、博物馆、科技馆等机构的服务功能，主张发展文化大院、农家书屋、自乐班、“文化下乡”、文化辅导、流动服务等载体和形式。在设施建设和资源配置方面，主张文化服务网络的建设，特别是要注重对文化站、农家书屋、文化大院、图书室、文化广场等公共空间的设施配置；文化资源配置应打破“各自为政”的封闭格局，文化机构、村舍单位、文化社团、农民应实现文化资源的整合配置和共建共享。在公共文化建设模式方面，有研究者以国家经济体制转型和

---

① 这方面的成果以吴理财教授领衔的团队为代表。参见吴理财，夏国锋．农民的文化生活：兴衰与重建——以安徽省为例［J］．中国农村观察，2007（2）；吴理财．发展新文化培育新农民建设新农村——湖北省农村基层文化建设研究报告［J］．理论月刊，2007（2）；邬家峰，吴理财．激活内生动力破解“小财政大服务”困局——黄石市公共文化服务体系建设的调查与思考［J］．学习月刊，2012（1）。

社会基础结构转变为线索，将文化发展的模式界定为从“计划控制模式→过渡转型模式→公共发展模式”的动态演进[①]；另有研究认为，公共文化建设，经历了从“意识形态灌输模式”到“部门供给模式”的嬗变，应走向“多元参与合作模式”，以确立多元主体间规范的分工与合作体系。[②] 公共文化建设，需要发挥政府的主导作用、公民的主体地位，需要社会力量的积极参与、市场机制的适度介入，逐渐形成公共文化建设的治理格局。在此过程中，促进基层文化行政模式转型，推动利益诉愿机制、需求表达机制、政策回应机制、公民参与机制、供给保障机制、绩效管理机制等创新[③]，在统筹城乡的基础上采取多元方式提供公共文化服务[④]，关乎公共文化建设是否能达到满足公民文化权益、优化社会文化生态、促进农村文化认同的目标。

（二）实践发展动态

在国家层面上，我国文化事业发展的政策实践，是与特定时期的体制环境和中心任务相关的，总体上经历了从“指令型”向“引导型”的转变，并呈现出向“治理型”演化的态势。

中华人民共和国成立后，为了巩固新生的国家政权，执政党和政府通过各种途径、采取各种方式实现对社会的有效整合。这一时期，文化主要是作为“政治”的文化而存在的，强调文化的意识形态特征和政治整合功能。受意识形态导向和计划体制的影响，我国文化事业的发展表现为一种自上而下的管控模式，即政府投资、政府运营、政府控制。[⑤] 从中央→地方→基层，建立了层层节制的组织体系，形成了垂直领导的管理格局，最终形成了“全能型”的体制。政府包办一切社会文化活动，政府通过指令性计划和行政手段对文化发展实行全面而直接的控制，完全排斥文化市场

---

① 财政部教科文司，华中师范大学全国农村文化联合调研课题组．中国农村文化建设的现状分析与战略思考［J］．华中师范大学学报（人文社会科学版），2007（4）．

② 张良．政府主导、社会参与、市场配置：农村公共文化服务体系建设的理想模式［J］．理论与现代化，2012（4）．

③ 胡守勇．农村公共文化产品和服务供给研究综述［J］．河南大学学报（社会科学版），2014（3）．

④ 曹爱军，方晓彤．农村公共文化服务创新的基本路向［J］．中州大学学报，2009（2）．

⑤ 王列生，郭全中，肖庆．国家公共文化服务体系论［M］．北京：文化艺术出版社，2009：229.

和社会力量的参与。这种集权型体制模式，能够有效动员和整合各种社会资源，有助于在短期内培育出文艺精品；但片面强调文化的意识形态属性，限制了公益性文化事业的发展。而文化行政部门所拥有的统揽一切的权力和全能型的文化职能，侵蚀了国有文化单位的独立性和自主权，限制了民间文化社团成长的制度空间。

改革开放以来，计划经济体制向市场经济体制的全面转型，使我国文化系统、文化单位赖以存在的社会基础制度环境发生了质的变化，原来确定无疑的“合法性”逐渐变得模糊起来，计划体制下文化单位赖以存在的“文化事业社会公益性”价值面临着市场体制下“二分法”的解构，要求文化行业按照行业特点、任务性质等关键因素，重新划分竞争性领域和非竞争性领域。中共十六大关于文化的“二分法”，明确了文化事业和文化产业应该“两轮驱动”、共同发展。从文化市场到文化产业，再到文化事业与文化产业“比翼齐飞”，集中反映了我国文化建设在体制变迁中持续推进。在此背景下，传统的全能型文化体制模式被打破，新的引导型文化发展模式在逐渐形成中。政府需要从“无所不为”转变为“有所为、有所不为”。经营性文化产业领域主要依靠市场机制来配置资源，实现对市场供求的调节和文化生产力的布局，政府只是履行市场监管和宏观调控的职能。[①] 公益性文化事业领域，政府在体制上实现“掌舵”与“划桨”、“提供”与“生产”的适度分离，政府主要承担发展规划、政策扶持、业务监督等责任，以促进公共文化资源的均衡配置和公共文化建设的可持续发展。

引导型文化发展模式，注重发挥文化市场主体（文化企业）和公益性文化事业单位（“三馆一站”等）的微观主体作用，较为充分地发挥了政府和市场的作用。但健全的公共文化发展模式，仅仅依靠政府和市场是不够的，还需要适当发挥政府和市场之外的公民社会组织（或称非政府组织）的作用[②]，它们对促进文化行政模式完善的意义不亚于市场对推动文化行政模式转型的意义。[③] 公共文化发展是一种典型的公共性问题，其终极目标是实现社会公共利益最大化。在此过程中，现代社会的三维要素——政府、市场、

① 胡惠林．文化产业学——现代文化产业理论与政策［M］．上海文艺出版社，2006：243-245.

② 王锡锌．政府改革：从管理主义模式到参与式治理［J］．中国改革，2011（4）.

③ 凌金铸．公共文化行政学［M］．上海：上海交通大学出版社，2012：55.

公民社会处于彼此依赖、互动合作的“治理网络”中。这个治理网络中，文化行政部门、公益性文化事业单位、文化企业、民间文化社团和公民个人等多元主体结成互助合作、协同创新的关系，形成文化管理主体间的结构生态①，并将建构起多元参与、协同治理的运作机制。这种“治理型”文化发展模式，代表着我国文化发展模式变革的基本方向。

在地方层面，在国家宏观政策的推动下，各地积极推进公共文化建设，深圳、上海等地已初步形成了设施完善、结构合理、内容丰富、覆盖广泛的公共文化服务体系。2003 年，深圳市提出建设“图书馆之城”的文化发展目标，并逐渐将“文化立市”提升并拓展到“文化强市”。② 深圳正从昔日的“文化沙漠”变为“文化绿洲”，被称为“图书馆之城”“钢琴之城”“设计之都”和“动漫基地”。③ 深圳文化事业、文化产业的发展，甚至在全国文化建设中发挥了“试验田”的作用，领跑全国。上海市自 2006 年提出“构筑社区 15 分钟公共文化圈”以来，基层社区公共文化活动中心和社区信息苑的布局渐趋合理、功能不断优化，使居民享受到了便利的一站式文化服务。④ 重庆、河北霸州等地的公共文化建设也颇有特色，为周边地区公共文化建设起到了示范带动作用。此间，各地因地制宜、探索形成了多种创新性建设模式。江苏吴江市（2012 年 9 月 1 日，设立苏州市吴江区）于 2003 年首创“区域文化联动”机制，有效地整合区域文化资源，建立了区域文化共建、共创、交流、互动、互惠的格局，推动了区域文化互动、城乡文化一体发展。河北邯郸在农村公共文化建设中，以开展体系化的群众文化活动——“欢乐农村”为载体，充分尊重群众的主体地位，形成了自下而上、层层发动的村、乡、县、市四级联动文化建设新机制，实现了区域内各种文化资源向农村基层倾斜，探索出一条“政府主导、市场运作、社会支持、群众参与”的文化发展新路子。宁波市鄞州区以实现“人人享受文化”为目标，推动实施了“天天演”文化惠民工程，积极探索政府与市场的联动，走出了一条公共文化服务外包的创

---

① 刘吉发，金栋昌，陈怀平．文化管理学导论［M］．北京：中国人民大学出版社，2013：52-53.

② 夏国锋，吴理财．公共文化服务体系建设的发展历程、基本逻辑与经验启示——深圳样本的表达［J］．理论与改革，2012（3）.

③ 罗勤．深圳文化建设走在了全国前列［N］．深圳特区报，2010-01-05.

④ 上海构筑十五分钟公共文化圈市民可享一站式文化服务［N］．人民日报，2006-07-20（11）.

新之路。各地公共文化建设的实践经验和创新模式，需要进行资料积累、案例采集和理论总结。

第三节　研究设计

一、研究目的与路径

长期以来，我国基层文化建设处于一种自发状态，其在国家文化安全卫护、公民文化权益保障、社会文化认同建构等方面的应然功能难以发挥，与群众的精神文化需求、全面建设小康社会的要求、国家文化发展的要求很不适应。尤为突出的是，市场经济资本逻辑的过度张扬，使商业性文化得以大肆扩张，很大程度上担当起了公共文化的秩序建构责任，一些地区文化建设出现“逆流”；而基层公共文化建设的“虚位”和“弱化”，使公共文化地带日渐萎缩，公共文化蕴涵的“核心价值引领”“公共需求导向”“文化秩序建构”功能难以发挥，社会文化生态和文化秩序面临冲击。

在“五个建设”战略布局中，适应我国社会的全面转型，推进具有健康文化价值导向性、全民文化权益共享性的公共文化建设，是新时期我国文化建设的重要方面和基本任务，成为关乎社会文化秩序建构、社会公正和谐的重要议题。出于对公共文化建设实践的自觉回应和理性总结，本书拟整合理论研究、实证分析和对策研究，建构公共文化及其治理样态的理论框架；提出推进公共文化建设的整体思路和可行路径，以利于地方政府全面规划、重点突破，持续推进公共文化建设。

公共文化治理是一项复杂议题，其间既涉及理论规范，也涉及实践发展，因而应当将理论与实践、应然与实然结合，使得规范研究与实证研究“各得其所”并“相互观照”。具体来说，规范研究是面向“元问题”的，主要用于对议题的理论基础、基本概念、理论维度的解读和建构，以期建立本议题的理论框架和分析逻辑。实证研究是以现实为基点，主要是对基层公共文化发展现状、约束因素的归集，以及对地方公共文化建设实践的解读和整合，以期使本议题回归当下的政策实践。理论与实践的整合，才可能避免使议题陷入纯粹的“形而上”思辨或者“形而下”操作，从而在理论规范和技术方案之间达成平衡，更好地契合本议题的理论特性和现实诉求。在整体性研究路径下，本书综合采用了文献研究、调查研究、案例研究、比较研究等方法。

二、问题拟设与内容架构

（一）基本问题

公共文化的理论建构。公共文化作为学科交集研究领域，需要相关学科理论的解读与论证。本书拟整合公共行政学、政治社会学、文化社会学、文化传播学等理论规范，通过相关理论与概念的追述、推演与阐释，建构公共文化及其实践形态——公共文化建设的理论框架。特别是聚焦于国家文化主权、公民文化权利、社会公平正义等核心概念，为公共文化建设提供理论准备和合法性论证。

基层公共文化建设观测。我国公共文化建设有着自身的特殊性，突出表现为基层文化陷入“贫困”与“滞后”的双重困境。“文化贫困”更多的是历史的产物，表现为传统社会中基层民众游离于文化的表层；“文化滞后”则与现实制度有关，表现为“城乡二元”的制度安排和政策体系。我国公共文化事业发展的区域差距和城乡差异是客观存在的，乡村公共文化建设滞后是突出问题。深入基层调查研究，呈现基层公共文化发展的现状与问题，探寻结构性的影响因素。

公共文化建设经验归纳。近年来，一些地方在公共文化建设中积极探索，形成了富有成效的建设模式和发展机制。立足地方实践的创新举措和有益探索，对地域上具有代表性、做法上具有典型性、效应上具有示范性的实例展开研究，归纳地方公共文化建设的实践经验与创新机制。通过对典型案例的分析与理论归纳，为公共文化发展的模式构建与机制创新提供多层次、多维度的参照系。

公共文化治理方略构想。公共文化建设是一个理论与实践并进的研究领域，实现由学理性命题向政策性命题的转化，需要在实证分析和案例研究的基础上，将有关公共文化建设的观念准则和理论主张，现实地转换为可行的实践方案，这是本研究的主要任务。借鉴各地发展模式与实践经验，重点从战略意识、价值原则、制度平台、组织载体、建设模式等方面系统构建公共文化治理的全局性方案。

（二）内容架构

公共文化是新兴研究领域，作为学理性命题，公共文化应致力于汲取国外已有的学术思想及其理论成果，以中国的政策话语为对象，聚焦于国家文化主权、公民文化权利、社会公平正义等核心概念，确立公共文化研究的问题域，以此架构公共文化的理论体系。这种理论架构，可为公共文化建设提供理论准备，并为文化体制创新提供合法性支撑。

——概念阐释。以“文化”概念的考证为起点，全面解读“公共文化”的内涵，明确公共文化是物质形态与价值规范的统一体；以“服务”概念为起点，解析“公共服务”内涵的服务属性和价值准则，进而对“公共文化服务”做出定义；基于“公共文化建设”的行动指向，明确公共文化治理应回归公共文化的“核心价值引领”“公共需求导向”“文化秩序建构”的功能定位。

——理论基础。从软实力理论、公民权利理论确立公共文化议题的逻辑起点，阐释全球化时代重建文化价值观的国家战略意义、民主社会保障公民文化权益的政府责任诉求。从公共物品理论视角，探讨公共文化的基本属性、类型划分和供给模式；从新公共服务理论视角，确立公共文化行政的民主公民权、公共利益、公共责任等价值规范；从治理理论视角，提出公共文化建设需要基于公共利益和规范认同，实现公—私之间的互动与合作，构建政府与公民平等沟通协商与互动合作的公共文化治理模式。

基层公共文化建设是国家公共文化建设的“末梢”和落脚点，有着自身的特殊性。这种特殊性，表现为基层文化陷入“贫困”与“滞后”的双重困境。探讨多重约束条件下乡村公共文化建设的推进路径，需要对基层公共文化建设的现状及制约因素进行全面分析。

——乡村公共文化发展的现状。通过实地调查和统计分析，客观描述农村基层文化设施、文化资源、文化活动的发展现状；了解政府主导的公共文化服务项目及农民公共文化需求的层次、结构、内容和形式；发现农村公共文化建设中呈现出的问题与困境，揭示农村公共文化建设中的现实矛盾。

——乡村公共文化建设的影响因素。乡村公共文化建设滞后是一个基本事实。这种状况，与我国长期形成的城乡二元的社会结构、制度体系及公共资源配置机制密切相关，需要对制约农村公共文化发展的诸多因素进行多层面的系统分析，并揭示其复杂的作用机理。

乡村公共文化建设的滞后，并不意味着全国各地文化建设均处于落后状态。伴随我国文化体制改革及公共文化服务体系建设的推进，一些地方在公共文化建设中因地制宜、积极探索，形成了富有成效的建设模式和发展机制。这些地方实践，无疑构成了公共文化建设实践的经验性资源。

——地方公共文化建设的实践经验。近年来，各地在公共文化建设中积极探索，形成了多样化的文化建设模式和文化发展机制。对地域上具有代表性、做法上具有典型性、效应上具有示范性的实例进行重点研究，总结其中的成功经验并从理论层面进行归纳，可为我国公共文化的理论建构提供事实性资源，并为各地公共文化建设提供参照样本。

——基层公共文化建设的创新模式。基层公共文化发展，需要遵循文化发展的规律，通过运作模式的创新，综合利用各种文化要素，实现多元发展动力的有效组合和良性互动。基层公共文化建设所创造的运作模式和创新机制，需要进行范例分析和理论归纳，建构一种更具活力、更富效率的公共文化发展模式。

公共文化建设是一个理论与实践并进的研究领域。实现由学理性命题向政策性命题的转化，需要明确问题意识和政策导向。这意味着所有关于公共文化治理的战略构想和理论主张，都必须现实地转换为可行的实践方案。构建公共文化治理的全局性方案，需要科学的发展思维、合理的制度安排、完善的组织体系、有效的建设模式来实现系统耦合与功能协同。

——战略向度。公共文化治理，必须坚持马克思主义的指导地位，坚持文化秩序建构的社会主义方向。从“文化自觉”“文化生态”“文化认同”三维视野，明确公共文化建设的核心关切，明确公共文化建设的战略向度，进而全面谋划、统筹兼顾，树立公共文化事业发展的新思维。唯有如此，公共文化“核心价值引领”“公共需求导向”“文化秩序建构”的功能目标才有望实现。

——制度创新。文化体制改革是关乎公共文化建设成效的关键节点。文化体制改革，应坚持主导文化与多元文化的和谐统一，重构科学有效的文化管理体制和运行机制。与此同时，理顺各级政府间的财政关系，实现事权、责权与财权的匹配，是保证公共文化事业获得稳定的财政支持的关键。建立公共财政新体制，应合理界定财政功能目标和体制结构，确保财政运行回归公共性的本质。

——模式构建。市场经济发展、经济体制改革和民主政治建设，为公共文化建设模式的创新提供了潜在空间。当代中国公共文化建设，要妥善安置政府的主导作用与民众的主体地位，着力推进公共领域的治理转型，构建新型的公共文化治理模式。多元协同的公共文化治理，依赖于一定的制度平台和组织载体，需要从职能优化、政策调节、资源配置、设施布局、文化生态体系等诸多方面系统构建保障体系，实现治理体系的结构优化和功能整合，释放公共文化治理的社会功能。

三、研究的价值与意义

学术价值：①本书展开了公共文化建设多维视野下的整合研究，探索构建起本土化的公共文化话语体系，初步形成了公共文化建设的理论框架；②对文化自觉、文化生态、文化认同等重点议题的关注，提升了公共文化研究的理论层次和政策内涵，使这一领域的研究从单纯关注政策实践转向同时关注理论构建和实践进展；③对公共文化治理的整体构想，重点关注逻辑思路、制度创设、机制创新等基础性问题，避免过多地纠结于操作层面和技术细节，提出了具有协同性和整合性特点的对策方案。

政策意义：①本书对基层公共文化建设的制约因素的多面向分析，对公共文化建设经验的多层面考察及理论归纳，有助于“经验性知识”“地方性知识”的扩散，为各地公共文化建设提供了参考样本和典型示范；②对公共文化治理的总体构想，为各地公共文化建设提供了整体思路和关键路径，有助于地方政府全面规划、重点突破，持续推进公共文化建设，有助于形成政府主导、农民主体、多方参与的公共文化建设模式。

第二章　核心概念与基础理论

第一节　概念界定

科学研究源于概念的界定。公共文化是以公共性为特质的文化形态，是以文化概念为起点，解读公共文化的内涵，明确公共文化是物质形态与价值规范的统一体。公共文化服务是“公共文化”与“公共服务”的复合，既具有公共服务的本质属性，又蕴涵公共文化的精神特质。公共文化建设是公共文化发展的依托，应该在物质载体、制度平台、价值理念等层面全面推进。公共文化治理注重文化建设的现代化，是多重面向的活动和过程，涉及治理主体、内容、方式及它们的耦合，应确立“核心价值引领”“公共需求导向”“文化秩序建构”的功能目标。

一、文化与公共文化

（一）“公共性”的意涵

从语义上来理解“公共”，“公共”一词的含义有两个来源：一是希腊语中表达“成熟（maturity）”的意思，强调的是一个人超越自我利益、能理解他人的正当诉求①；二是希腊语中表示“共同”和“关心”的意思，暗含了相互关系的重要性。② 如果将“公共”一词所表达的两个含义合起来理解的话，意味着在群体和社会中，一个人不仅能与他人合作共

① Palmer, P. J. The company of ltrangers. New York: Crossroads, 1981.

② Mathews, D. Politics for people: finding a responsible public voice, Urbana: Universtiy of Illinois Press, 1994.

事，而且能够为他人着想。可见，从“公共”本身的古典意涵来说，它明显强调和突出的是一种与从“私人”出发的自利的人性特征相对立的意义。

从“公共”概念的内涵出发，派生出了“公共性”概念。西方理论界对“公共性”有不同视角的描述。在公共哲学视野中，公共性的本质是“一种体现共同体生存价值的先验的普遍权利”。在市民社会的视野中，公共性的核心是促进公共利益的正当性，维护程序正义，以保障民众参与机会的合理性。哈贝马斯所提出的公共领域，是一个建立在公私二元对立基础之上的概念。他认为，公共领域是在近代出现了成熟的私人领域的基础之上逐渐产生的，由此才出现了真正的公共性。① 这种公共性是以人的交往行动为工具，强调针对共同事务的协商对话。尼古拉斯·亨利从机构、利益、和介入性三个维度对公共性做出分析，并从三个递进的层面——制度、规范和组织来定义“公共性”。公共性的制度定义表现为各类公共机构；规范定义专注于那些影响公共利益的现实制度安排；组织定义则主要是为了实现公共参与，也就是说，公共利益若能被共享，必须要有相应的组织空间来保障。②

“公共性”是一个内容丰富、含义复杂的现代性概念。对“公共性”内涵的解读，通常受学术立场、理论视野的影响而难以达成共识。就存在样式而言，公共性是一个空间与时间融合在一起的概念，一个社会的公共性通常都烙有这个社会历史的印记，它在不同时空范围内体现的内容、形式都由其相应的文化范式和制度体系所决定。就此而言，公共性在本质上是具有文化特质的。在公共管理的话语逻辑下，公共性是与公共权力、公共利益、公共服务相联系的，突出强调它所具有的共有而非私有、公益而非私利、共享而非排他的特征。

（二）“文化”：定义概略

文化是一个纷纭复杂的概念，可谓见仁见智。英国人类学家E·B·泰勒（E. B. Tylor）1871年在《原始文化》一书中，将文化表述为由“知识、信仰、艺术、道德、法律、习俗，以及由作为社会成员的人所获得的任何

① 王乐夫等．公共性：公共管理研究的基础与核心［J］．社会科学，2003（4）．
② 曾峻．公共管理新论——体系价值与工具［M］．北京：人民出版社，2006：57．

其他能力和习惯”。[①] 英国人类学家阿尔弗雷德·拉德克利夫-布朗（Alfred Radcliffe-Brown）从结构功能主义视角，将文化定义为“一定的社会群体或社会阶级与他人的接触交往中习得的思想、感觉和活动的方式”。美国文化人类学家克罗伯（A. L. Kroeber）与克拉克洪（C. Kluekhohn）在《文化：关于概念和定义的检讨》一书中，对文化做出综合定义，即“文化存在于各种内隐的和外显的模式之中，借助符号的运用得以学习与传播……文化的基本要素是传统（通过历史衍生和由选择得到的）思想观念和价值，其中尤以价值观最为重要”。[②]

文化是一个内涵深邃、外延宽广的范畴，迄今还没有形成一个简明准确且普遍认同的定义。我国学者司马云杰在《文化社会学》一书中将文化定义为“人类创造的不同形态的特质所构成的复合体”。[③] 任何文化都不可能离开一定的形式与形态，因为文化创造从本质上说是人类对外部世界各种事物存在的一种价值思维肯定，这种肯定，既是价值的、功能的，又是形式、形态、法则、秩序的。[④] 对文化概念的理解应当着重于这样一个事实——文化附着于习得制度和支持这些制度的价值，文化具有规范性内涵。文化本质上是一套内在的观念和规则系统，它依靠制度体系和物化载体得到巩固。制度经济学将文化定义为共享的价值和一套规则系统。

文化是人类文明的重要构成，形成社会生活的基本样貌。在三元结构理论视野下，文化有着多样性的存在形式：一种是作为“政治”的文化，主要以意识形态的属性存在，被赋予政治意义；一种是作为“经济”的文化，主要以文化产业的属性存在，具有经济价值；一种是作为“文化”的文化，主要是作为公共精神的属性存在，具有公共性和服务性。这三种文

---

① 郭建宁．当代中国的文化选择［M］．北京：北京大学出版社，2004：1.

② 转引自刘奔，交往与文化［J］．中国社会科学，1996（2）．

③ 司马云杰．文化社会学（第5版）［M］．北京：华夏出版社，2011：9.

④ 司马云杰．文化社会学［M］．北京：中国社会科学出版社，2001：9-11.

化存在形态在理论上的表达，与“文化领导权[①]”“文化生产力”和“文化权利”等话语逻辑相关联。

（三）“公共文化”的含义

文化是人类精神的集体表达，它本质上具有“社会交往意义上的公共性”。公共文化是在文化内核基础上形成的一个概念，旨在突出这种文化形式的公共性特征，即公有性而非私有性、共享性而非排他性、平等性而非差异性。在某种程度上，公共文化蕴涵着对公民权利、公共利益等价值准则的尊重，强调公共文化在建构公共空间、公共领域中的独特作用。

基于对公共政策话语的现象学解读，我国学术界对公共文化的概念内涵缺乏系统性、深层次的解读，为数不多的理解也多局限于公共文化所依托之文化场馆、文化设施及群众文化活动等显在的公共性特征，而忽视或漠视公共文化内涵的群体意识、公共观念、共享价值观念体系等内隐的公共性特征。譬如，有学者侧重于从文化产品供给的组织系统和配置机制来界定公共文化，突出其公益性事业特征，强调政府及公共部门的供给责任。[②] 有的学者侧重于从公共物品的属性来定义公共文化，强调政府在公共文化领域的基本责任。[③] 诸如此类的定义，虽然在一定程度上揭示了公共文化的某些公共性特征，但总体上仍停留在器物层面来探讨公共文化的“公共性”，未能触及公共文化的内在价值属性。事实上，公共文化作为人类的创造物，它内在地依赖于规范式和理想化的交往结构，依赖于对公众基本文化权利的承认和确定。

文化作为人类的创造物，是物质形式、社会规范和精神观念的总和。公共文化以价值思考、规范秩序和文化活动为基本内容，包含着信仰、规

---

① 文化领导权理论是由意大利著名马克思主义学者安东尼奥·葛兰西提出的，强调的是统治阶级对社会意识形态的控制和领导作用。二十世纪的历史运动、资本主义与社会主义两种意识形态的斗争以及随着经济全球化而加剧的西方文化与东方文化的对立与冲突，使这一理论的内在价值日渐凸显。支配冷战时期达半世纪之久的“和平演变”战略以及指导后冷战时期的“文明冲突”论，无不是从意识形态和文化上争夺控制权，这正是我们重审并重估葛兰西文化领导权理论的现实意义之所在。参见黄伊梅．文化领导权的理论与策略——葛兰西思想研究［J］．中共中央党校学报，2006（2）。

② 陈鸣．西方文化管理概论［M］．太原：书海出版社，2006：291.

③ 徐世丕．中国公共文化服务：新观念、新形势、新经验与新课题［M］//李景源，陈威．中国公共文化服务发展报告（2009）），北京：社会文献出版社，2009：38.

范和实体三个基本界面。[①] 不论是在传统社会，还是现代社会，公共文化的这三个层面都是存在的，它们由内到外、相互交织，形成一个文化集合体。公共文化既具有公共产品的一般特性所体现出的物质形态，同时也具有文化内核所蕴藏的伦理规范和价值诉求。准确界定公共文化的概念，应当注意到它有着丰富的内容结构，包括物质层面、制度层面和观念层面。物质层面是指公共文化的有形载体和物化形式，如公共文化设施、文化场馆、文化产品等；制度层面是指公共文化的制度体系，如国家文化体制、文化系统、文化机构等；观念层面是指公共文化意识形态和公共文化精神导向，包括理想信念、价值取向、公共意志等。

在这个文化体系中，主导文化、大众文化、精英文化是公共文化的一种特殊形态，是相对于私性文化而言的，蕴涵着公共性特质。它强调文化的公有性而非私有性、共享性而非排他性、平等性而非差异性。公共文化，是以实现国家文化认同和公民文化权益为目的，以公共图书馆、群众艺术馆、文化馆、文化站、文化大院、农家书屋等文化设施（空间）为载体，以图书、报刊、广播、电影、网络和民族民间文化资源、非物质文化遗产为依托，以文化传播、文化娱乐、文化教育、文化传承为内容，以丰富多彩的群众性文化活动为形式的文化形式。

二、公共服务与公共文化服务

（一）服务的内涵

随着服务经济时代的到来，“服务”一词成为现代社会的一个重要概念。从一般意义上来讲，服务是发生在两个平等的社会主体之间的相互关系，服务的提供者和服务的接受者之间在身份地位上是平等的。著名学者A·佩恩在其代表性著作《服务营销》一书中指出，对服务的内涵的认识关键是要把握服务的四种特性：无形性——服务在很大程度上是抽象的和无形的，这一特性使服务区别于可以直接感触的物质产品；不一致性——服务很难像物质产品那样被精确地生产和提供；不可分割性——服务的产生与消费几乎是同时完成的，服务提供者和接受者都参与到服务过程之

① 张良．农村文化的内涵分析［J］．理论与现代化，2010（1）．

中；无存货性——服务不可能像产品那样保存起来。[①] 在本质上，服务是为满足他人的需求而采取的行动，在一定意义上具有利他性、被支配性和自愿选择性。“利他性”意味着为他人提供服务是服务提供者自觉的行为；“被支配性”意味着服务活动应当尊重需求方的愿望；“自愿选择性”意味着服务的接受者拥有独立人格特征和自主的选择权利。全面深刻地理解服务的内涵，是实现服务活动规范运作的前提，也是对“公共服务”准确定义的基础。

（二）公共服务的含义

“公共服务”是服务概念在公共领域中的应用。公共服务承袭了服务概念的基本特征，同时蕴涵着某些价值准则。关于“公共服务”的内涵，基于不同的研究视角，形成了多种解释路径。通过解释公共物品的属性来定义公共服务，公共服务就是具有消费的非竞争性、受益的非排他性、效用的不可分割性的公共物品，公共服务的提供主要应当由公共机构（主要是政府）来承担。[②] 从政府职能的角度定义“公共服务”，是与政府的转型相联系的，它一方面强调服务型政府的改革取向；[③] 另一方面突出公共服务在政府职能结构中的地位，强调向公众提供关乎民生改善的“公共物品”是政府的基本职责。

从公共利益的视角解释公共服务，美国学者弗雷德里克森认识到公共服务的实质就是实现社会公共利益、满足公民基本需求的过程。在新公共服务理论中，登哈特夫妇将公共服务、民主治理和公民参与置于核心地位，强调政府应该积极创建与民主准则相一致的、共享的公共利益观念，使公共服务服务于公共利益的实现。在一定意义上，公共利益是公共服务的价值准则，判断公共服务的内在依据。[④] 从公共服务的社会价值出发，李军鹏指出，公共服务是社会福利最大化意义上的公共物品，蕴含着维护公共利益、促进社会公正的追求。[⑤]

---

① ［美］A·佩思．服务营销［M］．郑薇译，北京：中信出版社，1998.

② 高培勇．创新公共服务体系建设的理念［N］．人民日报，2007-03-28.

③ 赵春丽．公共服务型政府——政府职能转变的基本趋向［J］．行政论坛，2004（6）．

④ 柏良泽．公共服务研究的逻辑与视角［J］．中国人才，2007（3）．

⑤ 李军鹏．公共服务学——政府公共服务的理论与实践［M］．北京：国家行政学院出版社，2007：2-3.

事实上，作为以满足社会公共需要、实现公共利益的社会性服务，公共服务既具有公共物品的非竞争性、非排他性等特征，也蕴藏着服务的利他性、被支配性和自愿选择性等特征。公共服务在应然性上突出的是它所具有的共有而非私有、公益而非私利、共享而非排他的特征，主要依赖公共权力而非利益交换来实现提供。公共服务是一个时空概念，它伴随政治、经济、社会等领域的发展而形成，并在此进程中逐渐实现着其范围和内容的扩展。这就是说，一个国家在特定时期的公共服务，需要与本国的经济社会发展水平、现实的国情国力相适应。就当代中国而言，需要在诸多领域选择一些与民生相关的服务重点推进，确立底线公平的行动模式，确保全体国民都能平等共享基本公共服务。

（三）公共文化服务的界定

在概念生成上，公共文化服务是“公共文化”与“公共服务”的复合，既具有公共服务的本质属性，又蕴涵公共文化的精神特质。从政府职能的角度看，公共文化服务是政府公共服务职能在文化领域的展现，它着眼于社会效益而非经济效益。这种解释突出了公共文化服务的公益性特征及政府的公共服务职责，但忽视了公共文化的价值属性及公民的文化权利。从公共物品的角度看，公共文化服务是向社会提供公共文化产品的资源配置过程。公共文化的特性使其具有对政治意识形态的建构、经济社会发展的促动等外部效应。[①] 从公民文化权利的角度看，公共文化服务就是通过满足公众的文化需求，实现、维护和发展公民的文化权利（包括享受权、参与权、创作权等）的过程和活动。[②] 这种解释路径将公共文化服务视作保障和实现公民文化权利的必然途径。从“公共性”的价值内涵角度，吴理财等基于对公共文化的概念界定[③]，将公共文化服务解读为以“公共理念”重构和“公共文化形式”建构为内容的公共服务活动。[④]

---

① 周晓丽，毛寿龙．论我国公共文化服务及其模式选择［J］．江苏社会科学，2008（1）．

② 叶辛，蒯大申．2007年上海文化发展蓝皮书［M］．北京：社会科学文献出版社，2007：22-23.

③ 吴理财等认为，“公共文化是与私性文化相对而言的，是一种共享的、共有的价值理念，它是以核心价值观为内核，以公共理念为基础的一种文化形态。”参见吴理财等．新农村建设中的文化建设研究述评［J］．社会主义研究，2009（3）；吴理财等．当代中国农民文化生活调查［M］．北京：知识产权出版社，2011：40-43。

④ 吴理财，李世敏．农村公共文化的陷落与重构［J］．调研世界，2009（6）．

公共文化是以公共性为内在属性的文化形态，它具有深厚的精神文化内涵与外化的物质形态外延。公共服务是社会福利最大化意义上的公共物品，它以公民权利、公共利益为价值内核。一方面，公共文化是一种特殊的文化范畴，与其关联或衍生的普适性、开放性、公益性、共享性等特征，使其与民生意义上的公共服务相契合，需要通过公共文化服务来引导公共文化发展。另一方面，公共文化服务是一种以文化为实体的公共服务，因而具有与公共服务相类似的生产标准、分配原则和提供渠道。基于此，可以给出公共文化服务的定义；公共文化服务是文化层面的公共服务，它以公共财政为主要投入，通过整合和配置社会文化资源，实现向全社会提供公共文化产品的服务活动，其目的在于保障公民文化权益、提升群众文化素养、传播社会先进文化、维护社会文化秩序、守卫国家文化安全。

（四）公共文化服务的特征

公共文化服务具有公共文化和公共服务的双重属性。一方面，公共文化服务作为文化领域的公共服务，必然具有文化内涵的本质特征：一是精神性。公共文化服务以物质载体和物化形式（如文化设施、文化产品等）展现出来，但其内核却是某种价值理念，这种价值理念以潜移默化的形式影响并塑造着“社会人”。二是导向性。公共文化服务以保障文化民生、促进文化公平为宗旨，坚持“核心价值引领”和“公共需求导向”[①]，通过传播社会核心价值体系，来维护社会秩序并实现政治整合。三是能动性。公共文化服务传播的是一种价值观念，这种价值观念一旦为人们认同并接受，就会对其行为和活动产生积极的引导、规范和约束作用。四是竞争性。公共文化服务就其文化内核而言，具有核心价值理念的排他性和竞争性，即一个国家职能允许一种核心价值体系存在，以实现国家的文化整合。[②]

另一方面，公共文化服务是文化领域的公共服务，具有公共服务的基本特征：一是资源配置的公有性。与私人文化资源根本不同，公共文化资源具有产权上的公有性，它们或是由历史积淀而留存下来，或是由公共财

① 吴理财．公共文化服务机制的六个特性［J］．人民论坛，2011（30）．

② 吴理财．当代中国农民文化生活调查［M］．北京：知识产权出版社，2011：48-49．

政投资建设而形成，理应面向社会成员来配置。① 二是价值取向的公益性。公共文化服务以实现社会成员的文化利益和文化福利为目标，应当具有普遍的公益性，为社会全体成员所共享。公共文化的“核心价值引领”和“公共需求导向”特质，表明公共文化服务在内容形式上应具有健康文化价值导向性，以此建构社会共同的道德规范和共享的价值体系，维护全社会共同的、根本的利益。三是服务主体的公众性。公众性是公共文化服务是为普通民众提供基本的、无差别的公共文化服务的属性，它应当面向全民、普遍开放、大体均等。四是服务供给的公平性。公共文化服务以公民基本文化权益的保障为准则，旨在通过统一的制度平台和发展机制，缩小文化发展在地域、城乡、阶层上的差异，促进全社会文化享有上的公平。

三、公共文化建设与公共文化治理

（一）公共文化建设

长期以来，我国在文化建设上存在着“附属论”“靠后论”“代价论”等错误认识，导致文化建设明显滞后于经济建设，公益性文化事业明显滞后于经营性文化产业。“附属论”以是否有利于经济建设的功利观点来衡量文化事业，导致农村文化建设的泛商业化。“靠后论”强调经济发展之于文化建设的优先性，认为经济发展是文化建设的基础。“代价论”则认为牺牲文化建设是加快发展经济所必须付出的一种代价。这些错误认识，在经济发达地区，导致精神文明建设明显滞后于物质文明建设；在欠发达地区，则阻碍了脱贫致富的进程，形成“经济贫困”与“文化贫困”的恶性循环。与此同时，我国长期对公共文化建设出现认识偏差——将公共文化建设等同于意识形态灌输。然而，这种“国家本位主义”的文化建设模式，忽视人民群众的主体地位和文化权益，导致公共文化建设的泛意识形态化。②

当代中国走向了全面协调可持续发展的轨道。随着国家“五个建设”战略部署的出台，文化建设在“五位一体”战略布局中得以归位，成为关乎国家软实力建设、文化生产力发展的战略议题。文化领域“二水分流”

---

① 孙萍．文化管理学［M］．北京：中国人民大学出版社，2005：145.

② 吴理财等．当代中国农民文化生活调查［M］．北京：知识产权出版社，2011：50-52.

格局的形成，使文化事业和文化产业确立了各自的社会功能，它们共同推动着社会主义文化大发展大繁荣。当代中国，作为文化事业发展的依托，公共文化服务体系建设获得了国家政策的支持。建立覆盖全社会、均衡的公共文化服务体系，是公共文化建设的“抓手”。可以说，公共文化服务体系建设是公共文化建设的载体，公共文化建设是公共文化服务体系建设的本质。

需要指出的是，我国公共文化建设明显滞后，社会公共文化地带呈现式微态势，人们对“私域世界”的追求、对娱乐功能的迷恋成为常态，一些地方文化建设出现“逆流”，社会多元文化形式的平衡状态被打破。在文化系统宏观视野下，公共文化的式微与商业文化的兴盛形成鲜明对照，以“三俗”为表征的文化形式裹挟而来，造成对健康文化价值的冲击，危及基层社会的文化秩序和价值认同，危及国家对基层社会的文化整合。公共文化地带的式微引发乡村社会公共意识、公共舆论、公共道德的弱化甚至异化。在利益分化、意义竞争、规则多元的转型社会，民众生活日渐世俗化、自利化、疏离化，基层社会的“公共性”正在消解。

公共文化建设作为我国文化建设的基本维面，必须对现实的社会文化生态做出回应，立足公共文化的本质规定和社会功能，重新发掘公共文化对深层意义的检讨和公共价值的建构，明确公共文化建设的正确方向和价值诉求，避免使公共文化建设蜕变日益感性化、娱乐化、平面化的伪文化形式。① 公共文化建设，必须以公民文化权益保障和国家文化整合为须臾不可偏离的目标，确立“核心价值引领”“公共需求导向”“文化秩序建构”的社会功能。公共文化建设，需要以公共文化服务体系为依托，促进公共文化的共建共享共治，切实保障公民基本文化权益；公共文化建设，必须弘扬主旋律、传播正能量，确保社会文化的正确发展方向，优化社会文化生态，建构社会文化秩序；公共文化建设，应当弘扬民族优秀文化，凝聚社会价值共识，促进国家文化认同，建设国家文化软实力。

（二）公共文化治理

在国家治理现代化的语境下，文化治理是国家治理的重要方面，是以促进文化发展为目的的。公共文化是社会文化系统的重要组成部分，它以

① 许明等．当代中国的文化发展［M］．北京：中国大百科全书出版社，2008：196-201.

公共图书馆、群众艺术馆、文化馆、文化站、文化大院、农家书屋等文化设施（空间）为载体，以图书、报刊、广播、电影、网络和民族民间文化资源、非物质文化遗产为依托，以文化传播、文化娱乐、文化教育、文化传承为内容，以丰富多彩的群众性文化活动为形式，旨在保障公民文化权益，维护社会文化生态、促进国家文化认同。公共文化资源和设施的公益性、共享性，公共文化空间和场域的开放性和共建性，公共文化活动和生活的参与性和共享性，公共文化价值的建构性和传播性，意味必须以国家治理的系统思维和行动逻辑来看待公共文化建设。公共文化治理，是多重面向的活动和过程，涉及治理主体、内容、方式及其耦合。

长期以来，我国公共文化建设突出政府及文化事业单位的主导性，漠视群众主体性、话语权和正当诉求，形成了“只输入，不培育”的文化工作机制。这种“嵌入式”文化建设模式，不仅难以有效满足群众的文化需求，而且难以在社会生根发芽、开花结果。公共文化建设，需要在普遍参与、民主对话、利益博弈的平台上来展开。因此，公共文化建设中，政府应该改变全能型角色，逐渐向社会赋权，有效挖掘民间资源、动员社会力量、利用市场机制，寻求与社会、市场的有效合作，实现多元主体的协同共治。

公共文化具有丰富的内容体系。在文化内容方面，涵盖了国家主流价值体系与时代文化、民族优秀传统文化、民间文化形式和群众日常生活。在文化载体方面，包括公共文化设施、公共文化资源、公共文化网络和公共文化场所。在文化制度方面，涉及国家文化管理体制、文化法规与政策、公共文化生产供给机制等。在文化表现方面，涉及文化价值观、道德信仰、科普知识、地方风俗等。在文化影响方面，关乎国家软实力与文化安全、国民文化享受与幸福感、社会文化秩序与文化认同。公共文化治理，应秉持系统观和生态观，实现对公共文化物质层、制度层、理念层及公共文化诸要素的系统集成，生成完整的公共文化体系。

治理方式现代化是公共文化治理的基本要求。在文化治理方式上，应打破传统全能型的文化职能体系、集权化的文化管理模式，推动政府从行政管理为主向依法管理为主、从直接管理向间接管理转变，促进行业规制向融合规制转变。科学区分文化生产与提供职能，合理定位各级政府的文化职能，以职能分工和职责异构为原则，提高各级政府和地方文化部门自主权，调动社会力量参与公共文化建设，统筹协调文化系统及全社会的资源和力量，发挥网络化治理、公民自组织治理、数字化管理等治理模式的作用。

第二节　公共文化发展的理论解释

文化是一个民族的灵魂和血脉，是一个民族的集体记忆和精神家园。公共文化建设在中国特色社会主义事业战略格局中重要地位的确立，一方面源于全球化时代维护国家文化主权和文化安全，增强国家文化软实力和文化影响力的需要；另一方面源于社会全面进步中对维护人民文化权益、满足人民精神文化需求的响应。

一、国家软实力与文化价值观

在全球范围内，文化变革与文化竞争正在成为新时代最重要的历史事件。文化正在产生的影响力几乎彻底改变了以往对政治、经济问题的研究视角，并且不断创造出新的研究价值。希利斯·米勒认为，全球化而今已成为“文化、政治以及经济生活中许多领域里一个决定性的因素”。[①] 兹比格涅夫·布热津斯基认为：“国家实力有四个主要方面，即军事、经济、技术和文化。它们合在一起造成决定性的全球政治影响力。”[②] 改革开放以来，中国经济实力的不断增强，国家硬实力得到较大提升，但文化发展的相对滞后，使国家软实力未能取得同步发展，“中国人正在失去中国人之所以为中国人的中国性（Chinese ness）”，即存在“自性危机（Identity Crisis）”。[③] 相对于政治安全、经济安全、军事安全、领土安全，文化安全、意识形态安全相对隐形，但却事关重大。

国家的软实力集中地来自三种资源：文化（在能对他国产生吸引力的地方起作用）、政治价值观（当它在海内外都能真正实践这些价值时）及

① ［美］希利斯·米勒．论全球化对文学研究的影响［J］．当代外国文学，1998（1）：154.

② ［美］兹比格涅夫·布热津斯基．大棋局［M］．中国国际问题研究所译，上海：上海人民出版社，1998：33-34.

③ 李慎之．全球化与中国文化［J］．美国研究，1994（4）：132.

外交政策（当政策被视为具有合法性及道德威信时）。① 20 世纪 90 年代开始，国际社会关于“中国威胁论”的论调甚嚣尘上。亨廷顿在他的《文明的冲突与世界秩序的重建》一书中，认为中国儒家文明将会是西方文明的“天敌”，并由此造成冲突。② “文明冲突论”曾经一度在全球具有极大的现实影响力。而面对文化霸权主义的挑战，面对西方资本主义“价值观排挤”战略的挑战，中国正面临着文化安全和意识形态安全的隐忧。面对西方国家的文化行销模式，中国尚未建立一套相应的“软实力”制约机制，文化竞争的反制能力薄弱。文化价值观的冲突是其他各种冲突的根源，往往难以通过谈判，以外交方式解决。因而文化差异所导致的冲突，解决之道仍在于“文化”本身。面对两种文明的冲突及其隐忧，问题不仅在于西方以什么样的方式了解中国，更重要的是中国向西方宣扬什么样的理念和价值观。中国应当从“国家利益”的高度来审视文化发展，采取有效手段保护自己的文化产品、文化价值与文化身份，坚决抵制和防范西方资本主义文化的渗透，构建中国的文化软实力。当代中国文化的现代化正在继承传统的基础上实现创新，以与西方文明达成进一步的理解。“和平崛起”的途径首先需要“文化崛起”。构建中国的“文化软实力”以反制威胁论扩散对中国国家形象的伤害，这是实现和平崛起的求解之道。“和平崛起”的实际意义事实上超越了对文化霸权主义的抗衡，因为中华文化本身并不具有霸权的思想，也没有包含对抗的因素。所以中国的和平崛起，特别是文化的崛起，只会以中国传统文化中的“兼容并包”的理念为基本特征和基础，在全球范围内宣传自己的政治理想，塑造一个充满活力的现代化中国的国家形象。

全球化时代，中华民族的思想文化如果不能保持长久的生命力和影响力，也难免遭受衰落的命运。在国际社会，能够产生战略影响力的软实力的资源，很大一大部分来源于一个组织或国家所表达的价值观。这种价值观集中体现在它的文化中，体现在它的对内的政策指向和对外的国际关系主张中。软实力理论的创立者约瑟夫·奈说，中国最强的软实力根植于自

---

① ［美］约瑟夫·奈．软力量——世界政坛成功之道［M］．吴晓辉译，北京：东方出版社，2005：11.

② ［美］塞缪尔·P·亨廷顿．文明的冲突与世界秩序的重建［M］．周琪等译，北京：新华出版社，1999：250.

身文化之中。中国文化博大精深，“贵和尚中”是中华文化的精髓。“尚中”即崇尚中和之道。儒家经典《中庸》有“中者天下之大本，和者天下之达道”的表达，将中和归为宇宙天地的大本达道，揭示了事物的生存发展规律。先哲们在深刻揭示中和之道的基础上，提出了“允执厥中”的治国之道，主张国家治理要遵守不偏不倚的中庸之道。“以和为贵”是中国文化的根本特征和基本价值取向，所谓“和”是指“多样性的统一”，主张在根本利益或目标相容的前提下，以“求同存异”的方式尊重差异、包容差异，实现价值共享、利益兼顾，追求和睦相处、合作共进、共荣共存。

实现中华文化的大发展和大繁荣，维护中华民族的文化利益，对全球化时代资本主义的文化扩张形成有效反制，是“和平崛起”战略目标下构建文化软实力的重要目标。实现中国“和平崛起”的战略目标，文化价值观继承和传播都是亟待解决的问题。在全球化时代，实现中华民族伟大复兴的中国梦，必须增强中华民族的文化自信。在国际社会，构建“人类命运共同体”理论话语、实现中国和平崛起，必须向国际社会展示中国的文化价值观。中国人自古就推崇“协和万邦”“亲仁善邻，国之宝也”等和平思想。中华文化中“和而不同”的处世原则，为当下纷纭复杂的全球治理贡献诸多智慧。①

二、公民文化权与公共文化服务

公民权是一个与人权紧密相连的概念，它因人权运动而得以深化发展。伴随着人权运动发展，人权理论在形式上形成三种形态，最早产生的是“自然权利”说，旨在论证人权是人与生俱来的，是人的本性的要素；之后产生的“法律权利”说，以法律实证主义及功利主义为基础，主张人的所有权利都是法律赋予的，人权不是人类的根本价值，而是实现人类的终极目标的手段；② 再后来产生的“福利权利”说，它将经济社会权利纳入人权的理论框架，从而使人权的涵盖范围得到拓展，关注人的福利和社

① 董根洪．传统文化中的“中和治天下”思想［N］．学习时报，2015-11-16（03）．

② 俞可平．人权引论——纪念法国《人与公民权利宣言》问世200周年［J］．政治学研究，1989（4）．

会福祉，从而使人权从“消极权利”扩展到“积极权利”。[①] 人权是基于人的本性而形成的理想意义上的价值追求，是一种以自然法为基础的道德权利。

人权是公民权构成的道德基础和源泉，只有转化为成文的法律权利，才能得到国家法律制度上的保障。人类经过几个世纪才使这些道德权利在世界大多数国家成为法律权利，从而获得了公民权的地位。英国著名社会学家 T. H. 马歇尔（T. H. Marshall）在《公民权与社会阶级》一书中指出，公民权是一种权利复合体，包括民事权（civil rights）、政治权（political rights）、社会权（social rights）三个基本维度。[②] 与全球范围的人权运动的历史发展与人权理论的三种形式相一致，公民权呈现出从民事权（发展于18 世纪）向政治权（发展于 19 世纪），进而向社会权（发展于 20 世纪）的扩容态势。在一定的历史条件下，公民权的不断扩容和充实，是以人权的客观状况和实际要求为基础，并源源不断地从它那汲取养料。[③] 公民权指涉一种社会地位，代表一种平等原则。在一国范围内，人权只有转化为可诉讼的公民权，才能得到法律制度的可靠保障。

当下，作为人权重要组成的社会福利权利受到国际社会的普遍重视。1966 年联大通过的《经济、社会与文化权利国际公约》第一次以条约形式确立了经济社会与文化权利；并援引《世界人权宣言》，强调经济社会与文化权利和公民政治权利是不可分割的，也是同等重要的。当代社会，公民权随着人权理论的发展而获得新的内涵，公民权已不单单指人的基本权利，而且包括人的社会经济权利。基本权利就是传统意义上的自然权利，包括生存权、自由权和平等权，更多的是一种消极权利，即国家无论如何也不得侵犯人的这种权利，国家有义务对这些权利进行保护以免受到侵犯。社会经济权利即公民的福利权利，更多的是一种积极权利，是一种个人要求政府积极作为的权利，对这些权利国家不得消极无为。[④]

当今世界，公民权利实践虽然具有国别的差异性，但“权利文化”却

① 俞可平．权利政治与公益政治［M］．北京：社会科学文献出版社，2005：123-131.

② 陈鹏．公民权社会学的先声——读 T. H. 马歇尔《公民权与社会阶级》［J］．社会学研究，2008（4）.

③ 马振超．从工具理性到价值理性——中国人权观念的发展逻辑［M］．长春：吉林大学出版社，2005：211.

④ 俞可平．人权与马克思主义［J］．马克思主义与现实，1990（1）.

分享了人类的普遍知识。伴随世界范围内人权运动的深化，全球语境下人权的内涵在悄然扩容，包括了“消极权利”和“积极权利”两个方面。“在某种意义上，一项权利的存在，意味着一种观念和制度的存在，意味着一种文明秩序的存在。”① 全球范围社会权利的勃然兴起，使公共服务成为国家的一种道德义务甚或法律义务。由此，保障公民社会权利成为正义的国家行为的重要标志，成为民主政府不可推卸的责任。在逻辑上，社会权利是公共服务的逻辑起点，构成公共服务的伦理规范和实质内容。

就权利意识的角度看，在人的权利结构中，文化权利的觉醒相对较晚。直到 1982 年，联合国教科文组织“世界文化政策大会”的召开，才标志着国际社会开始把广义的文化问题纳入经济、政治和社会发展战略。从宪法文本来看，我国对公民权利都是予以保护的，这与有关国际人权公约的基本精神和内容是一致的。我国宪法除了对公民享有的自由权利、政治权利做出明确的规定外，对公民的经济、社会和文化权利也做出了明确规定。宪法从总体上规定了公民享有劳动的权利、受教育的权利、接受社会保障的权利、参与文化生活的权利等多项内容。宪法对公民社会权利的确认，表明国家允诺对其实现承担保障义务。新时期，中国政府越来越关注人的全面发展和社会可持续发展问题，公民文化权利的保障和实现进入政府公共政策领域，进而上升到国家发展战略层面。

文化权利作为公民社会权利的重要内容，它本身并非单一性权利，而是复合性权利，包括享受文化成果的权利、参与文化活动的权利、开展文化创造的权利以及对个人进行文化艺术创造所产生的精神上和物质上的利益享受的保护权。② 文化权利作为一项社会福利权利，涉及公民文化生活上的底线公平，要求政府予以积极保障，自觉承担“最终给付担保责任”。确认政府对公民文化权利保障、对公共文化服务的提供，不仅是公民权利理论逻辑的应然表达，而且是政府担负“生存照顾之责任”的必然选择。在此过程中，公共文化服务应当与国家发展水平、现实国情相适应。这样，公共文化服务的发展，才可能在战略远景与政策行动间达成平衡。

---

① 夏勇. 中国民权哲学 [M]. 北京：生活·读书·新知三联书店，2004：165.

② 艺衡，任珺，杨立青. 文化权利：回溯与解读 [M]. 北京：社会科学文献出版社，2005.

第三节　公共文化治理的理论基础

20世纪70年代末以来，西方国家开始了从“无限政府”走向“有限政府”的治道变革过程。期间，公共选择、公共治理和新公共服务运动及其理论成果，为西方国家为文化行政改革和公共文化发展提供了理论指导。

一、公共物品理论

在公共物品理论发展史上，“公共物品”的概念是由瑞典经济学家林达尔（A. R. Lindahl）在1919年提出的，但直到1954年，萨缪尔森（Paul Samuelson）才对“公共物品”做出明确定义。在《公共支出的纯理论》一文中，萨缪尔森区分了公共物品与私人物品，将公共物品定义为，每个人对该种物品的消费都不会影响他人对该产品的同等消费，即公共物品的消费总量等于任何一位消费者的消费量。① 萨缪尔森是从消费的非竞争性角度对公共物品加以界定的。尔后，马斯格雷夫将受益的非排他性引入公共物品的定义中，指出公共物品的消费不能排除集团中其他人，也不能排斥他人享有相同的利益。② 这样，非竞争性、非排他性成为界定公共物品的基本标准。

然而，现实生活中的公共物品是复杂多样的，阿特金森和斯蒂格里茨认为，现实社会中很难找到满足纯公共物品意义上的物品。公共选择学派代表人物布坎南（James M. Buchanan）提出，必须拓展公共物品的内涵，他将同时具有竞争性和排他性的产品称为“纯私人产品”；同时具有非竞争性和非排他性的公共物品称为“纯公共物品”；介于两者之间的称之为准公共物品。至此，公共物品理论成为公共经济学的基础和政府职能界定的依据。按照竞争性和排他性二维变量可以把社会上的所有产品划分为私

① Paul A. Samuelson，“The pure theory of public expenditure”，The Review of Economics and Statistics，1954（36）：387-389.

② ［美］保罗·A·萨缪尔森，威廉·D·诺德豪斯．经济学（第12版）［M］．北京：中国发展出版社，1992.

人物品、公共物品和准公共物品三大类。凡是可以由个人所独占和享用的产品就是私人产品；反之，不能由个人所独占，必须与他人共享的产品（服务）为公共物品（服务）；介于二者之间的为准公共物品。公共物品的特殊性，极易诱发资源配置中“搭便车”行为，从而导致市场失灵，这就需要政府在公共物品提供中有所作为。

从产品的自然属性来理解和界定公共物品是西方学者的学术思路，但仅从自然属性来认识公共物品的内涵是不够的，还应关注其蕴含的社会属性。在自然属性上，公共物品是具有非竞争性和非排他性的产品；在社会属性上，公共物品是在一定社会经济条件下，在一定范围内为满足社会共同需要的物品，它体现着社会的公平和公正。在现实社会中，一些产品虽然很容易排他，甚至可以通过市场手段高效率地实现，但却很少向使用者收费，不是靠市场的手段，而是靠政府来实现，就是出于此类产品关乎社会公共需要的考虑。事实上，提供公共物品，是现代政府的重要功能。正是由于公共物品自身的特性，决定了政府在其中扮演着重要的角色，应当承担公共物品的供给职责。承认政府在公共物品提供中的责任并不意味着政府凡事都要亲力亲为。事实上，公共物品的供给可分解为两个环节，即提供与生产。公共物品的特性决定了政府必须承担提供责任，但其生产运作可以通过“公私合作”（private-public partnership，简称 PPP）的方式来进行。兴起于 20 世纪 80 年代的新公共管理理论，倡导公共物品供给中应打破政府一元垄断的供给模式，寻求在政府机构、市场组织、公民社会组织之间合理的分工与协作，这不仅能够削减福利国家体制面临的财政困境和服务压力，而且可以通过公私合作有效提高公共服务效能。

沿袭公共物品理论的分析视角，公共文化是一种具有“公共性”特征的文化产品或服务，它具有收益的非排他性、消费的非竞争性、外部正效应性等特征，可沿用公共物品理论的分析框架来探讨其基本属性、类型划分和供给模式。可以说，公共物品理论为我们理解和界定公共文化的特性和类型提供了理论参照，从而为我们合理选择和构建公共文化产品的供给机制提供了可能。事实上，公共文化是一个“类”概念，涵括范围广泛，是纯公共文化产品和准公共文化产品的混合体。纯公共文化产品，关乎国家文化主权、文化秩序及民族文化的传承，应当由政府来主导提供；准公共文化产品虽然具有消费的竞争性，但却在技术上难以实现排他性的消费，或虽可以实现排他性的收费，但其边际收益不足以弥补边际成本，一般采取政府与市场合作提供的方式进行。

作为公共物品理论的发展和福利国家体制的反思，福利混合经济旗帜鲜明地提倡公共服务提供的混合模式。福利混合经济倡导“去中心化”（decentralization）和“参与”（participation）。“去中心化”倡导福利服务的行政权由中央政府向地方政府转移，由地方政府向社区转移，由公共部门转向私人部门，强调福利服务中政府权力的分散化。“参与”意在和引导非营利组织、社区、家庭对福利服务的提供和规划，甚至福利消费者可以与福利提供者共同参与福利项目的创设、论证和决策。福利混合经济强调公共服务应由公共部门、准公共部门、私人部门、社区与家庭等力量共同负担。政府的角色应实现重大转向——由公共服务政策规划与生产提供，转向主要从事服务的规划、规范、安排和仲裁，由直接提供逐步转向借助社会力量、市场机制的间接提供。

在一定意义上，福利混合经济是对欧美国家公共服务领域市场化、社会化改革实践的描绘和总结，它旨在摒弃公共服务中的政府包办，调整和优化政府职能，扩大和深化公民参与，改善和优化公共服务模式。公共文化服务是国家公共服务的重要方面，关系到公民文化需求的满足、公共文化空间的营造、国家文化秩序的建构，需要协调好政府主导与公民主位的关系，科学界定政府的权力与责任，合理定位公民的话语权与行动力。就公共文化建设的制度创新而言，需要探索文化行政体制改革的方向，寻求国有文化事业单位改革的路径，进而在诸如公共文化服务的需求与供给、效果与效率、资源配置、供给方式等方面构建新的体制、机制和模式。

二、新公共服务理论

公共服务作为当代全球流行话语，是随着公共行政学的范式转换而产生的。20 世纪七八十年代，西方国家掀起了一场声势浩大“政府改造运动”，形成了“新公共管理”理论。作为一种改革思想和模式，新公共管理理论在经济学和私人部门管理学那里获得理论支持，试图在“更少集权的公共部门配予绩效导向的文化（performance-oriented culture）”。[1] 新公

① OECD, Governance in Transition: Public Management Reforms in OECD Counties. Paris, 1995: 8.

共管理以效率、分权（devolution of authority）、去官僚化（de-bureaucratization）、市场化为理论指针，强调顾客至上和效率原则，主张对传统官僚行政体制进行再造，试图将私人部门管理技术、市场机制引入公共部门，通过私有化、市场检验（market test）、签约外包（contracting out）等手段来缩减政府职能，实现“掌舵”与“划桨”的分离。新公共管理理论创立的知识框架和改革取向，适应了当代公共行政改革的需要，在管理实践中取得了巨大成效。然而，新公共管理理论并不完美，它对市场的迷信损害了正义、民主、参与等宪政价值①，在实践中产生诸多负面社会效应，引起了理论界的质疑和批判。

在对新公共管理理论批评的基础上，美国行政学家珍妮特·丹哈特（Janet V. Denhardt）与罗伯特·丹哈特（Robert B. Denhardt）在《新公共服务：服务，而不是掌舵》一书中系统阐述了新公共服务理论。他们认为，在一个民主的社会中，对民主价值观的关注应该被置于治理体系的首要位置。为此，新公共服务奉行公共利益和伦理精神，倡导参与式国家模式，强调保护公民自由、转变政府角色定位，发挥社区与公民社会组织在公共管理中的作用。新公共服务理论并不简单地排斥经济、效率等工具主义的价值，而是强调它们“应该被置于由民主、社区和公共利益构成的更大环境中”。这样，公共行政就会在改革实践中确立“公正、公平、回应性、尊重、授权和承诺等理想”的优先位置，从而使公共服务在目的与手段、公平与效率间确立正当、规范的关系。

新公共服务理论是对新公共管理理论的超越，它更关注人的价值，重新强调人类的价值回归，倡导公共行政人员在管理公共事务时，应树立服务于全体公民和授权公民的思想，而不是仅仅服务于“顾客”，即改变政府在公共事务中的唯一主导地位，将公民置于工作的价值所在，确立公共行政的共同目标，即公众和公共利益。新公共服务理论以民主政治（democratic politics）、公民权（citizenship）和公共利益（public interest）为理论基础，提出政府的基本职能不是“掌舵”而是“服务”，不是服务于“顾客”而是服务于“公民”，政府应当成为有使命感和负责任的公共机

① ［美］拉里·D. 特里. 我们为什么应该放弃使公共企业家与民主相一致的错误追求［J］. 公共行政评论，1993（4）：393-395.

构，服务于全体公民和整个社会。[①] 新公共服务理论向“宪政主义”的回归，使其超越了新公共管理理论对“管理主义”的偏好，呼唤民主公民权、公共利益等价值原则在公共服务中的核心地位。

新公共服务理论作为公共行政“可供选择的规范性框架”[②] 和前导性的改革话语，蕴涵着公共服务的诸多元素，如公民权、公共利益、责任、价值观及政治规范，可以作为中国公共服务实践的理论范式。在一定意义上，中国政府提出“服务型政府”的改革路线，与新公共服务理论在中国的传播不无关系。汲取新公共服务理论的精神实质，服务型政府的概念内涵可以从价值定位、运行逻辑和实践模式等方面探究。在价值定位上，服务型政府以公共利益、社会公正和民众满意度作为公共服务活动的目标归宿；在运行逻辑上，公共服务供给的主体和内容总体上应当依据民意来确定；在实践模式上，政府作为公共服务的“安排者”，应根据公共服务的属性和特征，选择公共服务供给的机制与方式，即对权威型供给、市场型供给、志愿性供给进行适当组合。[③] 公共文化是服务型政府公共服务的重要领域，其发展自然应遵循公共服务的理论主张和实践逻辑，这意味着民主公民权、公共利益、公共责任等都应当成为其核心准则；在此前提下，追求经济、效率、效益等工具性价值，以全面提升政府公共服务的能力。

三、公共治理理论

“治理”一词最早出现在 1989 年世界银行关于非洲发展情形的报告中，随后被广泛运用于政治发展研究中，并成为社会科学诸领域的流行语词。杰索普认为，英语中的“治理”（governance）最早来源于古拉丁语和古希腊语，是“操舵”的意思。[④] 现代意义上的“治理”一词产生之前，治理（governance）与统治（government）意义相近，二者交叉使用，主要用于表达与国家公共事务相关的政治活动和管理活动。20 世纪 90 年代，

---

① 谭功荣. 西方公共行政学思想与流派［M］. 北京：北京大学出版社，2008：263.

② Wouter Vandenabeele & Annie Hondeghem, “New Public Service”, Encyclopedia of Public Administration and Pulic Policy, Taylor and Francis, 2005.

③ 陈振明等. 公共服务导论［M］. 北京：北京大学出版社，2011：24.

④ 鲍勃·杰索普. 治理的兴起及其失败的风险：以经济发展为例的论述［J］. 国际社会科学杂志（中文版），1999（2）：32.

在全球化、信息化与分权化改革推动下，公共领域行政生态呈现出高度的复杂性和不确定性，以政府为中心的、控制导向的管理模式受到挑战，由多元主体共同管理公共事务的治理模式应运而生。人们用“治理”一词表达公共事务发展中“依靠多种进行统治的以及相互发生影响的行为者的互动”。① 在相对宽泛的意义上，“治理”涵盖了市场、等级和网络等模式。市场利用供求力量建构的价格机制协调社会生活；等级通过“自上而下”的权威体系发挥作用；网络则借助实质上平等的多元行动主体之间的互动来促进公共事务发展。在一定意义上，“治理”是对“统治”的扬弃，二者既有联系，也有区别。二者的联系在于：最终目的相同——都是为了维持正常的社会秩序；为了实现这一目的，二者都需要依赖权威和权力。二者的区别在于：一方面，统治的权威必定是政府，而治理的权威更多的是多元主体构成的治理网络的权威；另一方面，统治的权力运行总是单一向度的，表现为自上而下的发号施令、实施政策等；而治理的权力运行则是多向度的、相互影响的，表现为基于平等原则的相互沟通和互动合作。②

在所有关于治理的内涵的解释中，全球治理委员会（Commission on Global Governance）的定义被公认为最具有权威。在 1995 年发表的题为《我们的全球伙伴关系》（*Our Global Neighborhood*）报告中，治理被定义为“一种使相互冲突的或不同的利益得以调和并且采取联合行动的持续过程”。③ 由于立场和视角的差异，学界对治理内涵有着不同的理解，但在治理的特征上却有着较为一致的观点，普遍强调治理主体和目标的多元化、治理权利和责任边界的模糊性。现代社会呈现出高度分化的特征，社会大众的公共服务需求呈现多样化态势，传统单一中心的公共服务模式只能满足中位选民的利益诉求。在解决公共服务短缺和失衡的过程中，政府不再是唯一的权力主体，需要将治理的权力适当转移给公民社会，使社会力量能够参与公共事务之中，寻求多元主体的目标、利益、行动的兼容与协同，从而就公共事务治理的达成共识。在此过程中，多元主体会形成权

① 库伊曼，范·弗利埃特．治理与公共管理［C］//库伊曼等．管理公共组织，萨吉出版公司，1993：64.

② 俞可平．权利政治与公益政治［M］．北京：社会科学文献出版社，2005：143-144.

③ The Commission on Global Governance. Our global neighborhood［M］. Oxford University Press, 1955：2-3.

力、资源上的相互依赖，形成行为和活动上的互动合作，这就使得公共部门与私人部门之间的权利和责任边界在很大程度上形成了叠合，需要一致行动才能更好地解决社会公共问题。

治理理念及其实践，是公共事务管理中现代民主政治理念的体现和创新发展。治理意味着公共领域的结构由单中心向多中心、矩阵型向网络型转变，意味着主体间利益关系由隔离或排他向包容或共生转变，以及人类行为机制由权威、竞争向参与、合作转化。[①] 现实中，治理模式从总体上说旨在强调多元主体的互动合作。就公共文化服务而言，政府不仅要依靠公共组织的力量，还应该促进民间文化系统的成长，形成上下互动、共同治理的文化发展网络。在此过程中，政府不仅要搭建一个能使公民充分发表意见、表达意愿、显示需求的平台，而且要担负起公共文化发展规划、组织、协调的责任，引导多元主体通过协商和谈判共同寻求问题的解决。

作为当代多层次治理结构的组成部分，基层治理在国家发展中的意义不容忽视。亨廷顿说，基层民众对政治体系的信服与支持，是该体系得以稳定存续的可靠保证，也是推动现代化发展的动力所在。[②] 现代意义上的基层治理，强调以分权为主导的自主管理能力，同时倡导政府部门与公民社会、基层政府与社区组织之间广泛的合作。在这种互动关系中，需要通过平等参与、多元互动，达成共同的利益和目标。治理成败的关键在于是否具有制度或正式程序的保证，取决于各种行为主体在利益博弈、规则设定中的行为模式，尤其是那些处于重要地位以及对规则和结构行使管理作用的行为主体的合法性确认。[③] 就此而论，中国基层治理的格局不容乐观。受历史传统和现实体制的综合影响，我国基层治理面临着复杂化的组织、制度和文化因素：其一，国家行政力量长期以来向农村基层的渗透，限制了乡村社会自治力量的成长空间；其二，乡村社会惯于通过人际网络处理地方事务，法律制度和契约精神薄弱；其三，农民对公共事务参与意识的冷漠和参与能力的低下，大大降低了社会自治的有效性。这种境况，构成农村社会治理转型的现实基础，形成基层公共事业发展的深刻制约。在中

① 麻宝斌. 十大基本政治观念［M］. 北京：社会科学文献出版社，2011：223.

② ［美］亨廷顿. 变革社会中的政治秩序［M］. 李盛平译，华夏出版社，1988：317.

③ B. Jessop. The rise of governance and the risks of failure：the case of economic development［J］. International Social Science Journal，1998：29-45.

国语境下讨论治理转型，需要倡导全球话语与本土关怀的结合，在治理实践中深刻考量某些“中国”元素，构建中国式的政府主导型治理格局。在农村公共文化建设，政府应当扮演“元治理”角色、发挥主导性作用，通过引领方向、创造条件、提供平台，积极引导文化事业单位、民间文化系统、农村群众等社会力量参与到文化建设中来，通过多元参与、共建共享，逐步形成政府主导、农民主位、社会参与、合作互补的公共文化建设新格局。

第三章　公共文化发展的基层样态

第一节　公共文化建设的乡村调查

在国家文化发展战略推动下，我国公益性文化事业发展取得明显进展，公民文化权益的保障程度有所改善，但公共文化建设仍明显滞后，存在着三个不适应：与全面建设小康社会目标的要求不适应，与经济社会协调发展的要求不适应，与人民群众的精神文化需求不适应。

一、我国公共文化发展的总体态势

（一）公共文化事业发展概况

公共文化事业是保障公民文化权利、满足公民基本文化需求、提高全民文化素养的社会公共事业。公共文化事业的面向大众、普惠共享的特征，决定了各级政府及公益性文化单位在推动公共文化建设中发挥着主导型作用。全面了解和把握我国公共文化事业的现实状况，需要重点关注财政投入、机构建设、服务开展等基本方面。

公共文化财政投入显著增长。改革开放以来，我国文化事业费投入总量呈现稳步增长态势，从2000年的63.16亿元，增长到2016年的770.69亿元，增长了12.2倍；人均文化事业费从2000年的5.11元，增长到2016年的55.74元，增长了10.9倍（根据历年《中国文化文物统计年鉴》测算）。在文化事业财政投入持续增长的同时，国家实施了适度倾斜的政策，使文化事业费投放适度向乡村地区和群众文化领域倾斜，一定程度上推动了公共文化事业的重心下移，扩大了乡村地区、基层社会公共文化的覆盖面，缓解了公共文化事业的“二元结构”，促进了城乡文化事业的相对均衡发展。

文化事业机构建设成效明显。文化机构作为公共文化活动的组织载体，其发展规模、硬件装备、软件配置等，在很大程度上决定着公共服务功能发挥。21 世纪以来，全国公共图书馆数量有所增加，设施条件明显改善，藏书量增长较快，信息化水平显著提升，公共服务功能增强。群众文化机构（包括群艺馆、文化馆、文化站）数量总体稳定，设施面积稳步增长，资源日渐丰富。在文物事业机构中，博物馆数量增长明显，文物馆藏量有所增加；与此同时，博物馆免费开放进展明显，其文化辐射力和公共服务能力明显增强。

公共文化机构服务能力增强。从事文化资源的配置、文化产品的生产、文化服务的提供，是公共文化机构的基本功能。公共文化机构的服务功能的提升依赖于设施、条件、资源等的可及性、有效性及其整合状况。随着公共文化机构设施条件、软件配置、人员素质等的改善，其传承文明、服务公众的能力有所增强，表现在：图书馆人均藏书量、流通人次均显著增加；博物馆实现免费开放，参观人次急剧增长；群众文化机构服务功能有所拓展，乡镇综合文化站在丰富群众文化生活、实现文化服务方面作用突出。

国家文化扶贫工程深入开展。贫困地区文化事业基础差、底子薄，成为制约公共文化服务体系全覆盖的薄弱环节。“十一五”以来，中央政府不断加大对贫困地区的政策支持，通过加大财政支持力度、完善资金投入机制、开展文化扶贫工程等方式，着力保障人民群众的基本文化权益，避免贫困地区陷入经济与文化双贫困的循环陷阱。“十一五”以来，国家启动实施了多项文化扶贫工程，通过“万村书库”、戏曲下乡、电影下乡、送书送报等方式，面向贫困地区群众开展了丰富的流动文化活动。针对乡村文化阵地衰落的现状，国家设立了乡镇文化站内容建设专项资金，用于改善乡村和贫困地区基层公共文化设施。2013 年国家开始实施了教育扶贫工程，通过加强基础教育、职业教育等措施，让连片特困地区学龄儿童接受文化教育，让劳动者接受农业技能培训，着力推进贫困地区文化建设和文明进程。

（二）公共文化事业发展问题

近年来，在国家文化发展战略部署的推动下，我国公益性文化事业发展取得明显进展，公民文化权益的保障程度有所改善。但也应清醒地看到，我国公共文化建设仍相对滞后，文化发展与文化需求的满足、国民素养的提升、国家软实力建设、全面协调发展还很不适应。投射在公益性文化事业领域，突出地表现为公共文化服务的均等化程度低下、公民的文化权利实现程度较低、公共文化的社会效应难以发挥。

公共文化发展的区域差距明显。我国疆域辽阔，区域发展参差不齐。受各地经济发展水平、财力支撑能力和文化资源禀赋的差异，公共文化事业呈现出明显的东-中-西梯度格局。经济发达省区、文化资源富裕区，由于具有雄厚的财力支撑和文化资源要素优势，在公益性文化事业发展中取得了先发优势。经济欠发达省区、资源要素匮乏区，文化发展则陷入滞后状态。从全国文化事业费区域分布投入总量来看，1995 年至 2016 年期间，东部、中部、西部地区投入经费分别从 13.43 亿元、9.54 亿元、8.30 亿元增长到 333.62 亿元、184.8 亿元、218.17 亿元，分别增长了 24.84 倍、19.37 倍、26.29 倍，西部地区增幅最快，中部地区增幅最小。东部、中部、西部地区投入经费所占比重从 40.2%、28.6%、24.9%调整为 43.3%、24%、28.3%（根据历年《中国文化文物统计年鉴》测算），东部地区领先优势加大。由于国家政策的额外扶持导致西部地区反超中部地区，呈现出文化投入上的阶梯格局和“中部塌陷”。

公共文化建设的城乡差异显著。受城乡二元分治格局的影响，我国“重城市、轻乡村”的发展模式，使得乡村文化发展相对滞后，乡村文化相对衰落。从全国文化事业费城乡分布投入总量来看，县及县以下投入经费与县以上投入经费差距呈现缩小趋势。从 1995 年至 2016 年，县以上投入经费总量从 24.44 亿元增长至 371 亿元，增长了 15.18 倍；县及县以下投入经费总量从 8.95 亿元增长至 399.68 亿元，增长了 44.66 倍（根据历年《中国文化文物统计年鉴》测算）。考虑到历史上乡村地区公共文化基础设施建设长期欠账等客观现实，城市与农村之间公共文化服务不均衡仍很明显。作为乡村公共文化服务机构的乡镇文化站，程度不同地存在设施简陋、资源短缺、活动单调等问题。“文化下乡”作为面向乡村的文化惠民工程，发展状况也不容乐观，调查走访发现，送电影和送戏是政府送文化下乡的主要内容，农业技术培训、农业信息服务、健身辅导、文艺辅导等比较罕见，科技致富类、健康娱乐类等乡村最迫切的资源非常少见，“文化下乡”形式大于实质。总体来看，乡村群众的文化享受、文化参与与城市居民难以相提并论，文化发展的“城乡二元结构”突出。

公民基本文化权利的实现程度低。就文化权利的实现程度来看，我国公民的文化权利实现程度普遍较低，衡量文化权利实现的多项指标较发达国家都有较大差距。我国文化事业费占国家财政支出的比重偏低，长期徘徊在0.40%左右，明显低于国际上中等发达程度国家文化事业费占国家财政总支出的比重在1%以上的经验值。我国文化事业财政投入的不足，直接导致公共文化基础设施短缺、公共文化服务供给能力不足，公民平等的文化资源享有权利无法得到保障。就公共图书馆的国际标准而言，我国平均46.8万人口、每3368平方公里面积（服务辐射半径大致为32.8公里）拥有一座图书馆，与《公共图书馆标准》确定的服务辐射半径4公里的国际标准差距明显；全国图书馆人均藏书量仅为0.52册，远远低于《公共图书馆服务发展指南（2001）》提出的人均1.5~2.5册图书的建议性标准。基层公共图书馆、文化馆、文化站的布点较少且运转困难，基层公共文化服务能力更加欠缺。

公共文化事业的社会效应衰减。改革开放以来的市场化进程和“以经济为中心”的发展，实现了全民物质生活水平的根本改善，百姓日用取得显著提升；但国民精神生活状况不容乐观，多元文化的竞相出场非但没有改善社会文化生态，反而导致精神空虚、信仰缺失、价值观混乱等问题，已然危及社会的道德规范和伦理秩序。市场的力量一旦失去必要的制约，就会成为“脱缰的野马”到处作乱。这一点已为亚当·斯密的“道德情操论”、马克斯·韦伯的“新教伦理”所论证。市场经济的健康发展，是需要文化系统为其保驾护航的，一旦失去健康文化价值的引导和规范，以博取欢心为目的的商业文化就会充斥市场；而旨在追求终极意义的文化形式就会被排挤，社会大众就可能在“绿肥红瘦”中陷入对娱乐的迷恋，“准暴力”和“准情色”就会兴风作浪，社会文化就会因低俗文化的蔓延造成“精神污染”。就此而言，公共文化作为主导文化与大众文化的“中间态”，具有娱乐、审美、教育“三位一体”的功能，因而在维持社会文化生态的平衡中发挥着重要作用。然而，我国文化市场的过度商业化、公共文化事业的发展滞后，使人们对“私域世界”的追求、对娱乐功能的迷恋成为常态，这在很大程度上消减了先进文化的价值规范、消减了公共文化的应然功能。

二、基层公共文化发展状况

乡村公共文化建设是国家文化建设的重要构成。乡村文化发展状况，不仅影响着乡村社会现代化的进程，而且关系到整个国家文化建设的进程。然而，在经济发展相对滞后、市场化进程相对缓慢、公共财政投入有限的情况下，我国乡村地区，尤其是欠发达地区乡村公共文化事业发展缓慢。全面了解乡村公共文化建设现状，并对其发展态势做出准确判断，需要深入乡村基层进行实地调查。鉴于此，本书以陕甘宁三省（区）为样本地，通过深入村头田间开展问卷调查和实地走访，形成了乡村公共文化发展状况的基本结论。

（一）调查地及样本说明

陕西、甘肃、宁夏地处我国西北腹地，市场化进程相对缓慢，经济社会发展整体滞后，有国家级贫困县 101 个（其中：陕西 50 个，甘肃 43 个，宁夏 8 个），占县（区）总数近一半。经济发展滞后，并不代表事事落后，更不意味着继续落后。丰富的历史文化资源、多样化的人文生态，使三省（区）在文化发展中具有比较优势。三省（区）的经济发展状况及人口的城乡分布，具有欠发达地区经济社会发展的一般特征；政府在文化建设中的战略意识和远景规划，与国家文化建设的战略目标也高度一致。因此，选择三省（区）作为调查地具有一定代表性和典型性。

在确定具体的调查地时，本书运用分层随机抽样的基本原理，保证在陕甘宁三省（区）29 个地级行政区中，至少每个地级行政区有 1 个县入选样本框，以便经济发展状况较好、一般、较差的地方均能在调查的覆盖范围。基于此，本书确定了 38 个县（包括少数民族自治县 4 个）的 140 个行政村为调查样本点，每个样本村随机选择 25 户为访问样本。调查覆盖涉及范围广泛，主要涉及汉、回、藏等民族，调查具有一定的普遍性和代表性。调查共发放问卷 3500 份，回收 3420 份，问卷回收率为 97. 71%。其中，有效问卷 3303 份，问卷有效率为 94. 37%。考虑到乡村群体的文化程度普遍较低，本问卷的发放采用访谈法，即由调查员向被调查者发放问卷，多采用一对一问答的方式进行。当被调查者有看不懂的地方时调查员需要进行解释，若被调查者因为种种原因不能填答时，调查员还需要根据被调查者口述代为填答，以保证问卷的有效性和准确性。对回收的3303份有效问卷，项目组采用SPSS统计软件进行了统计分析。调查对象的基本情况如下：

性别比例。本次调查的3303被访者中，男性2028人，占总人数的61.4%；女性1275人，占总人数的38.6%。

年龄分布。本次调查针对成年人进行，其中：18~44岁的占37.7%；45~59岁的占42.0%；60岁以上占20.3%。60岁以下被访者共占89.7%，以中青年为主。

文化程度。文化程度是衡量一国教育普及程度的重要指标。在本调查中的3303人中，小学及以下文化程度有921人，占总人数的27.9%；初中文化程度的1287人，占总人数的39.0%；高中或中专文化程度的651人，占总人数的19.7%；大专及以上的444人，占总人数的13.4%。在文化程度这一指标中，众数和中位数显示都是初中，初中文化程度占比也较大。调查数据表明，乡村地区人口整体的文化素质是偏低的（初中及以下文化程度的人占被调查者总数的66.9%）。

政治面貌。在3303个被访者中，共产党员417人，占总人数的12.6%；共青团员597人，占总人数的18.1%；民主党派51人，占总人数的1.5%；群众2238人，占总人数的67.8%。在政治面貌这一指标中，众数和中位数都是群众，群众在总体中所占比重超过2/3。

职业分布。本次调查中，乡村是被调查者的主体。在具体调查结果中，乡村2114人，占总人数的64%；村两委干部250人，占总人数的7.6%；乡村文体骨干168人，占总人数的5.1%；其他职业的771人，占总人数的23.3%。

家庭全年总收入。三省（区）乡村家庭全年总收入总体偏低且差距较大，家庭年收入在20000元以下的有2412人，占总人数的73.0%；家庭年收入5000元以下的有480人，占总数的14.5%；家庭全年总收入5万元以上的有111人，仅占总数的3.4%。说明贫困人口所占比例还是比较大，具体情况见表3-1：

表 3-1　家庭全年总收入情况

	频数 f	频率（%）	累计频率（%）
1000 元以下	66	2.0	2.0
1001～2500 元	81	2.5	4.5
2501～5000 元	333	10.0	14.5
5001～10000 元	699	21.2	35.7
10001～20000 元	1233	37.3	73.0
20001～50000 元	780	23.6	96.6
50000 元以上	111	3.4	100.0
合计	3303	100.0	—

家庭收入主要来源。在家庭收入主要来源的调查中，选择“农作物种植”的有 1418 人，占总人数的 42.9%；选择“外出务工”，有 633 人，占总人数的 19.2%；选择“个体经营”，有 511 人占 15.4%；其次为“养殖业”（占 10.2%）、“工厂做工”（占 4.9%）、“其他”（7.4%）（具体情况见表 3-2）。可见，在乡村，农作物种植和外出务工依然是家庭收入来源的主要途径。

表 3-2　家庭收入主要来源情况

	频数	频率（%）	累计频率（%）
农作物种植	1418	42.9	42.9
养殖业	336	10.2	53.1
个体经营	511	15.4	68.5
工厂做工	162	4.9	73.4
外出务工	633	19.2	92.6
其他	243	7.4	100.0
合计	3303	100.0	—

（二）乡村文化发展状况

1. 乡村文化设施/资源

（1）村庄拥有的公共文化设施

调查中，对“您村庄有哪些文化设施”这一问题的回答表明，乡村地区的文化设施整体较少。现有的文化设施中，最多的是祠堂或寺庙，接下来依次是戏台或戏楼、文化活动室或图书室、体育场地或体育器材。公共电子阅览室、个体文化室或文化大院很少，尤其是公共电子阅览室几乎没有（具体情况见表 3-3）。这种状况表明，乡村文化设施多为娱乐型的，且很多与民间信仰相联系；信息化、知识型文化设施很少，这在很大程度上限制了群众文化生活的多样性。

表 3-3　村庄拥有的文化设施情况

	未选此项的频次	比率（%）	选中此项的频次	比率（%）
文化活动室或图书室	2205	66.8	1098	33.2
电影放映室或录像厅	2784	84.3	519	15.7
戏台或戏楼	2178	65.9	1125	34.1
公共电子阅览室	3171	96.0	132	4.0
体育场地或体育器材	2214	67.0	1089	33.0
阅报栏	2661	80.6	642	19.4
老年活动室	2652	80.6	642	19.4
个体文化室或文化大院	3096	93.7	207	6.3
祠堂、寺庙	1299	39.3	2004	60.7
其他	2928	88.6	375	11.4

（2）村民对文化设施的使用

调查中，在问及“您经常使用哪些公共文化设施”时，发现村民们很少使用公共文化设施，文化设施的使用率很低，均未超过 40%。各类文化设施中，使用率最高的是祠堂或寺庙，占被访者总数的 39.1%，这说明传统乡村习俗对村民文化活动的影响较大；其次是选择戏台或戏楼，有 843 人，占被访者总数的 25.5%，这属于村民传统文化娱乐的主要途径；乡村公共电子阅览室、个体文化室（或文化大院）的分布较少，村民对这些公共设施的利用率很低（具体情况见表 3-4）。村民对文化设施的使用情况表明，乡村文化生活以“求乐”为主，“求健康”“求知”很少，乡村文化生活内容单一且层次较低。

表 3-4　村民使用文化设施的情况

	未选中此项的频次	比率（%）	选中此项的频次	比率（%）
文化活动室或图书室	2706	81.9	597	18.1
电影放映室或录像厅	2904	87.9	399	12.1
戏台或戏楼	2460	74.5	843	25.5
公共电子阅览室	3222	97.5	81	2.5
体育场地或体育器材	2670	80.8	633	19.2
阅报栏	2823	85.5	480	14.5
老年活动室	2922	88.5	381	11.5
个体文化室或文化大院	3150	95.4	153	4.6
祠堂、寺庙	2010	60.9	1290	39.1
其他	2688	81.4	615	18.6

与此同时，在问及“去文化场馆的次数”时，在3303个被调查者中，选择“经常去”的只有501人，占总人数的15.2%；选择“偶尔去”的有2250人，占总人数的68.1%；选择“从不去”的有552人，占总人数的16.7%。从调查情况来看，村民很少光顾公共文化场馆，种类较少的文化设施利用率很低，未能充分发挥服务功能。

（3）村民对文化设施的评价

在调查中，我们主要从文化设施的种类、文化设施的数量、文化设施的布局等方面来了解村民对文化设施的感知和评价情况。在被调查的3303人中，对“文化设施的种类”表示“非常满意”的有207人，占总数的6.3%；表示“满意”的有699人，占总数的21.2%；表示“一般”的有1584人，占总人数的48%；“不满意”的有813人，占总人数的24.6%。表示“非常满意”和“满意”的共占被调查者的27.5%，说明村民对乡村公共文化设施种类的满意度不高，这可能是导致村民对文化设施使用率不高的一个原因。

在问及对文化设施数量的感受时，表示“非常满意”的有111人，占总数的3.3%；表示“满意”的有594人，占总数的18%；表示“一般”的有1644人，占总数的49.8%；“不满意”的有954人，占总人数的28.9%。表示“非常满意”和“满意”共占被调查者的21.3%，说明村民对公共文化设施数量很不满意，出现了文化设施数量短缺与有限文化设施的使用率低下并存的现象。

在对文化设施布局合理性的评价中，认为“非常合理”的有174人，占总数的5.3%；认为“合理”的有612人，占总数的18.5%；认为“一般”有的1776人，占总数的53.8%；而认为“不合理”的有741人，占总数的22.4%。调查显示，村民普遍认为文化设施的空间布局不太合理，不便开展群众文化活动。

从村民对文化设施的整体评价来看，乡村公共文化设施存在种类少、数量缺、布局差等突出问题，与村民对文化设施的需要不相适应，导致有限的文化设施得不到有效利用，限制了文化设施的服务功能和辐射能力。笔者走访发现，乡村公共文化设施集中分布在乡镇中心及周边村落，深入偏远村落的很少，偏远地方的群众无法使用这些公共文化设施，这在一定程度上造成了文化享用机会上的不平等。

（4）村民家中拥有的文化设备

乡村日常文化生活需要的满足，一方面依赖于村庄的公共文化设施，另一方面也依赖于村民自有的文化设备。调查中，在问及家中拥有哪些文化设备时，回答电视机的最多，有2549人，占被调查者总数的77.2%；其他依次是收音机（1206人）、影碟机（1078人）、卫星接收设备（218人）、电脑（119）等，分别占被调查者总数的36.5%、32.6%、6.6%、3.6%。从调查情况来看，电视机在乡村社会已基本普及，而传统的文化设备收音机大幅度减少，仅占被调查者的1/3多；电脑作为现代信息资源和文化生活载体，调查数据显示仅有3.6%的家庭拥有电脑设备。

（5）村民家中拥有的图书资源

图书资源的拥有情况一般可以反映乡村文化需求、信息需求的层次和结构。调查中，有327人表示家中有小说文艺类书籍，占被调查者总数的9.9%；199人表示有农业科普类图书，占被调查者总数的6.0%；182人表示有时尚杂志类图书，占总被调查者总数的5.5%；148人表示有健康娱乐类杂志，占总人数被调查者总数的4.5%。调查发现，各类书籍所占比例均未超过被调查者总数的10%，乡村家中的图书资源比较稀少。家庭自有图书资源的稀少，与乡村受教育程度、电子媒体普及等乡村文化生活样式有关，也在一定程度上表明乡村的求知愿望和接受信息的氛围不佳。

2. 乡村的文化生活

（1）文化支出的水平与结构

文化消费是社会文明进步的重要标志。随着我国人均收入水平的不断提高，社会大众的消费方式正在由基本生存型消费向全面发展型消费过渡，用于文化产品和服务方面的消费在逐渐增加。调查中，家庭全年文化消费支出[1]水平的结果表明，乡村家庭文化消费支出较少，全年文化支出不足100元的家庭超过一半（占调查者总数的53.49%）；全年文化支出超过300元的家庭仅占1/5多（占调查者总数的23.71%）（具体情况见表3-5）。计算可得，家庭文化消费的平均值$\bar{x}=206.34$元，标准差$\sigma=21.11$元。

表3-5　家庭年文化消费支出情况

文化支出水平	人数	比率（%）
50元以下	951	28.79
51~100元	816	24.70
101~300元	753	22.80
301~500元	528	15.99
501~1000元	168	5.09
1000元以上	87	2.63
合计	3303	100.00

对家庭全年文化消费支出的主要方面调查显示，在有限的文化消费支出上，购买音像制品的1572人，占调查者总数的47.59%；购买电视机、影碟机的780人，占调查者总数的23.61%；购买科普读物的390人，占调查者总数的11.81%；购买报刊的561人，占调查者总数的16.99%。可见，村民文化支出主要集中在电子产品（电视机、影碟机）和音像制品方面（占47.6%）；用于求知类、致富类文化产品（科普读物、书报杂志）的支出很少，仅占28.8%，这反映了乡村居民文化消费主要以娱乐型消费为主。

乡村居民文化支出水平和结构状况表明，与乡村经济发展水平相比，乡村居民的文化消费水平及消费结构均处于较低层次，文化消费需求不

① 家庭全年文化消费支出包括文化资源、文化设备、文化娱乐等的支出总额。

强，精神生活比较单调，文化消费的潜力未充分释放。

（2）文化生活的形式与内容

对乡村文化生活主要形式的调查显示，乡村文化活动的途径较少、形式单调，看电视、打牌下棋是乡村文化生活的主要形式，分别占被调查者总数的78.29%、39.69%，这表明乡村通过私人途径参与的娱乐型文化活动相对较多。调查中，选择通过公共文化空间参与文化生活的人数相对较少，如选择“看电影”“看大戏”的分别只有684人和384人，分别占被调查者总数的29.06%和11.63%（具体情况见表3-6），表明乡村对公共文化生活的热情和兴趣在减退。这种状况，与乡村私性文化的兴盛、公共文化的衰退，乡村日常生活的“私域化”及基层社会公共精神的缺场有关。

表3-6　乡村平时参加的文娱生活情况

	未选中此项的频次	比率（%）	选中此项的频次	比率（%）
看电视	717	21.71	2586	78.29
打牌下棋	1992	60.31	1311	39.69
读书看报	2343	70.94	960	29.06
看电影	2619	79.29	684	20.71
上网	2757	83.47	546	16.53
看大戏	2919	88.37	384	11.63
听广播	3039	92.01	264	7.99
跳舞等健身活动	3168	95.91	135	4.09
参加宗教活动	2988	90.46	315	9.54
钓鱼等户外活动	3195	96.73	108	3.27
其他	3045	92.19	258	7.81

就文化生活的内容而言，就“您经常观看哪类电视节目（或频道）”这一问题的调查显示，村民文化生活的内容主要集中在娱乐类节目，选择电视剧的有2199人，占总数的66.58%；选择电影的957人，占总数的28.97%；选择综艺节目的927人，占总数的28.07%；选择戏曲的531人，占总数的16.08%。而选择科教节目和农业节目的分别只有213人和348人，分别占调查者总数的7.03%和10.54%。显然，在乡村的文化生活方面，娱乐性文化活动较多，而知识性文化活动较少，乡村的文化生活以

“求乐”为主，科普性的、科技性的活动很少。

（3）文化信息的获取途径

现代社会，人们获取信息资源的途径和渠道越来越多，亲身经历、邻里交流、传播媒介都是其获取信息的重要渠道，尤其是广播、电视、网络、报刊等传媒更是提供了无所不包的信息资源。随着乡村信息化建设的推进，乡村群众接收信息的途径也逐渐由传统的亲身经历和人际交流转向电子媒体。在调查中，2817 人选择了通过电视获取文化信息，1158 人选择广播，834 人选择报刊，447 人选择网络。由于看电视是乡村平时最主要的文化活动形式，因而乡村接受文化信息的主要途径也是电视。与此同时，1713 人表示人际交流依然是获得文化信息的重要途径。随着“广播电视村村通工程”“文化信息资源共享工程”的建设及其服务功能的拓展，乡村获取公共信息的渠道会进一步拓宽，且会从主要依靠私人信息途径向主要依靠公共信息途径转变，有助于公共信息在乡村社会的公开和共享，有助于乡村公共文化覆盖范围的拓展。

（4）重大节庆的文化活动

节庆是群众文化活动的主要依托，重要纪念日、传统节日，是公共文化的宝贵资源。积极挖掘节庆日的文化内涵，自觉开展健康向上的文化活动，是传承民族民间文化、开展公共文化的重要依托。传统节庆日是乡村社会开展大型文化活动的重要契机，发挥着联系乡土文化情结的纽带作用。然而，市场经济在促进乡村发展和乡村致富的同时，也使得社会对传统节日的态度陷入“理性”算计之中，乡间节日习俗日渐衰微。

调查显示，在重大节庆日，乡间组织的公共文化活动相对较少且未能经常化、常态化。在被访的 3303 人中，2835 人表示当地只有部分节庆日有文化活动；273 人表示节庆日经常有文化活动；195 人表示节庆日从来没有文化活动。这种状况，反映出乡间节庆文化呈式微现象，节庆文化所具有的缅怀历史事件、传承文明风尚的功能在衰退。

在问及当地节庆日文化活动的形式时，有 2406 人选择“烟火”，占被访者总数的 72. 84%；有 2130 人选择“社火”，占被访者总数的 64. 69%；有 1695 人选择“庙会”，占被访者总数的 51. 32%；有 897 人选择“灯会”，占被访者总数的 27. 16%；选择“当地特色节会”只有 828 人，仅占被访者总数的 25. 07%。由此可见，乡村节庆文化活动不但数量有限，而且形式单调，缺乏多样性。更为突出的是，反映时代特征和现代气息的公共文化活动形式和内容非常稀少。

对传统节日态度的调查显示，乡村群众对春节、清明、端午、中秋等传统节日非常重视，节庆日家人能够经常团聚的占68.3%，大多数节日能够团聚的占27.5%，偶尔才能团聚的只占8.8%。在对待传统习俗的态度上，虽然有57.5%的人认为“传统习俗是祖先传下来的，必须保持”，但也有33.8%的人认为“现代社会发展迅速，传统习俗也应该随之变化”。在对开放性问题“您对乡村传统文化风俗习惯有何看法”的回答中，大部分被调查者保持一种理性的态度，认为对于传统文化习俗要取其精华，去其糟粕。总体来看，乡村群众对传统节日和乡间习俗的认同度普遍较高。这与节庆日乡间文化活动数量稀少、形式单调形成鲜明对比，说明基层政府和文化部门对群众文化活动的重视不够、组织不力。

（5）“文化下乡”服务活动

文化、科技、卫生“三下乡”活动，是服务“三农”的重要项目，在全国各地已得到普遍推广。文化下乡作为“三下乡”的重要内容，在乡村已取得一定成效，但其受益面依然有限。在对“您所接触到的文化下乡服务有哪些”的调查中，选择送电影下乡的最多，有1461人，占被访者总数的44.23%；其次是戏曲等文艺演出，有978人，占被访者总数的29.61%；随后依次为送书下乡、农业科技服务，分别有825人和786人，占被访者总数的24.98%和23.80%；另有738人表示“从未接触过”文化下乡活动，占被访者总数的22.34%（具体情况见表3-7）。

表3-7　接触到的“文化下乡”活动

	未选中此项的频次	比率（%）	选中此项的频次	比率（%）
送电影下乡	1842	55.77	1461	44.23
戏曲等文艺演出	2325	70.39	978	29.61
送书下乡	2478	75.02	825	24.98
农业科技服务	2517	76.20	786	23.80
从未接触过	2565	77.66	738	22.34

就村民对“文化下乡”活动的满意度来看，调查显示，对“文化下乡”活动表示“非常满意”的有135人，表示“满意”的有708人，表示

"一般"有 1932 人，分别占被调查者总数的 4.09%、21.44%、58.99%；另有 528 人表示"不满意"，占 15.98%。乡村对"文化下乡"的满意程度，可能与他们对"文化下乡"的了解程度有关。就村民对"文化下乡"了解情况的调查显示，对"文化下乡"表示"很熟悉"的有 57 人，表示"比较了解"的有 387 人，二者仅占被调查者总数的 13.4%；表示"了解一点"的有 2214 人，占总数的 67.0%；表示"一点都不了解"的有 645 人，占被调查者总数的 19.5%。

溯及村民对"文化下乡"活动不太满意的原因，选择"活动数量少"的人有 2274 人，占被调查者总人数的 68.85%；选择"活动种类少"的有 1497 人，占被调查者总人数的 45.32%；选择"时间安排不合理"的人有 1182 人，占被调查者总人数的 35.79%；选择"活动内容脱离实际需要"的有 960 人，占被调查者总人数的 29.06%。调查结果表明，政府主导型的"文化下乡"活动，在数量、种类、内容和时间安排上与乡村的需求或期望有着明显差距。

面向乡村的"文化下乡"活动在一定程度上丰富了乡村的文化生活，有助于推进乡村文明建设。一组调查同时表明，"文化下乡"活动与乡村群众的期望和要求有着很大差距，这种单向的"文化输入"显然并不完全适合乡村群众的现实文化需求，存在着较为明显的数量短缺、供需错位、内容单调等问题。"文化下乡"应当由供给主导型逐渐向需求引导型转变。在此过程中，政府及文化事业单位应面向基层、深入乡村，创作一批乡村题材的、健康向上的文艺作品，提供一批与乡村居民素养、技能、品格提升有关的通俗易懂的科普、科技服务，更好地发挥"三下乡"的服务、培育、辐射功能。

3. 乡村的文化参与

(1) 村民文化参与

乡村既是乡村文化建设的受益者，也是乡村文化活动的生力军。自觉参与公共文化建设，开展自发的群众性文化活动，是乡村公共文化建设成功与否的重要标尺。调查显示，乡村对文化活动的参与度普遍不高。调查中，表示"有活动就参加"的有 465 人，占被调查者总数的 14.08%；表示"感兴趣就参加"有 1347 人，占被调查者总数的 40.78%；表示"偶尔会参加"的 1062 人，占被调查者总数的 32.15%；表示"从来不参加"的

429 人，占被调查者总数的 12.99%。“偶尔会参加”和“从来不参加”的人数占被调查者总数的近一半，说明村民对公共文化活动的参与度不高。

而对“自己在公共文化建设中主要发挥什么作用”问题的调查显示，约 56%被调查者表示自己会积极参与，约 24%的人认为自己会提出意见和建议，约 12%的人认为有可能的话会自己组织，只有 8%左右的人认为自己什么也不干。这说明村民对参加公共文化活动的认知度是比较高的，他们普遍有参与文化活动的愿望和兴趣。这与村民文化活动的实际参与程度形成鲜明对比。

在问及“如果是条件不允许，您认为是哪些因素妨碍了您参加文化活动?”这一问题时，有 1757 人选择“根本就不知道”乡村有组织的文化活动，占总数的 53.20%，这说明基层政府对公共文化活动的组织和宣传不力。而选择“没时间”“没兴趣”“没有钱”“没有人一起参加”的分别占 44.32%、40.69%、31.52%、18.26%。另外，有 13.62%的被调查者表示因为“活动办得太差”，所以不愿参加（具体情况见表 3-8）。

表 3-8　影响个人参加乡村文化活动的因素

	未选中此项的频次	比率（%）	选中此项的频次	比率（%）
没时间	1839	55.68	1464	44.32
没兴趣	1959	59.31	1344	40.69
没有钱	2262	68.48	1041	31.52
没人一起参加	2700	81.74	603	18.26
活动办得太差	2853	86.38	450	13.62
根本就不知道	1546	46.80	1757	53.20

（2）乡间文艺社团

乡村自办文化，开展自发的群众文化活动，是乡村经济社会全面进步后乡村精神文化追求。这些自办文化活动，来自乡村，由乡村创办，贴近乡村生产生活实际，深受乡村群众的欢迎。开展群众性文化活动，乡间文艺队伍扮演着重要角色。对“您村有哪些乡村自己组建的文艺队伍”的调查显示，有 1980 人选择“社火队”，占被调查者总数的 59.95%；有 654 人选择“歌舞队”，占被调查者总数的 19.8%；有 627 人选择“锣鼓队”，占被调查者总数的 18.98%；有 573 人选择“戏曲团”，占被调查者总数的 17.35%；有 501

人选择“其他”，占被调查者总数的 15. 17%；另有 477 人选择“没有”，占被调查者总数的 14. 44%。可见，逢年过节组建的社火队是乡村社会最常见的民间文艺队伍，尤其是春节期间，各地的社火队在活跃春节文化方面发挥着不可替代的作用。但其他形式的文艺队伍数量仍相当有限。

在问及“民间文艺队伍是否能满足乡村日常文化生活需求”时，有 2113 人表示“不能满足”，占被调查者总数的 69. 67%。而在对“民间文艺队伍发展面临的主要困难”的调查中，有 2412 人表示“活动经费短缺”，有 2197 人表示“民间艺人流失”，分别占被调查者总数的 79. 52%和 72. 44%。这一结果表明乡村民间文艺队伍的生存发展境况不容乐观，政府应该在对“乡村艺术家”“文化能人”“乡村文艺社团”的引导、培育和扶持等方面发挥积极作用。

（三）乡村公共文化建设

1. 公共文化建设的主导力量

调查中，在问及“您认为在当地公共文化建设中最应该发挥作用的是谁”时，有 1314 人认为政府应该在文化建设中发挥主要作用，有 1140 人认为村委会应该在文化建设中发挥主要作用，分别占被调查者总数 39. 79%、34. 51%；有 726 人认为乡村群众应该发挥主要作用，有 123 认为民间组织应该发挥主要作用，分别占被调查者总数的 21. 98%、3. 72%。调查结果显示，有 3/4 的村民认为政府和村委会应该在公共文化建设中起主导性作用。

在问及“在文化建设方面，您迫切期待政府解决的问题有哪些”时，有 1575 人认为应增加政府的经费投入，占总调查者总数的 47. 68%；有 1461 人认为应加大文化设施（场馆）建设，占被调查者总数的 44. 23%；有 1230 人认为要引导乡村自主参与文化建设，占被调查者总数的 37. 24%；有 1212 人认为要多组织送文化进村活动，占被调查者总数的 36. 69%；有 1113 人认为需要发挥政府指导文化活动的作用，占被调查者总数的 33. 70%；有 525 人认为应加强文化人才队伍建设，占被调查者总数的 15. 89%。从调查结果来看，乡村群众认为政府应该在公共文化建设中发挥更加积极的作用，扮演好公共文化建设的资源调配者、活动规划者、服务供给者等角色。

2. 公共文化建设的基本条件

调查中，在问及“您认为开展公共文化活动最重要的条件有哪些”时，选择“资金保障”“村民参与”“政府重视”较多，分别占被调查者总数的 60.67%、59.67%、47.77%；随后依次是“文化人才”和“文化设施”，分别占被调查者总数的 27.43%和 16.26%。调查结果表明，乡村群众普遍认为公共文化建设是一项复杂的系统工程，需要人、财、物等资源的充分保障才能顺利推进。其中，财力（资金保障）的有效支持和乡村主体性（村民参与）的发挥至关重要。

3. 乡村应拥有的文化设施

在问及“您认为乡村主要应建设哪些公共文化设施”时，选择建立乡镇文化活动中心的有 1431 人，占被调查者总数的 43.32%；选择增添村级文化活动器材的有 1305 人，占被调查者总数的 39.51%；选择建立农家书屋的有 1197 人，占被调查者总数的 36.24%；选择建立基层网络服务中心的有 1143 人，占被调查者总数的 34.60%；选择建立村级文化室的有 1071 人，占被调查者总数的 32.43%；选择增添体育健身器材的有 1053 人，占被调查者总人数的 31.88%（具体见表 3-9）。调查结果表明，乡村群众对公共文化设施的需求比较广泛，这可能与目前乡村公共文化设施比较稀缺有关，村民希望各类文化设施都能够健全一些。

表 3-9 乡村应建设的公共文化设施

	未选中此项	比率（%）	选中此项	比率（%）
建立乡镇文化活动中心	1872	56.68	1431	43.32
建立基层网络服务中心	2160	65.40	1143	34.60
建立村级文化室	2232	67.57	1071	32.43
增添村级文化活动器材	1998	60.49	1305	39.51
建立农家书屋	2106	63.76	1197	36.24
增添体育健身器材	2250	68.12	1053	31.88

4. 村民期望的文化活动形式

对乡村群众希望享受的文化活动形式的调查显示，有 1599 人选择“乡村自编自演文艺演出”，占被调查者总数的 48.41%；有 1548 人选择送戏（文艺演出）下乡，占被调查者总人数的46.87%；有1149人选择“文化工作者下乡服务”，占被调查者总数的34.79%；有1095人选择送图书科普知识下乡，占被调查者总数的33.15%；1149人选择送电影下乡，占被调查者总数的26.88%；选择“营利性文艺演出”有354人，占被调查者总数的10.72%（具体见表3-10）。调查结果表明，乡村最需要的文化活动主要有乡村自办文化、“文化下乡”活动和“科普知识下乡”活动，这反映出乡村文化需求呈理性化和多样化发展态势。

表3-10　乡村需要的文化活动形式

	未选中此项的频次	比率（%）	选中此项的频次	比率（%）
乡村自编自演文艺演出	1704	51.59	1599	48.41
送戏（文艺演出）下乡	1755	53.13	1548	46.87
送图书科普知识下乡	2208	66.85	1095	33.15
送电影下乡	2415	73.12	888	26.88
文化工作者下乡服务	2154	65.21	1149	34.79
营利性文艺演出	2949	89.28	354	10.72
其他	3156	95.55	147	4.45

5. 乡村需要的文化培训项目

乡村社会的全面进步，需要乡村人口素质的整体提升。提高乡村群众的知识文化水平，是乡村公共文化建设的基本任务，我国实施的“三下乡”活动即是重要举措之一。调查中，在问及乡村最需要的文化培训项目时，选择“农业耕作技能”有1317人，占被调查者总数的39.87%；选择“外出务工技能”的有792人，占被调查者总数的23.98%；选择“经营管理技能”的有783人，占被调查者总数的23.71%；选择“文化兴趣与技能培训”的有390人，占被调查者总数的11.81%；选择“其他”的21人，占被调查者总人数的0.64%。调查结果显示，乡村对实用技术（农业耕作技能、外出务工技能）的需求最迫切，占被调查者总数的63.85%，这类技能关乎乡村家庭的收入保障；另有近1/4的人对经营管理技能有强烈需求，反映出乡村的技能需求向较高层次方向发展，这主要是适应乡村市场化和农业产业化的需要。

6. 乡村对家庭文化消费的预期

对乡村预期文化消费去向的调查显示，除 34. 12%的被调查者（1035 人）尚无任何计划外；30. 70%的被调查者有购买文化设施的打算；27. 16%的被调查者有购买书籍的打算；24. 43%的被调查者有参加农业技能培训的打算；有 10. 99%的被调查者有外出旅游的打算。调查结果表明，27. 4%的被调查者有两种以上的文化消费的打算。

此外，在问及未来几年家庭文化消费支出预期的变化时，1398 人选择“持续增加”，1314 人选择“基本不变”，459 人选择“不稳定”，132 人选择“持续下降”，分别约占被调查者总数的 42%、40%、14%和 4%。持续增加和基本不变的占被调查者总数的 82%，表明村民对未来消费水平的预期普遍是比较乐观的，乡村文化需求在未来会得到逐渐释放，会对乡村公共文化建设形成推动力量。

7. “乡风文明”及其建设

乡风文明是乡村精神文明状况的直接体现，是新乡村建设的基本任务和重要内容。调查发现，村民对当前乡风文明状况的满意度较低，分别只有 45 人和 591 人表示“非常满意”和“表示满意”，二者仅占被调查者总数的 19. 26%；表示“不满意”和“非常不满意”的分别为 606 人和 225 人，二者占被调查者总数的 25. 16%；表示“一般”的 1836 人，占被调查总数的 55. 58%。

问及村民心目中“乡风文明”最重要的有哪些方面时，调查显示家庭和睦位居首位（有 2199 人选择此项），占被调查者总数的 66. 58%；其次是邻里友好（有 1701 人选中此项），占被调查者总数的 51. 50%；再次是尊老爱幼（有 1131 人选中此项），占被调查者总数的 34. 24%；其他依次为治安状况良好、村容整洁、管理民主等（具体见表 3-11）。可见，在村民对“乡风文明”的认知结构中，伦理秩序层面（如家庭和睦、尊老爱幼、邻里友好等）居首位，公共秩序层面（如治安良好、管理民主等）位居其次，反映出中国乡村社会转型变迁的基本特征，乡村社会显现出伦理准则与法理规范并存的现象。

表 3-11 “乡风文明”的基本方面

	治安良好	家庭和睦	邻里友好	尊老爱幼	无黄赌毒现象	遵守公共秩序	精神面貌良好	管理民主	村容整洁	没有环境污染	其他
选中此项	921	2199	1701	1131	342	243	507	780	783	324	51
比率（%）	27.88	66.58	51.50	34.24	10.35	7.36	15.35	23.61	23.70	9.81	1.50

（四）总体状况与社会影响

乡村文化建设是新乡村建设的基本方面和重要议题。乡村公共文化建设，就是要保障和实现乡村群众的基本文化权益，满足他们的公共文化需求，提升乡村社会的文明程度。近年来，随着国家公共文化服务体系建设的推进，乡村公共文化事业整体上获得了一定发展，但距离保障乡村基本文化权益、满足乡村公共文化需求、重构乡村文化秩序的目标还很遥远。突出地表现为公共文化发展进度缓慢，公共文化资源总量短缺、结构失衡，公共文化服务形式单一、内容偏颇，以及由此产生的公共文化社会效应的衰退。

1. 乡村文化资源状况

私人性文化资源日渐丰富，公共性文化资源相对短缺。改革开放以来，随着乡村经济的发展和乡村家庭收入水平的提高，乡村群众有相应的财力购买电视机、影碟机、卫星接收器等私人性文化设施，乡村的家庭文化资源日渐丰富。调查显示，电视机、影碟机等文化设备普及率较高；电脑作为现代信息资源的载体，开始进入乡村家庭。从家庭拥有图书资源的情况来看，小说文艺类书籍、农业科普类图书、健康娱乐类杂志有所增加，这与乡村受教育程度的提高和乡村文化生活样式的变化相关。与乡村的私人性文化资源日益丰富形成对照，乡村公共文化资源配置状况不容乐观。调查显示，村庄拥有的公共文化设施整体偏少且种类单一。现有文化设施中，传统形态的祠堂、寺庙、戏楼的分布较为普遍；文化活动室、图书室、农家书屋、文体场馆等设施因政策推动数量有所增加，但电子阅览室等信息化设施依然稀少。此外，传统节庆文化活动作为联系乡土文化情结的纽带，在人们理性“算计”的态度下也日渐衰微。调查显示，在重大节庆日，当地公共文化活动很少。即便组织开展，大多也以“文化搭台、经济唱戏”形式出现，其纪念历史、传承文明的功能在衰退。

2. 乡村文化生活状况

娱乐型文化活动相对较多，知识型文化活动明显偏少。从乡村文化活动的形式来看，乡村的文化活动形式单调、渠道单一，主要通过私人领域进行，看电视、打牌、下棋是乡村主要的文化活动形式；通过公共文化空间——文化大院、图书室、影院等场所——参与文化生活的相对较少。就文化生活的内容而言，娱乐型文化活动较多，而知识型文化生活较少，这可以从乡村观看电视节目的类型来证实。调查显示，乡村群众经常收看的电视节目主要集中在电视剧、电影、综艺、戏曲等频道；而对科教、农业、综合频道的关注很少。“文化下乡”作为服务“三农”的重要项目，在全国虽已得到普遍推广，但其服务内容还主要集中在“送电影下乡”“送戏剧下乡”等方面，图书下乡、农业科技服务、实用技术培训等相对较少。乡村对“文化下乡”活动的总体满意度不高，普遍认为“活动种类少”“活动内容脱离实际需要”。随着乡村群众受教育程度的提高和现代理性精神的萌发，乡村群众的文化需求开始出现“求富、求知、求乐”整体性变化，乡村公共文化生活开始向多样化、复合型的方向发展。

3. 乡村文化参与状况

乡村文化参与意识薄弱，民间自办的文化活动较少。在乡村文化建设中，乡村的普遍参与是实现其主体地位的基本途径，也是保障乡村“话语权”的可靠凭借。自觉参与公共文化建设，是乡村公共文化建设成功与否的重要标尺。调查显示，乡村群众对文化活动的参与度普遍不高，其原因主要集中在“不知情”“没时间”“缺经费”“没同伴”等方面，这表明乡村群众的经济意识与从众心理强烈，主体独立性不强。与乡村的文化参与意识相关，乡村自办的文化活动很少。与政府组织的文化活动相比，民间组织的文化活动来源于民间、取材于民间、服务于民间，贴近乡村的现实生活，容易获得乡村的认同，在潜移默化中发挥着“移新风、易旧俗”的作用。然而，在市场经济资本逻辑的驱使下，随着“乡村精英”和“文化能人”向城市的流动，乡村民间文艺社团明显减少，既有的文艺队伍，也因人才流失、经费短缺，处于“名存实亡”的境况。为此，政府应该在对

“乡村艺术家”“乡村文艺社团”的引导、培育和扶持方面发挥积极作用。

4. 公共文化发展的期望

完善文化设施网络，丰富文化服务内容，促进“乡风文明”建设。建设覆盖全乡村文化设施网络，促进基层文化资源的整合利用，是乡村公共文化建设的重点所在。调查显示，乡村对基层文化设施的需求比较广泛，乡镇文化活动中心、村级文化活动室、文化大院、农家书屋、村级文化信息服务中心等是乡村认为最该建设的文化设施，关乎自身文化需求的满足。在公共文化服务的内容方面，乡村对自办文化活动、文化下乡、科普知识下乡、实用技能培训等关注度较高，这反映出乡村文化需求从相对单一的娱乐型向“求富、求知、求乐”的复合型发展。调查显示，乡村对实用技能（农业耕作技能、外出务工技能）、经营管理技能的需求强烈，反映出乡村文化需求呈理性化、知识化、实用化发展态势。“乡风文明”作为乡村精神文明的直接体现，是新乡村公共文化建设的重要内容。调查显示，村民对当前“乡风文明”的满意度较低，并认为“乡风文明”建设应兼顾伦理秩序层面（如家庭和睦、尊老爱幼、邻里友好等）和公共秩序层面（如治安良好、管理民主等），反映出中国乡村社会转型变迁的特征。

5. 公共文化发展机制

供给主导型模式引致供需错位、主体缺失，需求引导型机制有望促进供需互动、乡村归位。

公共文化服务作为公共文化建设的“引擎”和“推手”，内涵有核心价值引导和社会公益服务的双重使命。在乡村公共文化服务中，政府和文化事业单位的介入是不可或缺的，这既是保证乡村文化建设正确方向的需要，也是发挥公共文化服务基本功能的要求。然而，政府的主导作用并不意味着要取代乡村的主体地位，而是要在“主导”与“主位”之间达成平衡，既保证政府必要的“掌舵”和服务提供，又保证乡村应然的“诉愿”和民主参与。调查显示，乡村公共文化服务依然处于政府“一厢情愿”的“单向输入”的形态，公共文化服务的项目、内容、形式未能考虑乡村的现实需要，公共文化设施的布局、公共文化资源的调配也未能顾及机会均等。在一定意义上，政府的单向供给造成了公共文化服务的供需错位，政府的强势地位造成了乡村的主位悬置，表现出较为普遍的参与冷漠和无所适从。就此而论，尊重乡村的话语权，回应他们的文化需求和选择偏好，是乡村公共文化服务的逻辑起点；而保障乡村的主体地位，发挥他们的自觉性、能动性和创造性，是乡村公共文化建设的关键所在。实现从“输入型”向“内生型”的模式转换，关乎乡村公共文化服务的供需平衡，关乎乡村公共文化建设的主体归位，影响到乡村公共文化建设是否能够“落地开花”“生根发芽”，影响到乡村社会的公共理性、民主规范能否确立起来。

6. 公共文化的伦理规范

公共文化地带的式微引发乡村社会公共意识、公共舆论、公共道德的弱化甚至异化。

在利益分化、意义竞争、规则多元的转型社会，乡村生活日渐世俗化、自利化、疏离化，乡村社会的“公共性”正在消解，以互助、互惠、合作为内核的群体意识和集体行动在减退。调查中发现，农业耕作中以互助协作为特征的“换工”已不多见，代之产生的是劳动的交易化和货币化。同时，乡间普遍存在“事不关己高高挂起”的行动逻辑，诸如“那是人家的事”这样的村庄公共舆论透射出乡村公共道德力量的消解，这使得村庄的公共性和伦理性日渐衰竭，年轻人抛弃父母、虐待老人，婚姻生活中未婚先孕、随意毁约，乡村事务中所谓的“强人”主宰的丛林法则时有发生。这些现象折射出乡村伦理道德的缺失和异化，乡村文化秩序的“空心化”显现。乡村公共文化建设，就是要以先进文化的主旋律、公共文化的可及性，重塑乡村社会的精神信仰和伦理规范，营造乡村社会和谐发展的人文生态。

7. 公共文化的社会效应

公共文化的式微形成对乡村社会文化秩序的消解。在文化系统的宏观视野下，乡村公共文化的式微与商业文化的兴盛形成鲜明对照。近年来各地以“三俗”为表征的文化形式裹挟而来，呈现出不断蔓延的态势，造成对乡村文化生态的污染，造成对健康文化价值的冲击，危及乡村社会的文化秩序和价值认同。在这个意义上，公共文化建设不仅具有需求满足、权利保障的现实意义，而且具有秩序建构、价值认同的深远意义。乡村市场经济的发展，使资本逻辑和交换原则浸润到乡村日常的社会关系和文化生活之中，潜在地瓦解着乡村的传统生活方式。在此过程中，乡村公共文化的式微起到了推波助澜的作用，并在一定程度上消解着乡村社会的道德秩序和公序良俗，甚至个别地方丛林法则肆虐横行，危及国家对基层社会的文化整合。推动乡村公共文化建设，就需要从价值层面、规范层面重构乡村社会的文化秩序。

第二节　基层公共文化建设的影响因素

我国长期以来形成的城乡二元分割的社会结构和制度体系，导致了城市偏向型的公共资源配置格局，乡村公共文化建设明显落后于城市，公共文化服务的城乡差距也相当明显。在国家文化大繁荣大发展的政策语境下，推动基层公共文化建设，需要全面考察公共文化发展的诸多影响因素及其作用机理，以期为推进公共文化建设探寻可行路径。

一、宏观层面：结构性因素

（一）区域发展失衡

我国之所以形成城乡二元结构，既有历史原因，也有经济原因。由于我国人口众多，经济基础薄弱，当时的资金实力不足以为乡村提供充足的公共基础服务，有限的财政收入很难保证对乡村的公共文化支出。改革开放以来，随着经济的增长和财力的增强，国家提供公共服务的整体能力在提高，但受区域经济发展失衡的影响，公共文化发展呈现出明显的地域差异和城乡差异。

经济发展水平在很大程度上决定了公共文化服务的供给规模和质量。我国幅员辽阔，各地在地理区位、文化传统、经济基础等方面存在先在性差异，以及因国家政策性因素引致的经济增长差异，使得各地的经济实力差距很大，财政能力自然有很大不同。区域间经济实力与财政能力的不同，导致区域间政府提供公共服务能力的不同。在同等条件下，经济实力雄厚的地区一般会提供优于经济实力薄弱地区的公共服务。改革开放以来，在国家优先发展战略和相应的优惠政策的刺激下，我国东部沿海地区经济发展迅猛，与中部、西部地区的差距逐渐扩大，区域经济发展呈现阶梯式格局。近年来，国家实施了“中部崛起”“西部大开发”等战略，旨在加快欠发达地区的经济发展步伐。然而，东部、中部、西部的经济发展失衡的状况并非短期内所能解决，东部地区的区域经济实力明显优于中部和西部地区。区域经济发展的失衡，直接影响到地方政府财政能力的差异，导致地区间公共服务的差距。尽管财政转移支付能够部分地弥补区域间财政实力的差距，缓解区域间基本公共服务差距的拉大，但仍难以从根本上解决问题。加之我国转移支付制度的固有缺陷，使这一制度的政策效应难以充分发挥。欠发达地区经济基础薄弱，财政收入总量偏小，政府用于公共文化服务的财政投入短缺，与经济发达地区在公共文化服务的水平和层次上均存在巨大差距。①

（二）城乡二元结构

与经济发展的阶梯式格局并存的是城乡二元经济结构。新中国成立初期，我国采取了优先发展重工业的经济发展战略，将城市和乡村分割为两个相对隔离的领域，形成了两种不同的资源配置制度。城乡公共服务的供给，分别依赖于政府财政投入和乡镇集体财力，乡村公共服务有相当部分要由乡村自己负担。与此同时，城乡有别的户籍制度使城市人口与乡村人口享有不同的社会福利。我国的城市偏向型发展模式，是特定历史条件下的制度安排，推动了我国资本原始积累和初步工业化的完成，但城乡“二元经济”结构也因此而形成。长期以来，我国宏观政策领域的“工业偏向”“城市偏向”②，直接导致城市偏向型的公共服务供给制度。在城乡二元社会格局之下，城市与乡村在权利和义务上是不平等的，乡村要承担比市民更多的义务，但却享受不到与城市同等的权利，不同户籍身份的人被赋予不同的等级价值。③ 城市偏向型的制度安排，已然形成了城乡非均衡的国民收入和利益分配格局，形成了社会福利领域的分割分享制度。在这种制度框架下，大部分公共资源向城市集中，乡村公共产品供给制度缺

① 李晋中．对制约公共服务均等化因素的分析［J］．财政研究，2008（1）．

② 蔡昉．从“城市偏向”到以城带乡——从劳动力供求看新农村建设的转折点［N］．21世纪经济报．2006-05-26．

③ 李建勇．成因与纠偏：从城市偏向到统筹城乡发展［J］．农业经济，2009（10）．

失，在一定意义上否定了乡村的“国民性”，剥夺了乡村应该享有的国民待遇[①]，乡村难以享受到与城市同等的待遇。就公共文化建设而言，财政资金对城市文化建设投入巨大，而对乡村文化建设的投入严重不足。文化设施和文化资源集中在城市地区，基层公共图书馆、文化馆（站）等组织载体因活动资金短缺、基础设施落后、文化资源稀缺，难以发挥应有的文化传播、文化服务功能。

改革开放以来，我国对文化体制进行了探索性改革。1979 年 10 月，邓小平同志在文艺工作者第四次代表大会上提出要物质文明与精神文明一起抓。[②] 1981 年 8 月，中共中央发出了《中共中央关于关心人民群众文化生活的指示》，强调文化生活是人民群众社会生活的重要方面，是人民群众不可缺少的一种精神生活需要。思想领域的认识突破并非意味着制度安排的相应变革。实际上，改革开放后相当长的一段时期内，我国仍延续计划经济时代的公共服务供给制度。乡村公共服务游离于公共财政之外，由乡村自己提供资金，自行解决保障问题。[③] 从国家层面来看，对群众文化生活的重视程度在提高，但受城乡分割的二元体制的影响，乡村这块“短板”仍未见有大的改观，乡村群众享受的公共文化服务仍然很少，乡村公映电影成为公共文化服务的主要形式。乡村税费改革以来，随着国家对基层公共服务投资力度的加大，乡村地区的“文化下乡”“农家书屋”等服务活动逐渐增加，“广播电视村村通”等文化工程陆续实施，在某种程度上缓解了乡村公共文化的供需矛盾，但距离满足乡村群众多样化的文化需求还有很大差距。

21 世纪以来，我国实行了一系列旨在促进城乡经济协调发展的政策措施，如农业现代化建设、城乡统筹发展、城乡一体化战略、乡村振兴战略等。这些政策措施的推行，促进了乡村经济发展，城乡联系有所增强。然而，计划经济时期形成的社会福利制度在相当程度上被沿袭下来，城乡有

---

① 陈喜梅. 城乡统筹发展——基于“城市偏向”政策的研究［J］. 当代世界与社会主义，2009（2）.

② 邓小平文选（第二卷）［C］. 北京：人民出版社，1994：208.

③ 在农村，推行家庭联产承包责任制后，农户作为基本生产单位分摊公共服务所需成本。虽然国家对地方政府在地方公共服务中的责任予以强化，但基层乡镇政府公共文化建设收支却未能纳入公共收支范畴，办学、交通、计划生育和优抚等所需费用在乡镇统筹基金中解决，农村公共服务因发展资金严重不足而难以有效开展。

别的公共服务制度依然存在。我国长期以来所形成的城乡二元结构，表现在公共文化建设中，就是城市文化建设的经济基础雄厚，而乡村文化建设的经济基础薄弱，乡村公共文化供给处于低水平状态，乡村群众难以真正享受到与城市居民同等条件的文化资源、文化产品和文化服务，由此形成了城乡“二元文化结构”。

二、中观层面：体制性因素

（一）文化体制改革的困局

我国文化体制形成于新民主主义革命时期和新中国成立初期，这一阶段的文化服务带有强烈的政治色彩，服务于国家政权建设和社会主义改造。社会主义改造完成后，我国实行高度集中的计划经济体制，与之相适应，文化体制也带有明显的计划经济痕迹，且一直持续到改革开放前，其弊端日益显露：一是文化的政治色彩过于浓厚。文化产品、文化服务成了政治斗争的工具，没有体现出为人民群众服务、满足群众需求的属性；二是文化资源配置的行政色彩过于浓厚。文化事业单位官办合一，文化资源提供非常有限，监督制约机制不完善，指令性机会替代了市场配置，文化资源配置效率十分低下，资源浪费非常严重；三是浓厚的政治色彩和过度行政干预，在很大程度上破坏了文化体系的结构，导致文化生产与传播规律的紊乱。总之，我国传统文化体制是在计划体制下形成的，具有管办不分、政企不分、事企不分、条块分割，以及以意识形态为指导、以行政手段配置资源的显著特征。在传统体制下，我国文化建设是按条块分割的方式进行的，文化单位数量众多，但投资规模狭小、重复建设严重、服务功能低下。①

改革开放以来，我国文化体制改革逐步展开，大体经历了以“市场化”理念为主的改革阶段（1978—1992）、以“产业化”为主导的改革阶段（1993—2002）和“产业”与“事业”相分化的改革阶段（2002 年以后）。我国文化体制改革过程实际上是一个渐进式的制度变迁过程，体制

① 曹爱军．基层公共文化服务均等化：制度变迁与协同［J］．天府新论，2009（4）．

改革“意味着利益的重新分配和安排，即打破旧的利益格局”①，通过建立新的制度体系，从而确立起新的利益关系、新的激励方式和新的组合方式。经过40余年文化体制改革实践，我国文化领域的所有制结构和资源配置方式取得突破，公益性文化单位的内部改革和经营性文化单位的改制创新取得积极进展。尽管如此，文化体制改革依然滞后于经济体制改革，文化发展与经济发展形成明显反差。在当前体制转轨时期，体制内的计划因素与市场因素同时并存，旧制度体系中的诸多要素依然在发生作用②，传统体制下文化发展的条块分割、政府职能的“管办不分”、文化行政权力的异化、文化市场的准入壁垒、文化企业的产权模糊、文化事业单位的功能衰弱等问题还将长期存在。在这种体制环境下，公共文化服务仍然是一种科层行政管理模式。基层文化机构如乡镇文化站等，主要还是一种部门化的文化管理机构，而不是一种公益性的文化服务组织，管理多于服务，输送多于培育，“养人”多于“养事”。

我国乡村文化的“衰弱”固然与乡村地理位置、经济基础、历史传统、生活方式等因素相关，但城乡分割的二元文化体制却是公共文化发展滞后的主要原因。改革开放以来，随着乡村社会改革的深化，乡村文化体制逐渐从计划体制下的“国家本位”向市场体制下“乡村本位”缓慢转型。保障乡村群众文化权益，成为乡村文化体制改革的基本取向，也成为赢得乡村群众对基层政府的合法性认同的基本途径。然而，现实中改革目标的偏移甚至异化，使得把本该属于公益性的文化服务功能推向文化市场，把本该属于保护公民文化权利和实现文化利益的职能变为实现其内在效应的市场交易。乡村文化体制改革也只是在条块管理上“收收放放”、在机构上“分分合合”、人员上“加加减减”而已③，乡村文化体制依然带有计划经济时代烙印。

（二）公共财政制度的困境

“财政是庶政之母。”财政制度模式与运行机制，是与经济形态和政府

---

① 王覃刚．中国政府主导型制度变迁的逻辑及障碍分析［J］．山西财经大学学报，2005（3）．

② 傅才武，陈庚．三十年来的中国文化体制改革进程：一个宏观分析框架［J］．福建论坛（人文社科版），2009（2）．

③ 湖北省经团联，湖北省社科联华中师范大学中国农村问题研究中心联合课题组等．发展新文化培育新乡村建设新农村——湖北省农村基层文化建设研究报告［J］．理论月刊，2007（2）．

模式相联系的。公共财政是与市场经济、服务型政府相孪生的财政模式，它发挥着资源配置、收入分配和经济稳定的功能。社会主义市场经济条件下的财政职能，主要表现在保证社会公共需要，优化资源配置，调控宏观经济运行，促进公平分配，协调地区经济均衡发展等方面，即公共财政的主要职能是直接或间接地为社会提供公共服务。在社会主义市场经济与和谐社会的主题下，进行公共财政体系建设，既要解决人们的生存问题，又要推动经济社会发展。

长期以来，我国财政政策“重经济建设、轻公共服务”的目标导向未能彻底改变，突出表现为政府对经济活动的直接介入及官员基于经济绩效的“晋升锦标赛”。这种执政导向和行政模式，导致财政资源在生产性领域与民生领域配置的失衡，公共服务领域的财政支出维持在较低水平。① 事实上，我国的公共财政体制一直未能真正建立起来，从而使得公共服务发展难以获得公共财政的稳定支持，公共服务领域的资金投入严重不足且呈不均衡状态，公共服务的发展明显滞后于社会建设的需要。在这其中，国家财政对文化事业的投入总量偏少，全国文化事业费占国家财政总支出的比重始终徘徊在0.39%-0.40%之间。② 而我国长期实行的非均衡发展战略，导致公共资源在区域间、城乡间的差别化配置，并逐渐固化为现实的利益分割体系，突出表现为不同层级政府在财权事权配置上存在非均衡关系。财权与事权呈现反向运动，财权呈向上集中态势，而事权却在向下位移，基层政府普遍存在财政困难。随着农业税的取消，县乡财政状况更是“雪上加霜”，严重制约县乡政府公共服务的供给能力。这种状况，反映在公共文化服务领域，即基层政府承担更多的公共文化服务活动，但却缺乏相应的财政资源支持，公共文化服务功能衰退，城乡文化发展差距日益拉大。

我国“条块分割”的体制结构，使得有限的财政资金的使用效益普遍较差。我国对公共财政的使用和管理，采用的是一种集权与分权、计划与项目结合的模式。在管理权限上，中央财政与地方财政有所分权，但也具

---

① 张桂琳．社会公正与我国公共文化服务的均等化［G］//21世纪的公共管理：机遇与挑战——第三届国际学术研讨会文集，2008.

② 吴理财．非均等化的农村文化服务及其改进对策［J］．华中师范大学学报（人文社会科学版），2008（3）.

有管理与使用上的模糊性；在使用与管理模式上，虽然中央与地方财政均使用预算管理，但是中央财政主要采用项目转移支付模式，而地方财政则主要采用预算转移支付模式。我国现行的财政管理模式，是在我国刚性的社会结构和公共服务社会化发展程度较低的基础上建立的，存在着与社会化、市场化发展要求不相适应的地方。① 分税制改革以来，各个系统的政府部门（条条）及各个地方政府（块块），都成了公共文化机构资金资助的重要来源。这种分系统和过分依赖地方的投入模式，使得资金投入分散化，容易产生大量重复建设与建设经费短缺并存的问题。行政化的资金拨付和使用方式，基本排斥了投资决策中专家的参与，导致投资项目缺乏科学性、合理性、可行性的论证；而在文化建设中缺少公众诉愿机制和监督机制，这种方式导致大量“首长工程”“形象工程”“政绩工程”的产生，公共财政支持公共文化事业的功能出现异化。

（三）政府职能转型的迟滞

长期以来，受计划经济体制的影响和对党的领导的机械理解，使得“国家行政权力实际上已逐渐演变为一种居于社会之上、控制社会的权力，政府也最终由服务于民的公仆演化为社会的主人”②，政府与民众的关系被异化为这种“主仆”关系。在此情形下，公民基本权利未能得到应有重视，政府对公共需求的回应不足，社会公共事业发展滞后。而政府对经济社会协调发展的认知偏离，以及政府职能的“缺位”“越位”与“错位”，导致公共事业的发展长期处于被漠视和被边缘化的地位，社会建设明显滞后于经济建设。新时期，实现“五个建设”协调发展，推进政府由建设型向服务型转变是关键。从长期趋势来看，建设服务型政府就是要实现政府职能重心的位移，通过强化社会管理和公共服务职能，实现社会的公平与正义，巩固政府治理的合法性基础。③

市场经济体制的建立，需要重新界定政府与市场、政府与社会的关系，建立“有所为有所不为”的政府模式。为此，公共行政必须实现“从指令性管理向指导性管理、从全面管理向重点管理、从统一管理向分类管

---

① 安应民等．构建均衡发展机制——我国城乡基本公共服务均等化研究［M］．北京：中国经济出版社，2011：215.

② 刘熙瑞，段龙飞．服务型政府：本质及其理论基础［J］．国家行政学院学报，2004（5）．

③ 林尚立等．政治建设与国家成长［M］．北京：中国大百科全书出版社，2008：172.

理、从单一管理向多样管理”的过渡；政府职能结构应回归到“经济调节、市场监管、社会管理和公共服务”上来，这是我国政府模式转型和职能重构的基本逻辑。然而，我国经济社会发展所处的特殊时代背景，决定了我国政府面临着“现代化”与“后现代化”并存的双重压力，需要满足复合发展阶段的双重要求，在继续推动经济发展的同时，更好地向社会提供公共服务。[①] 在公共资源稀缺性和政府能力有限性双重约束条件下，经济发展（“现代化”的逻辑）和公共服务（“后现代化”的逻辑）并非单纯的“互补性”关系，二者之间实际上还存在“竞争性”关系，以确立在政府发展目标的优先位置。这种状况反映在政府的执政理念中，经济发展依然是各级政府的优先目标。在经济发展目标的规制下，各级政府之间形成一种压力型体制关系，政府公共支出很难实现由经济服务型向社会服务型过渡，公共财政增长主要偏向于大型基本建设，以科教文卫为先导的公共财政模式难以建立，由此公共服务发展依然滞后。

在“晋升锦标赛”的行动逻辑下，文化建设因在短期内很难显现政绩，因此而降格为地方政府工作中的次要位置。文化管理部门习惯于将文化设施建设和文化服务项目当作送温暖的“形象工程”和“面子工程”。所谓的公共文化服务，主要是由文化行政部门主导的单向度的、强制性的、灌输性的供给模式，表现为一种精英文化对大众文化的改造，容易导致公共文化服务供求结构的“非对称性矛盾”。[②] 而政府对公共文化服务的垄断性供给，往往会导致公共文化产品质量低下、公共文化服务效率不高，文化资源难以得到有效整合和充分利用。实际上，公共文化服务供给不应是单向的提供与接受过程，它应当以公民文化权利的充分实现为目的，繁荣全社会的文化底蕴与创新能力[③]。为此，要摒弃政府及其文化事业部门在公益性文化事业发展中的垄断地位，积极探索公共文化服务的社会化与市场化道路，寻求与社会力量的互动合作，逐步建立政府、社会、个人责任与义务相平衡的公共服务保障网络。

---

① 朱光磊等．地方政府职能转变问题研究［M］．天津：南开大学出版社，2012：2.

② 曹爱军，方晓彤．西部农村公共文化服务及其制度梗阻——基于甘肃农村的调查分析［J］．贵州社会科学，2010（3）．

③ 曹海琴，张立克．公共文化服务供给及均等化与政府职能［J］．人民论坛，2012（36）．

（四）文化政策体系的缺憾

文化政策是由国家制定的、具有一定强制约束力的、用来调整国家公共文化的发展的基本原则和规范。文化政策是“文化的政治表现形态，人类有意识的、自觉的文化统治行为和文化政治行为，反映的是一定阶级的文化利益、愿望、要求和目的，体现的是国家的文化意志。”① 文化政策是国家意志在文化领域的集中表现，文化政策既具有阶级性的一面，即文化政策是统治阶级的文化意志的直接体现；又具有非阶级性的一面，即具有一定的面向全社会的公共服务的功能。文化政策发挥着弘扬和培育民族精神、繁荣文化市场和文化经济、提高大众文化素质、培育良好社会风尚等功能。② 文化政策是国家意志在文化领域的集中表现，文化政策在本质上“是国家文化意志和文化利益的表现和反映”③，对文化政策选择实质上就是对文化发展道路的选择。

我国已初步建立起了由党的政策、行政法规、部门规章构成的文化政策体系，但现有的文化政策大多在宏观上实现了较为完整的规定，而尚未在具体的运作层面形成完整的体系框架。其一，现行文化政策带有明显的“碎片化”特点，这与我国“当前文化发展分层次的辖地管理有关，与条块分割、缺乏大文化部门统一协调管理相关”④，容易引致文化行政部门的多头管理，以及文化行业部门的利益保护，造成管理上“越位”与“缺位”的并存，以及文化市场发展中的区域分割，形成“各自为政”的局面；其二，文化政策在管理中带有明显的无序性。条块分割的体制导致我国文化政策在区域内部的无序竞争，这些出自不同部门的文化政策往往因部门利益而相互掣肘，整个文化建设的政策体系缺乏法律体系的权威性和公正性。其三，文化政策在市场主体地位上存在不公平性。受传统计划经济体制下的文化观念的影响，政府在文化政策中往往偏重于国营性文化组织的资源投入与利益保障，而对于市场经济体制下发展起来的民营文化组织重视不够，表现为不同文化主体在市场环境中地位不公平、在经营范围与管理中地位的不公平、在政策享受上的不公平，从而导致政府对文化主

① 胡惠林．文化政策学［M］．上海：上海文艺出版社，2003：4．
② 马海涛，温来成．公共政策学［M］．北京：中国财政经济出版社，2006：429-431．
③ 胡惠林，文化政策学［M］．上海：上海文艺出版社，2003：7．
④ 刘彦武．当前我国文化政策设计中的不足与完善［J］．中华文化论坛，2009（4）．

体在资源配置、市场准入、经营范围、优惠待遇等方面事实上是区别对待的，体现出政策目标在文化利益格局和资源分配方面的局限性。

中共十六大以来，中共中央、国务院颁布了一系列关于推进社会主义文化大发展大繁荣的方针、政策和规划，并在乡村文化建设实践中发挥了积极效应。但受主观条件和客观因素的制约和影响，我国现行乡村文化政策在设计上有缺陷、在落实上有困难。从总体上讲，国家在宏观层面上就文化产业、文化体制、公共文化服务体系等三大文化主题提出了清晰的发展规划和战略部署，但许多宏观文化政策因没有中观和微观文化政策作支撑，因而难以付诸实施。[①] 而现有乡村文化政策主要是由政府职能部门（主要是文化部门）制定的，政策缺乏整体协调性和战略前瞻性，缺乏对新兴文化形态、社会文化生态、基层文化建设系统性规划和实质性的政策支持。与此同时，乡村文化建设的政策落实困难重重。受政绩考核机制及“晋升锦标赛”的驱动，基层政府普遍存在着“重经济建设、轻文化建设”的行政倾向，表面上宣称要重视文化建设，但在具体行动上并不作为。很多文化建设工程流于形式，只是做表面文章，一些地方的文化载体——乡镇文化站——基本成了无人员、无阵地、无经费、无活动的“空壳”机构，甚至有一些文化站被迫出租、拍卖或挤占。

三、微观层面：运作性因素

（一）乡镇综合文化站的功能衰退

我国文化站是计划经济体制的产物。计划经济时代，地方政府几乎包办了所有的乡村公共文化产品。其中，乡镇文化站主要承担基层政治宣传和群众文化服务的职能，旨在发挥乡村社会整合、国家政权巩固的作用，具有强烈的“国家本位”色彩。作为开展群众文化活动的机构，文化产品的生产供给主要依靠行政命令来调配。改革开放后的市场化进程，“推动了乡村文化的理性化和世俗化发展，乡村文化日益与国家的意识形态相分离”[②]，乡村文化呈现出多元化发展态势。乡村文化市场的繁荣，打破了国办文化一统天下的局面，一些文化娱乐场所纷纷出现，拓宽了乡村群众文

① 段佐川．农村文化大发展大繁荣的政策思考［J］．学习月刊，2011（9）．

② 吴理财等．当代中国乡村文化生活调查［M］．北京：知识产权出版社，2011：32．

化生活的空间，文化消费出现竞争性和可选择性。与此同时，随着国家对乡村基层社会的介入程度降低，乡镇文化站因资金投入短缺、活动场所不足、文化设施陈旧等，大都处于“瘫痪半瘫痪”的运行状态；[①] 而乡镇文化站也因功能结构和运行体制上的缺陷，逐渐丧失其开展公益性文化活动的功能优势，在乡村群众文化活动中的主导性地位在减退、引领性作用在萎缩。

面对这一严峻的现实，国家发布的《关于进一步加强乡村文化建设的意见》对乡村文化建设做出了总体部署；发改委、文化部（2018 年 3 月 13 日，组建文化和旅游部，不再保留文化部）也制定了《“十一五”全国乡镇综合文化站建设规划》，提出乡镇综合文化站建设要“以完善服务条件提高服务能力为重点，加大投入，加强管理，增强服务”，促进县、乡、村三级文化服务网络的建立和完善。乡镇综合文化站是政府举办的公益性文化事业单位，发挥着基层文化兴办、组织和管理的作用，承担着公共文化创作、生产和提供的职能。近年来，在国家的大力推动下，我国乡镇综合文化站建设取得一定成效，但受经济发展水平、基层政府能力等因素的制约，乡镇综合文化站建设进程缓慢，基础条件较差、服务功能低下。

一是乡镇综合文化站建设滞后，公共服务经费保障乏力。迄今，我国还有不少乡镇综合文化站未能达标，部分欠发达地区乡镇综合文化站处于“无房、无钱”的境地，出现“一站一人一桌”的现象。这种情况源于基层政府对乡村文化建设的“冷漠”和文化经济政策的缺失。受经费短缺的制约，一些乡镇综合文化站因无法建立有效的运行机制而处于闲置状态，即使偶尔开展一些活动，也往往量少质差、形式简单，难以满足乡村群众的基本文化需求。二是乡镇综合文化站管理体制不畅，文化资源利用效率低下。目前，我国多数地方的乡镇综合文化站实行的是“行政隶属乡镇政府领导，业务接受文化主管部门指导”的运作模式。由于体制原因，乡镇级公共文化建设存在多头管理、条块分割的问题，造成文化资源的分散配置、文化设施的重复建设等。乡镇综合文化站和农家书屋，隶属不同部门管理，因而无法实现文化资源的整合和共享。已建成文化设施的一些乡

---

① 全国农村文化联合调研课题组．中国农村文化建设的现状分析与战略思考［J］．华中师范大学学报（人文社会科学版），2007（4）．

镇，或因设施的空间布局不合理、或因其功能定位脱离群众需要，造成文化设施的利用率较低。三是乡镇综合文化站人力短缺，人才队伍建设落后。目前，我国大部分乡镇综合文化站仅由一些临时聘用人员具体负责文化站的日常管理。这些人员缺乏必要的文化知识和管理能力，难以适应新时期基层文化发展的需要；同时因没有正式编制，壮有所用、老无所养，造成思想动荡、人心浮动，难以安心从事文化工作。此外，由于没有任职资格要求，进入乡镇文化站队伍的人员业务素质参差不齐，再加上日常业务培训不够，全国乡镇综合文化站从业人员中专业人员缺乏的问题异常突出。推动社会主义文化大繁荣大发展，人才队伍是基础，乡镇文化综合文化站人员的短缺，制约着基层公共文化服务的有效开展，有可能导致基层文化阵地的丢失。

（二）群众文化参与意识的普遍缺失

受几千年封建小农经济和农耕文化的深远影响，中国乡村普遍习惯于从属者的自我心理定位，独立自主性、能动参与性等都比较缺乏，突出地表现为政治参与意识淡薄、个人主义倾向明显。[①] 乡村文化主体意识和自觉参与意识的普遍缺失，使他们形成了“等、靠、要”的依赖心态，不愿意主动参与村庄公共事务治理，对待乡村公共文化建设也是如此。

受传统观念束缚、乡村教育发展滞后等因素的制约，我国乡村人口的整体文化程度不高。而城乡二元结构导致的乡村人口流动，使文化程度相对较高的乡村青壮年大量流向城市地区务工经商，而大量文化程度较低的留守乡村从事农业生产。这种状况，意味着乡村文化精英的大量流失。我国乡村流动人口（主体部分是农民工）以青壮年为主，流动人口的受教育程度和文化素质普遍较高，属于乡村人口中的精英群体。他们本该是新乡村建设的中坚力量，却大量涌向城市。这种状况投射在乡村文化建设上，即是乡村文化建设主体性力量的缺失。而这种精英群体的流失，也使一些具有地方特色的文化形式和民间技艺面临失传的危险，危及民族民间文化的传承发展，破坏了乡村社会的文化生态体系。

文化建设依赖于一定程度的经济发展水平。只有在乡村群众物质生活基本富足的前提下，才有望动员乡村群众普遍参与文化建设。在乡村经济

---

① 曹爱军．新农村公共文化服务发展构想［J］．四川行政学院学报，2009（3）．

发展水平和乡村整体富裕程度还较低的情况下，乡村群众对公共生活的参与在很大程度上受经济利益“理性算计”的驱使，尤其是乡村改革以来集体主义精神的衰退，使乡村群众的行为越来越明显地表现为“经济人”特征。由于文化建设难以取得像经济建设一样可观的收入，在缺乏有效激励和引导的前提下，乡村群众参与公共文化生活的热情和意愿普遍不高。而在文化部门的垄断下，乡村民间文化社团缺乏生存发展的制度环境，参与乡村文化建设的积极性普遍不高。而基层政府财力资源的短缺，使有限的文化设施、文化资源、文化活动局限于乡镇所在地，边远地区的乡村群众很难享受到文化服务，这在一定程度上销蚀着他们参与文化建设的积极性和自觉性，强化了乡村群众不愿参与公共文化生活的意识。

事实上，乡村群众的普遍参与是保障乡村文化权利的基本要求。随着我国民主化进程的深入，公民参与的范围在逐渐扩大、参与的途径在逐渐增多，一些地方创造了公民列席旁听两会制度、市长接待日制度、关键公民接触制度、民主恳谈会制度、政府网络讨论制度等一些公民参与的新形式。公民参与也呈现出由动员型参与向主动型参与、由非理性参与向理性参与、由革命型参与向建设型参与逐渐转变的趋势。但“传统‘官本位’文化和‘倒政治参与①’所导致的公民参与意识薄弱、迷信国家权力、对政治生活的冷漠疏远等现象仍有残留”②，公民参与的意识与能力、广度与深度、形式与内容、功能与效应均较为低下。这种状况反映在乡村基层更为突出，公共事务的治理机制难以建立，自然在乡村公共文化建设上也毫不例外。为此，基层政府在公共文化事项决策中，要破除“长官意志”主导的传统模式，在涉及公共利益和文化权利的政策、规划和决策方面，应邀请相关领域的专家、民意代表，进行公开听证和磋商，以广泛听取乡村群众的意见；要注意发挥专家咨询、民意调查等行政参与方式，通过访谈、问卷调查等形式，获取民众的要求、意见和建议，切实提高公民参与

---

① “倒政治参与”的概念是由梁丽萍教授在分析我国公民参与模式演变时提出的，将其解释为“政治参与不是社会和公民从外部对政治体系的介入，而是指政治体系通过自我扩大，把社会和公民纳入政治体系中”。（参见梁丽萍．政治社会学［M］．北京：中央编译出版社，2009：197-208.）

② 谭爽，胡象明．论我国公共治理中公民角色的多元并存与转化［J］．南京社会科学，2010（5）．

的可行性。[①]

（三）基层群众文化社团的“衰弱”

市场经济的发展和城乡二元结构的凸显，驱使广大乡村群众为了改善家庭经济状况，纷纷加入流动人口行列进城务工，乡村社会出现青壮年的“空心化”，没有人愿意为传承民间文化而留在乡村，其乐融融的乡土文化生活成了老人和儿童守望的孤独家园，民族民间文化传承面临后继无人的窘境。与此同时，大量青壮年农民工的长年累月的城市生活，使他们深受城市文明的影响，渐渐淡忘了乡村文化和乡土气息，甚至有意远离乡村文化土壤，使乡村文化建设陷入主体缺位的困局。实际上，乡村公共文化建设的应然逻辑，就是要为乡土文化的传承创新提供制度空间，开掘乡村公共文化建设的“内源动力”。因此，培植乡村文化自发生长的土壤极其重要，“嵌入式”的文化建设模式只是权宜之计，因为它“难以在乡村社会这块沃土中植根、发育、开花、结果，是一种‘无根’的文化形式”。[②]

伴随着经济的发展和社会的进步，社会大众的精神文化需求快速释放，民间文艺团体逐渐成长起来，一支支民间文艺团体活跃在乡间，满足着人民群众日益增长的精神文化需要。民间文化社团是以自愿性、公益性、非营利性为特征的民间文化组织，是具有相同或相近兴趣、爱好、特长的民间艺人集聚在一起自发组成的志愿型群体。这些群众性文化社团虽然没有严密的组织形式和正式的组织章程等，但它们是乡村社会土生土长的组织形式，熟悉乡土社会生活，理解乡村文化需求，因而在乡村公共文化建设中发挥着积极作用。但伴随集体经济的盛极而衰、民间艺人纷纷外出务工等影响，近年来我国乡村民间文艺社团逐渐衰落。从国家层面来看，经济的发展是国家自上而下的追求，并成为国家一定时期的政策重心，以至于对乡村文化建设关注不够，对乡村文化社团的引导和培育不足。从乡村发展来看，现阶段广大乡村地区还不富裕，乡村群众为改善家庭经济状况，或忙于农副业生产，或大量外出务工，对公共文化生活普遍比较淡漠，民间文艺社团发展动力不足。既有的为数不多的民间文艺社

---

① ［美］约翰·克莱顿·托马斯．公共决策中的公民参与［M］．北京：孙柏英等译，中国人民大学出版社，2010.

② 吴理财，夏国锋．乡村的文化生活：兴衰与重建——以安徽省为例［J］．中国农村观察，2007（2）.

团，由于缺乏政策扶持和经费投入，不少社团组织无活动场所、无文化活动设施、无活动经费来源，不少文化社团主要靠组织者的个人能力联络活动场所、自筹活动经费、自办文化活动，基本上处于自发的生存发展状态，处于“停产”或“半停产”的运行状态。

我国乡村民间文化社团的发展困境突出地表现在资金短缺和人才稀缺等方面。一方面，乡村民间文化社团由于活动范围狭小、影响范围有限，很难取得社会的认可或组织的信任，能够得到的社会捐助十分有限。民间文化社团的发展资金“捉襟见肘”，限制了其开展公共文化活动、提供公共文化服务的能力。与此同时，乡村精英中的一部分被吸纳进基层政权系统，更多的非体制精英则多数进城务工或创业，留守村庄的多是妇女、儿童和老人，他们要么缺少文艺特长、要么文化素质不高、要么年老体衰，乡村文化社团因而难以吸收到文艺人才，从事文艺创作和文艺演出能力在衰退。同时，乡村民间文化组织自身的组建缺乏规范的章程，社团成员行为的随意性较大，在关乎切身利益的事情上难以形成集体行动。[①] 乡村民间文化社团在资金、人才、组织建设等方面的困境，对其参与公共文化建设能力造成深层制约，限制了其保障文化权益、传承乡土文化、参与村庄治理等方面的功能发挥。

① 罗大蒙、农村民间组织的发展：困境、动力与前景［J］. 四川行政学院学报，2012（2）.

第四章 公共文化发展的基本模式

第一节 国家公共文化发展的典型模式

1982年，联合国教科文组织“世界文化政策大会”的召开，标志着国际社会开始把广义的文化问题纳入经济、政治和社会发展战略。一直以来，西方各国确立了文化在国家发展中的重要地位，形成了较为成熟的管理体制和服务模式。英、美、法等国公共文化的发展模式，可以为我国公共文化行政和公共文化治理提供若干理念与实践上的启迪。随着体制环境的转型变迁，我国文化发展模式经历了从“指令型”向“引导型”的转变，开始向“文化治理”的方向演化，呈现出与西方国家的文化发展模式相似的特征和发展趋势。

一、西方国家公共文化发展的制度模式

（一）理论背景

20世纪70年代末以来，西方国家开始了从“无限政府”走向“有限政府”的治道变革过程。在此基础上，“公共选择”“新公共管理”“公共治理”和“新公共服务”运动及其理论成果，为西方国家公共行政改革提供了新的分析框架，同时也为文化行政改革和公共文化发展提供了理论指导。

公共选择理论关注政府与社会的关系，主张打破政府在公共服务领域的垄断地位，将政府的一些职能释放给市场和社会，建立公私之间的竞

争，改进政府的管理和服务活动。[①] 公共选择理论在文化发展中应用，就是要在政府与市场之间寻求某种平衡，强调政府职能与市场机制的互补与协调，通过适度的分权化运作，来提升公共文化服务的质量和效率。新公共管理主要关注公共部门内部的运作和管理问题。在新公共管理理论的倡导下，西方国家文化管理体制改革，强调对政府文化行政部门和公共文化服务部门的企业化运作机制改革，引入企业运作中的质量管理、效率改进、成本控制方法，推进这些机构精简高效地运转。

新公共服务理论是关于政府如何服务于公民需要和社会发展的理念与策略构想，主张公共行政价值应回归“宪政主义”规范，重构公共行政的价值基础。随着新公共服务理论的扩展和传播，西方国家公共文化机构表现出对公民文化权利的关切，希望通过对公共文化服务的质量、效率、回应性等方面的全面提升，更好地满足公民多样化的文化需求。尊重公民文化权利，除了保障公民文化享受权外，也意味着对公民知情权、参与权、监督权的保障。治理理论是公共事务管理中现代民主政治理念的体现和创新发展，旨在探讨公共产品与公共服务供给的方式与体制，希望通过调动各种力量和资源达到公共事务的“善治”。治理理论在当代文化发展中应用，就是通过各种灵活的制度安排，建立民主参与、民主决策机制，注重吸纳专家学者、民间组织、公民个人参与公共文化项目决策，以此提升公共文化决策的民主化、科学化。

（二）制度模式

西方国家公共部门在公共行政和公共服务改革进程中出现的新潮流，不仅使各国掀起了一场“政府改革”的热潮，而且波及国家文化行政改革和公共文化领域。基于各国的政治文化传统，西方各国公共文化发展呈现出不同的取向，其中以“政府主导”“民间主导”“合作共建”为代表。

1. 政府主导型模式

政府主导型文化事业管理模式，强调政府对文化事业发展政策方向的引领、对公共文化建设活动资金的提供、公共文化产品和公共文化服务的生产安排。在这种模式中，从中央到地方，各级政府均设有文化行政管理

① 廖荣碧．公共选择理论及其现实借鉴意义［J］．当代经济，2009（2）．

部门，这些部门对文化组织提供财政支持和政策服务。

法国是“政府主导”模式的典型代表。在法国，政府在文化发展中发挥着组织和促进作用。法国设有政府文化主管行政机构“文化与通信部”，政府通过该部对文化艺术事业进行管理和指导。该部向地方派驻代表，以签订文化协定的契约形式直接管理和指导全国文化事务发展。法国政府兴建了国家图书馆、卢浮宫博物馆等大型公共文化设施；在文化政策实践中，逐渐建立了文化基金机制。政府直接拨付资金给文化服务机构，并通过税收减免等政策措施引导社会力量对公共文化的赞助捐助。集权、分权、放权的交叉和并存是法国文化发展模式的重要特征。法国在文化系统内，推行适度的分权化改革，倡导各级政府对文化发展责任的担当，鼓励它们制定符合当地实际的文化政策。通过中央集权与地方分权的结合，积极调动地方政府参与文化建设，地方投资兴建了地区博物馆、图书馆、影剧院等公共文化设施。在此过程中，地方政府选举代表分管文化事务，设立民间公共文化机构，在政府监督下行使文化发展事务的管理权。此外，法国推行了“文化分散政策”，实现文化设施、文化资源、文化活动在首都与外省、城市与乡村、市区与郊区之间的相对均衡配置，着力促进文化公平和文化平衡。当然，法国在公共文化发展中的“政府主导”，并不意味着政府对文化发展实行垄断式管理，政府支持的文化活动很大一部分由民间团体实施。

集权、分权、放权的交叉和并存是这一模式的基本特征，也是其优点所在：其一，中央集权与地方分权相结合，能充分调动地方办文化的积极性，增加对地方文化单位和文化活动的资助；其二，国家干预与市场调节相结合，可依据不同文化行业或部门的性质和职能，合理选择资源配置方式，实现各类文化活动的有序发展；其三，集权、分权、放权并用，体现了这一模式的灵活性，可根据具体情况合理选择相应的管理方式，使文化事务管理遵循文化活动本身的规律。①

2. 民间主导型模式

在“民间主导”模式下，政府系统不设置文化行政管理部门，主要通过法律法规和政策杠杆为文化发展营造环境，民间文化团体在此制度框架

① 凌金铸．公共文化行政学［M］．上海：上海交通大学出版社，2012：44.

内自主发展。政府财政对文化领域的投入主要通过“国家艺术理事会”之类的准行政机构进行分配，非营利性机构和民间文化社团，是开展政府公共文化服务的中坚力量。①

“民间主导”模式以美国为代表。美国在文化发展传统上坚持放任主义的立场，政府主要通过环境营造、法律规制、政策调控等方式来引导、规范文化组织和文化活动。各类文化团体、组织或机构在市场环境下自由成长、自主发展。一般来说，政府不直接经营文化事业或文化设施，而是通过培育、支持民间的非营利艺术机构（NPAO），通过对这些民间文化机构的有限资助，来实现对文化发展的引导和支持。政府在文化发展中主要发挥制度供给和政策协调的作用，文化机构主要依赖市场实现自由竞争。当然，政府在通过中介机构给予文化社团有限资助的同时，注重综合运用市场化的融资手段及适度的财税优惠，动员民间资本参与公益性文化事业建设。为有效保障公民文化权益的实现，政府倾向于资助基层公共文化项目，通过对文艺社团、个体艺术家的资助，引导他们参与创作、展演能吸引民众广泛参与的活动，以此维护公民的文化民主权利。② 可以说，美国文化发展模式，是在巧妙地利用“开放性”市场策略的基础上形成的，带有古典自由主义的印记。政府主要依靠法律制度而非行政手段来规范文化市场，主要通过经济性优惠政策而非行政拨款来扶持公益性文化单位的发展，有助于社会文化稳定有序发展。

以社会为主导，政府间接引导是这一模式的主要特征。其优势在于：其一，政府在文化发展中主要发挥制度供给和政策协调的作用，文化单位依赖市场实现自由竞争，能有效形成多层次的文化格局，满足公众多样化的文化需要；其二，依靠众多民间文化机构来承担公共文化产品的生产供给任务，实现了公共文化产品最终责任人和生产供给者的分离，能有效提高文化资源配置和公共产品供给效率；其三，政府主要依靠法律制度而非行政手段来规范文化市场，主要通过经济性优惠政策而非行政拨款来扶持

---

① 李少惠，余君萍．西方公共文化服务体系综述及其启示［J］．图书馆理论与实践，2012（3）．

② 张波．主要西方国家公共文化服务发展之比较［J］．沈阳师范大学学报（社会科学版），2008（6）．

公益性文化单位的发展，有助于社会文化稳定有序发展。[①]

3. 合作共建型模式

政府与民间合作共建公共文化事业的模式，也称“分权化”模式。该模式要求政府对公共文化采取一种分权化的管理体制，在此模式下，政府以“一臂之距”[②] 与民间“建立伙伴关系”，进行文化资源的分配、文化事务的管理和文化服务的提供。横向上集权、纵向上分权是这一模式的典型特征，旨在探寻政府在“不能不管”和“不能多管”之间达成平衡，从而有力推动了社会文化的持续发展。

英国是最早实行“一臂之距”分权式文化管理体制的国家。英国设有联邦政府的文化行政主管部门——文化、新闻和体育部（简称文体部），该部只负责制定文化政策和财政拨款，并不直接管辖文化艺术团体和文化事业机构，具体管理事务交由准自治的非政府公共文化机构，如英格兰艺术委员会、工艺美术委员会、博物馆和美术馆委员会等机构来负责执行，它们负责对艺术团体进行评估和拨款；各类非政府公共文化机构通过具体分配拨款形式，负责资助和联系全国各个文化领域的文艺团体、机构和个人，形成全社会文化事业管理的网络体系。[③] 英国文化管理体制的中心环节是非政府公共文化机构[④]，它们与联邦政府文体部之间并不存在行政领导关系，文体部通过拨款方式对它们在政策上加以协调，非政府公共文化机构奉行与政府保持“臂距”的原则独立运行。而文艺团体则通过非政府公共文化机构获得政府的财政支持，与政府主管部门也没有直接的行政领导关系。在这种管理体制下，三级文化机构[⑤]通过统一的文化政策联系在一起，但各自却保持着相对独立性。每一个文艺团体都需要通过文化艺术

---

① 凌金铸．公共文化行政学［M］．上海：上海交通大学出版社，2012：45.

② 国家在中央政府文化行政系统之外建立起相对自主的、半官方的、专业的文化艺术基金管理组织，通常置于国会和中央（联邦）政府的监督下，通过独立分配国家文化基金的方式执行国家的文化政策。这种间接管理和分配文化经费的做法，被称为“一臂之距”（Arm's length）。

③ 张雪莹．英国“一臂之距”文化管理原则的启示［J］．传承，2012（1）.

④ 英国的非政府今共文化组织，主要包括 38 个非政府公共执行机构和 8 个非政府公共咨询机构。前者具有执行、管理、制定规章和从事商业活动的职能，后者的职责是就某些专门事项向部长和主管部门提供咨询意见。

⑤ 在长期的文化管理实践中，英国逐渐形成了三级文化管理体制。第一级是政府层面，包括中央政府和地方政府及所属文化行政管理部门；第二级是与各级政府对应的、作为准自治非政府公共组织的文化艺术理事会；第三级是各种行业性的文化联合组织。

理事会接受政府的财政资助，因而与政府保持着一定的距离，并不形成行政隶属关心。即便如此，政府仍可以通过财政资助实现对重点文化项目和文化发展目标的引导和调节，从而从宏观上实现对民间文艺团体的管理。

横向上集权、纵向上分权是这一模式的典型特征，旨在探寻政府在“不能不管”和“不能多管”之间达成平衡，从而有力推动了社会文化的持续发展。一是横向上的集中管理。在“一臂之距”原则之下，国家文化艺术事业由中央一级的文化主管部门来统一规划和协调，通过制定和贯彻国家文化政策，实现全国文化建设的协调发展。二是纵向上的分权管理。政府在纵向上加强对文化领域的分权管理，将政府文化管理权限分散给非政府公共文化管理机构，并将国家一些文化管理权限下放给地方政府，有效调动了各方力量参与文化管理和运行的动力。三是间接管理，即政府文化主管部门对文化建设、发展和管理只进行宏观政策指导和财政拨款，而不直接干预具体的文化事务和文化经费的分配，保证了文化单位的组织活力。

（三）共性特征

一直以来，发达国家确立了文化在国家发展中的重要地位，并形成了较为成熟的管理体制和服务模式。发达国家的公共文化发展模式确有其各自特点，但透过各自的独特性，依然清晰可见其共同之处——均建基于政府—市场—社会“三分法”框架之上，强调在实现公民文化权利的价值指引下，采取适度分权化的运作模式，建立民主化的“共同治理”结构。①

其一，关注公民文化权利和公共文化发展的“治理”。西方国家文化行政模式大多建基于民主制度之上，体现出对民主社会公民文化权利的自觉维护，以及对成熟市场经济体制下“有限政府”管理理念的自觉实践。因此，西方国家大多以文化管理部门和艺术理事会为核心，以鼓励社会赞助、捐赠、参与文化建设为辅助，形成一种政府、社会、市场、个人共同参与的“共同”治理模式。这种政府—专家（精英）—民众（社会）共同参与文化事务管理的模式，有效保障了文化决策广泛的社会参与，保证了政府文化决策的科学性和民主性；推动建立了政府与其他公共管理主体共同提供公共文化产品的“多中心治理”模式，形成公共文化服务供给的

---

① 毛少莹．发达国家的公共文化管理与服务［J］．特区实践与理论，2007（2）．

多元化与社会化格局。

其二，注重公共文化行政适度的分权化运作。西方国家在实现社会文化宏观管理方面始终秉承“分权”和“臂距”原则。文化管理的“分权”，旨在使各地方自主管理文化、扶持文化和发展文化，提高地方资助文化的积极性，激活地方以及基层文化艺术组织的活力，有效保障国家文化政策目标的实现。“臂距”即国家在政府文化行政系统之外建立相对独立的、准自治的公共文化机构，通过它们实现公共文化资金的分配方式由封闭性的国家定向分配制度变为开放性的国家文化基金制度，并在国家文化行政与各类公共文化服务部门之间建立起新型的纽带关系。“分权”和“臂距”管理原则打破了政府在文化行政管理中的垄断地位，通过发挥非政府公共文化机构自主管理的作用，达到文化事业的“管办分离”和政府对文化领域的宏观管理。当然，由于各国的政治文化传统不同，因而其分权化与社会化程度存在差异。

其三，尽力市场导向的公共文化事业财政资助模式。[①] 西方国家公共物品供给机制一开始就建立在市场经济基础之上，相应的公共财政体制是一种符合公共经济学原理的财政资助方式。在公共文化事业发展中，公共财政发挥着重要作用，但文化资助方式却日趋社会化、多元化，形成中央与地方、政府与市场、直接与间接相结合的混合资助格局。以美国为例，政府并不直接对文化机构拨款，而是通过国家艺术基金会、国家人文基金会等社会组织对非营利性文化机构实施赞助，并通过减免税收等优惠政策措施鼓励个人和企业向文化艺术组织捐赠。另外，政府采用资金匹配的方式实行有限拨款，这种资金匹配方式调动了联邦、州、地方乃至全社会共同资助艺术事业。

其四，重视文化公平和公共文化服务均等化的实现。公共服务均等化是公民理应享有的社会福利权利，这已在西方国家达成共识并成为基本的施政纲领。为促进公共文化服务的均等化，西方国家注意将公共资金、文化设施、文化资源、文化活动相对均衡地分散到全国各地，努力实现区域之间、城乡之间的文化平衡；同时政府倾向于资助基层社会的文化项目和

---

① 王列生，郭全中，肖庆．国家公共文化服务体系论［M］．北京：文化艺术出版社，2009：239.

中小型文化单位、民间艺术家，注重资助能让民众广泛参与的文化艺术项目和活动，以此实现公众对公共文化的平等享有权。对中国这样一个经济社会发展不平衡、制度安排有欠缺的国家而言，实现公共文化服务的均等化，对于促进社会公正、维护社会和谐意义具有重要意义。

当代中国的公共文化建设是在市场经济体制已基本确立的背景下进行的，在某种程度上具有公共文化领域发展的一般规律。虽然中国与西方国家在现代化程度、政府职能结构、政府与社会关系以及第三部门发展等诸多方面存在着巨大差异，但中国与西方国家在行政管理方面的一般规律、政府权威与市场交换的协调互动、公共物品的生产与供给等方面却具有共同性和普适性。[①] 这些共同要素的存在决定了国外公共文化行政的运作模式对我国公共文化行政和公共文化服务具有若干理念和实践上的启迪。

二、中国文化事业发展的制度变迁

文化是人类历史的沉淀，是人类文明的重要构成，包含着丰富的内容结构：一种是作为“政治”的文化，主要以意识形态的属性存在，被赋予政治意义；一种是作为“经济”的文化，主要以文化产业的属性存在，具有经济价值；一种是作为“文化”的文化，主要是作为公共精神的属性存在，具有公共性和服务性。三种文化存在形态的理论表述，分别是“文化领导权[②]”“文化生产力”和“文化权利”。事实上，我国文化发展模式的演变，与人们对“文化”内容结构的认知偏好及一定时期的体制环境相关。我国文化发展模式，实现了从“指令型”向“引导型”的转变，并呈现向“文化治理”演化的态势。

---

① 王列生，郭全中，肖庆．国家公共文化服务体系论［M］．北京：文化艺术出版社，2009：238-239.

② 文化领导权理论是由意大利著名马克思主义学者安东尼奥·葛兰西提出的，强调的是统治阶级社会意识形态的控制和领导作用。葛兰西的文化领导权理论形成于20世纪二三十年代，在当时并未引起人们的注意。20世纪的历史运动、资本主义与社会主义两种意识形态的斗争以及随着经济全球化而加剧的西方文化与东方文化的对立与冲突，使这一理论的内在价值日渐凸显。支配冷战时期达半世纪之久的“和平演变”战略以及指导后冷战时期的“文明冲突”论，无不是从意识形态和文化上争夺控制权，这正是我们重审并重估葛兰西文化领导权理论的现实意义之所在。参见黄伊梅．文化领导权的理论与策略——葛兰西思想研究［J］．中共中央党校学报，2006（2）。

（一）“指令型”体制模式

新中国成立后，为了巩固新生的国家政权，执政党和政府通过各种途径、采取各种方式实现对社会的有效整合。“指令型”文化发展模式是在革命环境中生长、在计划经济体制下造就的，根本目的在于集中文化资源、掌握意识形态主导权以应付国内战争和巩固新生政权的需要。文化被赋予强烈的政治意义和政治内涵，忽视了文化的社会属性和人文价值。受意识形态导向和计划体制的影响，我国文化事业的发展表现为一种自上而下的管控模式，即政府投资、政府运营、政府控制。[①] 从中央→地方→基层，建立了层层节制的组织体系，形成了垂直领导的管理格局，最终形成了“全能型”的体制。

在这种体制下，公共文化事务实际上由两类主体来承担：一是各级政府、街道办事处、居民委员会（村民委员会）；二是专业的文化机构，包括文化管理部门及其管辖下的文化馆（站）、图书馆、博物馆、美术馆等。在这种组织体系下，政府“由内而外”单方面的制定文化发展规划、配置社会文化资源、提供公共文化产品；而作为社会主体的公民，不能参与公共文化活动的决策过程，其文化需求及其满意度的表达也难以对行政活动产生激励和约束作用。“指令型”模式下，政府是不可替代的核心主体，权力运行更多的是从政府到社会的单向的、不可逆的过程，而非可逆的、非双向互动的过程，呈现出“计划政治”的体制特征。[②] 政府包办一切社会文化活动，政府通过指令性计划和行政手段对文化发展实行全面而直接的控制，完全排斥文化市场和社会力量的参与。

“指令型”发展模式下，从中央到地方形成了一个层次分明而又条块结合的文化行政网络。通过层层节制，实现了对文化系统的全面管控，对外来文化进行有效的鉴别，从而有助于维护国家的文化安全；这种集权型的体制模式，能够有效动员和整合各种社会资源，有助于在短期内培育出文艺精品。值得注意的是，文化具有多维价值和多重功能，这种模式由于片面强调文化的意识形态属性和政治宣传功能，漠视文化自身的独立性而

---

① 王列生，郭全中，肖庆．国家公共文化服务体系论［M］．北京：文化艺术出版社，2009：229.

② 孙广厦．地方治理主体的良性互动关系建构——在中国语境下的阐释与思考［J］．人民论坛，2010：32.

使文化沦为政治的附庸，从而限制了公益性文化事业的发展；轻视文化产业作为国民经济部门的应有地位，忽视其在满足人民群众精神文化需求的功用，从而阻碍了文化产业的有序发展。与此同时，政府文化行政部门所拥有的统揽一切的权力和全能型的文化职能，侵蚀了国有文化单位的独立性和自主权，限制了民间文化社团自由成长的制度空间。

（二）“引导型”体制模式

改革开放以来，计划经济体制向市场经济体制全面转型，使我国文化系统、文化单位赖以存在的社会基础制度环境发生了质的变化，原来确定无疑的“合法性”逐渐变得模糊起来，一些文化单位（如文化企业）面临体制内的“身份危机”；而市场经济理论的确立使文化体制赖以存在的核心价值准则发生了根本性变化，计划体制下文化单位赖以存在的“文化事业社会公益性”价值面临着市场体制下“二分法”的解构，要求文化行业按照行业特点、任务性质等关键因素，重新划分竞争性领域和非竞争性领域、公益性文化事业和经营性文化产业。与此同时，传统全能型文化行政模式的缺陷也暴露无遗，其要害就在于过分迷信和依赖政府的作用，而又完全否定市场和其他社会力量的价值。① 在此背景下，计划体制下确立的政府指令型文化体制的转型势在必行。

计划体制向市场经济的转变，拉开了文化发展体制转型的序幕。1979年广州东方宾馆开设了国内第一家音乐茶座，随即营业性歌舞厅等经营性文化活动场所在各大城市竞相开业，标志着我国文化市场雏形的出现。1983 年广州白云宾馆歌舞厅悄然出现，一些国有文化单位开始开展以文补文、多业助文的改革尝试，一批文艺表演团体试行演出承包责任制，文化体制转型的序幕缓缓拉开。而后，中共十四大确立的建立社会主义市场经济体制的改革方向，为文化产业发展增添了新的活力。2000 年政府首次提出“文化产业”概念，破除了长期以来对文化属性的片面性认识，反映了对文化发展规律认识的深化。中共十六关于文化的“二分法”，明确了文化事业和文化产业应该“两轮驱动”、共同发展。

从文化市场到文化产业，再到文化事业与文化产业“比翼齐飞”，表

---

① 凌金铸．文化体制改革的拐点及意义［J］．上海交通大学学报（哲学社会科学版），2010（6）．

明国家文化发展理论认识的深化，集中反映了我国文化建设实践的持续推进。在此过程中，全能型行政模式逐渐被打破，政事不分、政企不分的问题得到全社会的关注，政府和市场的职能边界逐渐清晰化。同时，文化事业单位的双重属性和双重职能的问题，条块分割、地区封锁和城乡分离的问题也得到了制度回应，相对成熟的引导型文化发展制度得以建立。其间，政府从“无所不为”转变为“有所为、有所不为”。经营性文化产业领域主要依靠市场机制来配置资源，实现对市场供求的调节和文化生产力的布局，政府只是履行市场监管和宏观调控的职能。① 公益性文化事业领域，公共文化服务以国家供给为主，社会供给为辅。政府供给在体制上实现了“掌舵”与“划桨”、“提供”与“生产”的适度分离，政府主要承担发展规划、政策扶持、业务监督等责任，以促进公共文化资源的均衡配置和公共文化建设的可持续发展。

（三）“治理型”模式

在应然意义上，公共文化建设是以保障公民文化权利、实现公共文化利益为归宿的，依赖于公民的广泛参与并以集体行动促进文化权益的实现。现代社会，公共利益的实现依托治理来达成。在公共文化治理中，民主参与是至关重要的一个目的，是促进公共利益形成和实现的有效形式。引导型文化发展模式，注重发挥文化市场主体（文化企业）和公益性文化事业单位（“三馆一站”等）的微观主体作用，较为充分地发挥了政府和市场的作用。但健全的公共文化发展模式，仅仅依靠政府和市场是不够的，还需要适当发挥政府和市场之外的公民社会组织（或称非政府组织）的作用②，它们对促进文化行政模式完善的意义不亚于市场对推动文化行政模式转型的意义。③

公共文化作为全民普惠性和价值导向性的公益性事业，其发展自然要尊重并保障公民完整的文化权利。政府主导型模式“因无法保障农民相对完整的文化权益并因此一定程度上削弱政府在农村社会的合法性基础而受

① 胡惠林．文化产业学——现代文化产业理论与政策［M］．上海：上海文艺出版社，2006：243-245.

② 王锡锌．政府改革：从管理主义模式到参与式治理［J］．中国改革，2011（4）.

③ 凌金铸．公共文化行政学［M］．上海：上海交通大学出版社，2012：55.

到质疑”。[①] 因应民主化发展的要求，多元参与、合作治理应当成为公共文化建设模式转型的基本方向。一方面，这种模式因为能更好地促进公民文化权利的实现而与现代社会“文化民主”潮流相一致；另一方面，这种模式因为能有效提升公共文化服务的质量和效率而成为实现“文化民生”重要途径。在公共文化建设中，政府应该有效挖掘民间资源、动员社会力量、利用市场机制，寻求与社会、市场的有效合作，形成多种要素整合配置、多元力量良性互动的公共文化发展模式。这种模式，“要求公共文化发展的各种要素都围绕公民文化权利实现这一中心目标展开，形成‘目标一致、各有侧重、要素联动、优势互补’的动力组合”[②]，建立互动参与、协商对话的制度框架。

近年来，我国公共文化服务及其组织体系正在从计划经济体制下单一的组织体系向市场经济体制下多元的组织体系转变。[③] 在此过程中，现代社会的三维要素——政府、市场、公民社会处于彼此依赖、互动合作的“治理网络”中。这个治理网络中，文化行政部门、公益性文化事业单位、文化企业、民间文化社团和公民个人等多元主体结成互助合作、协同创新的关系，形成文化管理主体间的结构生态[④]，并将建构起多元参与、协同治理的运作机制。这种“治理型”的文化发展模式，代表着我国文化发展模式变革的基本方向。

第二节　地方公共文化建设的创新模式

公共文化是具有整体一致性、价值导向性和全民共享性的文化形式。我国一些地方在公共文化建设中，因地制宜、积极探索，拓展了公共文化建设的领域和范围，形成了与时俱进的创新之举。分析各地公共文化建设

---

① 张良．政府主导、社会参与、市场配置：农村公共文化服务体系建设的理想模式［J］．理论与现代化，2012（4）．

② 金民卿．构建多种文化发展模式［N］．中国社会科学报，2011-11-08（7）．

③ 刘俊生．公共文化服务组织体系及其变迁研究——从旧思维到新思维的转变［J］．中国行政管理，2010（1）．

④ 刘吉发，金栋昌，陈怀平．文化管理学导论［M］．北京：中国人民大学出版社，2013：52-53.

的典型实例并发掘其成功经验，可将其在机制层面归纳为区域联动、城乡互动、机制驱动三个方面。

一、区域文化联动

“区域文化联动”以整合区域文化资源为手段，旨在建立区域文化共建、共创、交流、互动、互惠的机制。区域文化联动是江苏省吴江市首创的。吴江市地处江、浙、沪交汇处，是长江三角洲的一个县级市。作为经济发达地区，吴江市经济、社会发展迅速，城乡一体化进程较快。在这种背景下，2003 年以来，吴江市通过开展区域文化联动，积极调动区域内群众参与文化建设的积极性，有效促进了区域文化资源的有效整合，在公共文化产品供给、公共文化服务机制等方面，进行了富有成效的探索。从最初“三镇联动”探索，发展到覆盖全市的“十镇联动”，再拓展到“长三角区域文化联动”，吴江“区域文化联动”成效显著、影响广泛，已被列为首批“国家文化创新工程项目”。

2003 年夏，由吴江市文化馆牵头，组织盛泽、平望、震泽三个镇的文化站、开始了“区域文化联动”的先期探索。文化馆负责活动策划、业务辅导、技术支持和器材提供，三个镇分别承担排练一台综艺节目，文化馆从中筛选出优秀节目组成一台联合节目，在每个镇巡回演出。演出深受老百姓的欢迎，在全市农村引起了强烈反响。2004 年，“三镇联动”发展成为覆盖全市的“十镇联动”，形成一个制度化的公益性文化活动。每年从 4 月起开始策划、实施，到 7 月结束，每周一个镇演出 2 场，共演出 20 场，每年创作各类节目 50 多个，全市编排上演节目 300 余个，参演演员 3000 多人次，观众多达 20 万多人次，这种区域文化联动巡回演出，被形象地称为“文化走亲”。① 从 2009 年起，吴江市又将目光投向了周边相邻的苏浙沪地区，活动更名为“吴江市区域文化联动暨长三角文化交流活动”。2010 年活动范围扩展到江浙运河走廊沿线，实现了吴江与周边地区文化资源的共建共享、文化产品的交流互换。②

---

① 程天赐．吴江：区域文化联动“走亲”忙［N］．农民日报，2013-05-04（5）.

② 周志芳．江苏省吴江市“区域文化联动”报告［M］//于群，李国新．中国公共文化服务发展报告（2012）．北京：社会科学文献出版社，2012：161.

吴江在"区域文化联动"中，采用了政府主导、乡镇投入、企业赞助、社会参与的多元化方式。① 在"区域文化联动"项目实施中，吴江市宣传、文广等部门把区域文化联动列入重要的议事日程，对整个项目进行总体规划，并对项目活动做出具体安排；各乡镇在活动前成立专门机构，负责宣传动员、组织协调、制订方案，并给予经费支持。各镇文化站积极组织群众参与文化创作、开展文化演出。区域文化联动除了由宣传、文化部门共同主办外，还吸引司法、卫生、劳动保障等政府部门参与，同时通过企业形象展示平台，吸引中国联通、中国移动、农村商业银行等企业参加，形成了多部门合作和社会参与机制。如今，吴江市10个镇在文化建设上都形成了自己的特色，芦墟镇的芦墟山歌文化、盛泽镇的丝绸文化、平望镇的广场文化、同里镇的宣卷文化和旅游文化、桃源镇的少儿书画和黄酒文化等，都已成为文化品牌。②

吴江的"区域文化联动"，既包含了政府资源向基层的集中提供，也包含了城乡之间交互式供给。吴江"区域文化联动"，节目内容广泛、活动形式多样，不仅在内容上突出了先进文化的内涵，节目内容新颖、健康、向上；而且在形式上创造了大型文艺巡回演出平台和流动演出机制，把寓教于乐的节目直接送到田间地头。区域文化联动突破了以行政区划和职能部门为界限配置公共文化资源的体制限制，实现了区域内外文化资源的整合配置和共享利用，有效满足了社会大众多样化的文化需求，并为地方经济社会发展提供了强大的精神动力和智力支持。区域文化联动是多部门、多行业、多层面的文化大联动，党委、政府、文化单位、企业、公众等各方面力量共同参与文化建设，实现了各方力量的聚合，使得项目的实施有了可靠的动力和保障，让老百姓享受到了丰盛的文化大餐。

现如今，区域文化联动已经成为推动公共文化建设的重要形式。甘肃张掖—青海西宁区域文化联动，以"多彩张掖·绚丽西宁"为主题，拉开了两地公共文化共建共享的序幕，开启了公共文化示范区创建经验交流的新机制。天津河西—山西晋中区域文化联动，以联合举办文化交流专场演出的方式，促进两地优秀文化资源交流与共享，推动公共文化示范区与示

---

① 吴文．解读江苏吴江区域文化联动［N］．中国文化报，2009-12-04.

② 金健康．江苏吴江市深化"区域文化联动"［N］．中国文化报，2011-05-05（7）.

范项目之间的文化交流互动，丰富了群众的业余文化生活。无锡—嘉兴区域文化联动，通过开展形式多样的文化巡展、举办文化建设经验交流会，突出了两地的亮点和特色，推动了区域公共文化融合发展。“滨海双辉”厦门—青岛区域文化联动，体现了双城互动、资源共享、交流合作的公共文化建设新格局。区域文化联动，激发了大众的文化参与意识和文化创造热情，拓展了区域公共文化建设的空间和途径，是推进公共文化建设的抓手。区域文化联动，开启了地方文化建设的新思维，创造了区域文化交流、合作、共建、共享、互惠的新模式，应当在总结经验的基础上加以推广。

二、城乡文化互动

“城乡文化互动”以推动城乡文化一体化发展为目标，旨在通过城乡文化统一规划、文化资源统筹调配、城乡文化交流传播、城市反哺农村等机制，建立城乡文化共建共享、协调发展的新机制。城乡文化互动是由重庆较早创设的。为推动城乡文化共建共享，促进城乡文化协调发展，重庆市委宣传部、文化广播电视局于2006年策划组织了“渝州大舞台”城乡文化互动工程，通过“城市文化下乡”和“农村文化进城”两大板块，着力促进城乡文化的互动与交流。

重庆的城乡文化互动工程，采取“精品剧目与综艺节目相结合、文化下乡与文化进城相结合、市级院团与区级院团相结合、国有专业院团与社会民营院团相结合”的原则，大致分“城市文化下乡”和“农村文化进城”两大板块。演出期间，各参演院团在深入调查了解农村、社区群众文化需求基础上，编排出一批批时代气息浓郁、生活气息浓厚的优秀剧（节）目，安排了知名艺术家和骨干演职人员参与演出，把丰富多彩的精神文化大餐送进了千家万户。与此同时，将具有地方特色和民俗特色的文艺节目搬上城市“舞台”，丰富了都市文化元素，不仅让市民欣赏原生态艺术，也让他们了解到乡村正在发生的变化。

在推进城乡文化一体化发展中，山东寿光坚持文化均衡、互动共享原则，着眼于文化设施的空间布局和功能配置，通过规划“城市核心文化圈”“城郊辐射文化圈”“乡村特色文化圈”三个资源整合、功能协同的“10分钟文化圈”，形成了以市级公共文化设施为龙头、镇（街）文化站

（中心）为纽带、村文化大院为基础的三级公共文化服务网络。① 在文化资源共享配置上，依托“四个网络”纽带，为文化均衡发展搭建起信息平台，整合城市文化资源向农村延伸辐射，带动文化资源“互管互动”。党员远程教育网将与农村生产生活相关的“课堂”办到家门口；信息资源共享工程着力实现城乡信息资源、文化娱乐的共享；农业网络视频咨询服务系统，通过网络提供对农业生产的技术支持；民声互动系统直接连通政府与民众，实现二者的交流互动。在公共文化组织形式上，依托农圣文化节、“和谐四季”系列活动为平台，开展了多项城乡联合举办的文化活动②，实现城乡文化的交融互动和共建共享。

城乡文化互动，以促进文化权益的“国民待遇”为目标，以统筹城乡、全民共享为原则，建成面向基层、重心下移的文化设施网络体系；通过文化资源的统筹调配，促进文化资源向基层和农村延伸；通过文化活动的城乡互动，实现“文化下乡”与“文化进城”的结合，根本上消除城乡文化的二元分割体制。近年来，各地在城乡互动先行地区的示范带动下，确立了城乡文化一体化发展的思路，致力于“以城带乡”与“以乡促城”的结合。一方面，依托城市文化资源的优势，合理规划农村文化阵地，完善基层文化设施、提供公共文化信息、开展文艺创作辅导、推动文化下乡服务，建立城市反哺农村的机制；另一方面，加强乡土文化艺术的传播，发掘利用民间传统文化资源，打造地域特色文化品牌，促进文化旅游整合发展，推动乡村文化进城会演，发扬乡土文化清新之美和淳朴之韵。通过城乡文化互动，缩小了城乡文化差距，探寻到城乡文明的契合点。

在城乡文化互动中，湖南省长沙市组织开展了群众文艺“百团会演”活动，实施“进村入户”工程，开展送戏、送电影、送图书、送展览、送讲座、送文艺节目、送文化辅导下乡，推动文化资源城乡共享、文化活动城乡共建；推动“因地制宜、一地一品”品牌活动，通过“好戏天天演”、“文化橘洲”“湘江韵律”等活动品牌，形成了市区联动、城乡互动的格局；深化“阳关娱乐·创业兴文”活动，积极引导文化企业参与公共文化服务，探索文化市场反哺公共文化服务的新路径。浙江平阳县组织开展了

---

① 朱金华，朱小倩．山东寿光文化发展重“均衡”［N］．中国文化报，2011-08-30.

② 李晓兵，朱金华，王朋．城乡文化“手牵手”［N］．潍坊日报，2011-09-05.

“文化走亲”活动，以县文化馆、图书馆、各乡镇文化服务中心、社会文艺团体等单位为主体，通过文艺演出、展览、讲座、论坛、赛事等形式，采取“走出去，请进来”“村社结对”相结合的方式，组织到县外、各镇乡、基层文化礼堂开展文化交流活动，使“百姓演百姓看”成为常态。内蒙古东河区以“放歌草原·书写百姓”主题文化为蓝本，组织开展了多场农村文化大院与群众艺术团体的互动演出，丰富了基层群众的文化生活，促进了城乡文化的互动交流。广西兴安县开展了以“城乡欢歌，唱响和谐”为主题的城乡文艺互动互访活动。一方面，组织专业文艺工作者以农村生活为题材，创作群众喜闻乐见的歌舞、小品、相声、快板等节目，通过文化下乡服务，满足农村群众的文化需求；另一方面，通过业余文艺队表演大赛，激发乡镇业余文艺队伍进城参加文艺表演，实现城乡文化的双向互动。

三、创新机制驱动

（一）公共文化服务外包机制

公共文化服务外包，就是通过契约方式，政府将自己应承担的服务项目以付费的方式外包给具备资质的文化事业单位、文化社团或文化企业来承担，以提高公共文化服务的质量和效率。这种机制，通过文化组织专业化、精细化的管理，能有效解决政府直接管理公共文化设施所带来的投入大、成效低等弊病，提高公共文化设施的有效利用率和服务辐射功能，更好地保障人民群众的基本文化权利，实现公益性功能与市场化运作的结合，提升基层政府公共文化服务的绩效。宁波市鄞州区“天天演”文化惠民工程以实现“人人享受文化”为目标，积极探索政府与市场联动推进机制，走出了一条公共文化服务外包的创新之路。

宁波市鄞州区积极探索公共文化服务机制创新，于2009年3月实施了“天天演”文化惠民工程，政府文化部门通过向专业的文化公司——和盛公司集中采购，为全区群众提供演艺服务，走出了一条公共文化外包的创新之路。鄞州区“天天演”文化惠民工程以实现“人人享受文化”为目标，积极探索政府与市场联动推进新型公共文化服务机制。在农村，鄞州区邱隘镇的文化事业也采用了市场化运作模式。2010年4月，邱隘镇推行公益性文体场馆的市场化运作，建立“政府投资定位，低价有偿服务”模式，根据“政府主导、市场运作、全民享受”的指导原则，将镇本级的文体场馆，通过合同契约的形式，委托给三铭体育俱乐部管理和运营，镇文化站则实行项目控制、价位控制等。邱隘公共文化服务外包“包”出了邱隘群众文明健康的生活方式：公共文体场馆每天对外开放，多样化、高档次的文艺项目大大增加，“戏剧名家名票演唱会”“一元电影五元戏”等文化活动，让普通群众享受到更多的文化大餐和文化熏陶。

宁波市鄞州区“天天演”文化惠民工程，坚持公益、公众、普惠、均等的原则，围绕“人人享受文化”的目标，创造出“政府采购、公司运作、全民享受”的服务外包机制，是基层公共文化服务外包和政府采购的成功范例。在运作中，“天天演”立足基层、面向群众，不断完善节目采购模式，创造出“三导向”的采购原则：一是坚持市场导向。“天天演”采取公开招标方式，拓展节目采购渠道，通过市场选择机制保证了节目的质量，使定向采购转向多元化采购。二是坚持公众导向。节目采购在发挥意见反馈的同时，强化采购前的民意征集，通过需求表达和意见征集，既保证了民众的知情权和表达权，也保证了所采购节目的供需匹配。三是坚持专业导向。为保证节目采购的专业水准和艺术品位，邀请文艺专业人员参与决策过程，实现采购小组人员构成的多元化，发挥第三方在决策中的主导地位，保证了采购决策的科学性、合理性和公正性。除公共文化服务外包运作外，鄞州区通过吸纳民间资本冠名赞助，实现了公益性文化活动的有限市场化运作；通过对部分文化场馆“两权分离”的运营改革，以公开招标的方式，委托专业化运营企业进行管理，提升了公共文化设施的使用效益。

公共文化服务的政府采购和服务外包，打破了传统的“政府选择、政府供给”的服务模式。通过社会力量和市场机制的介入，使公共文化服务由政府垄断供给转变为政府主导下的竞争性供给，提升了公共文化服务的质量与效率。在此过程中，公共文化服务供给与生产的职能分离，促使政府角色的根本转变，公共文化的“管办不分”逐渐转向“管办分离”，政府主要发挥“掌舵”功能，“划桨”则由市场力量来承担。各地在公共文化建设中，引入项目招标等竞争机制，对一些农村公共文化产品、公共文化项目、公共文化活动，采取政府采购、项目补贴、定向资助等，通过竞争改善公共文化服务绩效，创造出文化直通车的文化配送方式。实现公共文化服务的市场化运作，并不是要“化公为私”，而是期望通过市场化的运作盘活公共文化资源，实现其整合调配和有效利用。事实上，竞争网络的形成是市场化的核心所在。政府作为改革的推动者和组织者，是须臾不能缺位的，需要强化政府对市场化的管理能力、增强政府对核心公共服务的管理责任。这样，市场化运作将在公共文化公益性的前提下展开并保证在正确的方向发展。

（二）公共文化建设的内生机制

近年来，各地采取不同形式的“文化下乡”活动，丰富了农村群众的文化生活。然而，政府主导的“文化下乡”，未能有效发掘农村的文化资源，未能充分发挥农民的主体地位。随着农民文化需求的全面释放，蜻蜓点水式的“文化下乡”已远不能满足农民的文化需求。农村是我国传统文化的发源地。在继续加大政府公共文化服务的同时，引导农民自发组织形式多样的文化活动，既可以丰富农村群众的文化生活，也可以增进村庄内的价值认同，成为农村文化建设的重要形式。为此，应改变传统的“嵌入式”公共文化发展机制，以“本土草根、全民互动”为行动导向，注重在政府与民众的互动合作中，调动基层群众自编、自导、自演、自赏，形成共建共享群众文化生活的风尚，提升农民自主创办文化活动的意识和能力，逐渐建立农村公共文化建设的内生机制。

近年来，江西省大余县在公共文化建设中，注意培育具有鲜明农村特色的乡土文化，实现了由“送文化”向“种文化”的转变。一方面，加强乡镇综合文化站建设，通过“创建 133 文化工程”，把“文化站”拓展为“文化网”。通过“以奖代扶”的方式，围绕构建镇、村、户三级公共文化服务网络，在规划、土地、资金等方面给予大力支持，在全县创建了 10 个特色文化村、30 个文化活动室、300 个文化示范户；通过多元投入机制、“以奖代扶”机制等，着力改善“文化网”的装配条件，为群众文化活动搭建平台。另一方面，引导农民剧团有序发展，创建群众文化活动的组织载体。民间剧团根植于乡村社会，熟悉当地的风土人情，了解当地群众的文化喜好，是农村公共文化建设的重要依托。它们“赤脚下田，洗脚上岸”，通过艺术创新和升华，创作了一大批艺术精品。每当农闲时节或是乡镇中心工作开展之际，剧团就为群众送上“文化大餐”。

大余县公共文化建设，注意调动群众的参与热情和自觉意识，通过“政府搭台”，为“农民唱戏”搭建平台、创造条件，引导农村群众自主参与文化活动，从而达到自娱自乐的目的。为此，大余以乡村文化机构和农村文化队伍建设为抓手，通过三级公共文化服务网络，建立并拓展了“乡土文化网”，使公共文化机构“驻村入户”；依托县文化馆、采茶剧团定期开办歌舞、乐器、书画等培训班，有重点、有计划地培养出一批农村业余文化骨干群体，使他们有意愿且有能力组织筹办群众文化活动。在此过程中，按照“政府出资、市场运作、乡镇搭台、农民看戏”的思路，重点扶持民间文艺团体开展文艺汇演和文化交流；按照业余自愿、形式多样、健康有益的要求，利用节庆日和农贸集市，积极开展内容健康向上、形式丰富多彩、风格清新质朴的农村文化活动，使农村文化建设“生根发芽”。“政府搭台，农民唱戏”是对大余县公共文化建设的形象概括，它显现出农村公共文化建设的内生机制正在形成。

吉林省松原市在推进公共文化服务体系建设的同时，着力发展农民自办文化。松原的农民自办文化，是以创建农村文化大院为载体的，各级政府加大资金投入、整合社会资源，在建设大型文化设施的同时，着力加强农村文化大院建设，全市文化大院在行政村基本实现全覆盖。为激发广大农民参与自办文化的热情，各地举办了以农民自办文化为内容的文化艺术节，为农民搭起展示风采和交流学习的舞台。同时，通过业务指导、艺术辅导和培训服务，引导民间艺人自创自编了切近生活的文艺作品，提升农民自办文化的筹划能力和艺术水平。几年来，松原市通过探索“种”文化模式，已在全市农村形成文艺演出、工艺制作、图书阅览、电影放映等门类齐全、具有民族民间特色的农民自办文化群体。

近年来，各地推出的农民自办文化、“民资文化”“千镇万村种文化”“群星大舞台”等文化建设形式，或隐或现地蕴涵着以农民为文化主体的行动逻辑。内生动力是基础，组织推动是引擎。通过“政府搭台、农民唱戏”，推动农村公共文化从“输送”走向“内生”，使老百姓成为文化惠民工程的主角，引导他们在公共文化建设中自我表现、自我服务、自我发展，实现公共文化建设由“送”到“种”的转变。“种”表达的是农民群众普遍、经常性地开展自娱自乐的文化体育活动，把文化的种子“种”入乡村土地，让它生根、发芽、开花、结果。这种文化建设模式体现了这样一种理念：农民既是观众又是演员，既是文化产品的生产者又是享受者，因而应从文化旁观者转变为文化参与者，成为乡村文化建设的生力军。

（三）文化资源整合共享机制

公共文化建设的推进，需要整合文化资源、文化品牌、文化产品等要素，创新文化载体和运作机制，推动公共文化资源的整合共享。现阶段，随着公共文化服务体系的构建，各地的图书馆、文化馆、博物馆等公共文化设施相继实行免费开放，部分公共文化资源实现了平等共享；一些地方在实践中创造出图书馆的总分馆模式，创造出区域文化联动、城乡文化互动等形式，打破公共文化资源供给的地域分割、部门分割、城乡分割，这都是文化资源整合和共享的创新之举。数字网络时代，借助数字网络技术，改进公共文化资源供给方式是完全可能的。理论上，可以将专业与民间、纵向与横向、本土与异地的文化资源联通起来，以多维交互方式让全国任何一个地方的基层群众都能共享优秀文化资源，建立一个全面覆盖、功能强大、高效运行的公共文化资源供给系统。当然，这需要从社区层面展开，逐次扩大覆盖范围，最终实现文化资源的整合配置和均衡共享。值得注意的是，“全国文化信息资源共享工程”即是这一原理的现实应用。适应互联网及通信技术的发展，“文化共享工程”借助信息网络平台，提升信息资源的传播范围，缩小城乡间、区域间的数字鸿沟，实现文化信息资源的全民共享。各地在推进“文化共享工程”中，注意挖掘和整合非物质文化遗产资源、地方特色文化资源、红色文化资源、少数民族文化等，实现各类数字资源数据库的互联互通和共建共享，建立资源丰富、技术先进、服务便捷、覆盖城乡的数字文化服务体系，从而使全体国民都能平等共享数字文化服务。

在文化资源的整合共享方面，杭州通过“三整合”实现了文化资源的整合利用。一是以群众文化网为平台，整合了全市的群众文化、公共文化信息资源，涉及群众文化信息、演出信息、电影信息、展览信息、讲座信息、图书信息、非遗项目信息等方面。同时，网站通过整合群众文化服务资源，设立了配送服务平台，开列了服务菜单，接受基层群众点击预约，实现了群众文化机构与基层群众的文化服务供需对接。二是以群众文化团体建设为平台，促进文化人才资源的整合。通过签约加盟、项目合作等方式，整合各县（区）的文艺机构及民营文化团队的人才资源，建立了集创作、表演、辅导为一体的半紧密型合作关系。三是以评级管理体系为平台，促进业务文化团体资源的整合。通过团队评级制度，引导和扶持业务文化团体聚集文化资源、创作文艺精品、开展文化活动。

基层公共文化建设，应充分发挥文化馆、文化站等文化机构的作用，调动民间业余文艺团体积极参与，以实现基层文化创造力量、文化资源的整合利用。实践中，杭州坚持面向基层、重心下移，提出了群众文化“集约化、一体化”运行机制的创新构想，通过开展“一网、一团、一体系”三个平台的打造，有效推动了文化资源的“三整合”，促进了群众文化运行机制的创新，实现了基层群众文化格局从“小、散、杂”向“大整合、大利用”转变，推动了“送文化”从“供求脱节”到“供求对接”转变，促进了业余文化团队从“自娱自乐”向“示范带动”的转变。事实上，各地正在推广的公共图书馆总分馆制及“一卡通”工程、信息服务联盟等，实现了图书“通借通还”和数字资源的互联互享，构建起城乡一体化的公共图书馆服务体系。与此同时，博物馆、图书馆、美术馆、文化馆的免费开放正在全面铺开，提升了公共文化资源的有效使用和共享服务。

第五章　公共文化建设的实践范例

第一节　公共文化建设的地方实践

改革开放40多年是中国社会快速发展和全面转型期。经济发展、社会变迁，必然伴随着社会文化生态的变化和新型文化形态的孕育。近年来，随着文化体制改革与公共文化服务体系建设的推进，各地在公共文化建设中因地制宜、积极探索，形成了多样化的文化建设模式，拓展了公共文化建设的领域和范围，产生了积极的示范效应。

一、公共文化建设的地方实践

（一）深圳实践：探寻公共文化发展的创新之路

深圳作为改革开放的先行者，在经济发展方面取得骄人成绩。新世纪，随着国家文化建设自觉意识的增强，深圳的文化建设快速启动并领跑全国。深圳市于2003年确立了“文化立市”战略。在“文化立市”战略背景下，深圳市较早地提出了保障“公民文化权利”、提高“市民文化福利”等施政理念，率先启动公共文化服务体系建设并持续推进。中共十七大以来，国家从经济、政治、社会和文化“四位一体”的高度指明了文化建设的战略方位，文化发展上升为国家意志。2010年，深圳市适时提出建设“文化强市”的战略目标，把“文化立市”提升并拓展到“文化强市”。[①] 以此为契机，深圳正从昔日的“文化沙漠”变为“文化绿洲”，被

---

① 夏国锋，吴理财．公共文化服务体系建设的发展历程、基本逻辑与经验启示——深圳样本的表达［J］．理论与改革，2012（3）．

称为“图书馆之城”“钢琴之城”“设计之都”和“动漫基地”。[①] 深圳文化事业、文化产业的发展，在全国文化建设中发挥了“试验田”的作用，领跑全国。

近年来，深圳市政府加大文化建设投入，着力推进公共文化服务设施网络。特别是，深圳以“图书馆之城”建设为推手，切实加强基层公共文化服务。自2003年正式提出建设“图书馆之城”以来，制定实施了“图书馆之城”建设的相关方案，初步形成以市图书馆为龙头，区图书馆为骨干，街道图书馆、社区图书馆、24小时自助图书馆为网点的图书馆服务网络。在图书馆设施网络建设的基础上，探索创新图书馆运作模式，创造出“总分馆”管理体制。与此同时，利用现代信息技术，推出了“城市街区24小时自助图书馆系统”，通过科技支撑把图书馆建到了大型住宅区、工业区、商业区及主要交通枢纽，成为图书馆阵地流通服务的有益补充，被专家称为“第三代图书馆”。[②]

在公共文化活动方面，深圳积极探索，创造出多种公共文化活动形式：“深圳读书月”以“阅读、进步、和谐”为目标，营造了良好的读书求知氛围，“亲近阅读”“以读书为乐”逐渐成为深圳人的一种生活方式；[③]“深圳市民文化大讲堂”以举办公益性讲座的方式，开拓了一条专家学者走向社会、走进市民生活的服务形式；而丰富多彩、形式多样的精细化公共文化服务——“美丽星期天”“音乐下午茶”“戏聚星期六”“深图艺苑”“深圳晚八点”等公益活动形成文化品牌[④]，使市民能够更好地分享文化发展成果。2012年以来，深圳加大政府投入，规划建设一批有较高品位的城市文化设施群，并规划建设一批区级骨干文化设施，全面打造“十分钟文化圈”和“一公里文化圈”。目前，深圳已初步建立起设施齐全、产品丰富、机制健全、覆盖面广的公共文化服务体系，探索出一条保障群众文化权益、满足群众文化需求的可行道路。

深圳公共文化建设之路，围绕满足市民的文化选择权、文化欣赏权、文化参与权和文化创造权，由政府主导文化发展的战略规划、政策配套和

① 罗勤．深圳文化建设走在了全国前列［N］．深圳特区报，2010-09-05.

② 何文琦．深圳公共文化服务体系建设领跑全国［N］．深圳商报，2010-03-11.

③ 罗勤．圳文化建设走在了全国前列［N］．深圳特区报，2010-09-05.

④ 何文琦．深圳公共文化服务体系建设领跑全国［N］．深圳商报，2010-03-11.

资金保障，持续加大文化惠民力度，探索创新公共文化服务的理念、内容、方式和机制。深圳“图书馆之城”建设就是在尊重公民基本文化权益的施政理念下，由市政府和文化局的主导和政策支持下推进的，在实践中形成了一套创新性的体制模式和运作机制，明确了公共文化“建什么、怎么建、为谁建、谁来建”等基本问题，为全国公共文化建设提供了样本。“深圳市民文化大讲堂”“城市街区自助图书馆”已成为全国文化创新的典范。深圳的成功实践，关键在于自觉的发展意识、科学的发展规划、资源的调配共享、创新的运作机制；整合发挥政府部门、文化单位、专家学者、基层民众等多方力量，使政府的管理与协调、文化机构的协商与配合、民众的诉求表达、社会各界的参与得以在科学而合理的发展规划、规范而严密的运作机制下发挥最大作用。

（二）嘉定实践：探索“百姓系列”文化服务新路径

近年来，上海嘉定区以创建市级示范区为抓手，着力推进公共文化建设。① 嘉定区设立了“文化发展资金”，将文化发展的投入纳入财政预算给予制度保障。制定实施了文化发展中长期规划，规划在中心区建设具有标志性的重点公共文化基础设施和文化经营服务设施；在镇、街道等次一级区域，建立规范的社区公共文化活动中心、社区文化信息苑和社区绿地文化广场；在村、居委文化一级，建立“一场”（室外广场）、“三室”（图书室、多功能室、文体活动室）基础文化设施。通过这三级文化设施网络，形成服务半径 1 公里，步行约 15 分钟就能到达一个文化场所的服务格局。②

嘉定区立足百姓生活，挖掘、整合和发展乡土文化资源，创造出形式多样的“百姓系列”文化服务活动③：一是“百姓说唱团”。“百姓说唱团”是由嘉定区委宣传部牵头，区、镇两级推动建立的群众文化服务新形式。说唱团以讲故事、说唱、评弹说书、独脚戏、戏曲、小品等表演方

① 吴文明，单敏康．嘉定形成“百姓系列”群众文化繁荣发展的新格局［N］．东方城乡报，2012-06-14（A8）．

② 俞时美，杨阳．以文化引领经济的发展——从嘉定保利大剧院方案的启动看上海市嘉定区文化建设体系的推进［N］．人民日报（海外版），2010-04-27（8）．

③ 吴文明，单敏康．嘉定形成“百姓系列”群众文化繁荣发展的新格局［N］．东方城乡报，2012-06-14（A8）．

式，走村串镇进行文艺演出，为基层提供便捷的“菜单式”服务。二是“百姓书社”。“百姓书社”是为方便居民的借阅需要而设立在居民家中的微型公共图书室。区图书馆定期提供推荐点书单供各书社选择，各书社根据居民的阅读需要填写点书单，区图书馆根据点书单内容提供配备图书，然后由物流公司配送至各书社。“百姓书社”灵活的点书配送模式，使公共图书馆真正成了一个开放式空间，使图书室真正走进了寻常百姓家中。三是“百姓影院”。“百姓影院”是依托于农村数字电影放映平台的文化服务形式。该活动由嘉定区电影公司负责片源和放映指导，每周在各村、居委活动室的放映室放映1-2次数字电影。实践中，“百姓影院”探索形成了群众“自主点单”的运作模式，利用文化广场、“百姓书社”等场所公布电影公告，根据百姓的观影参与率等整合百姓需求并选配影片，这样确保影片的题材和内容能符合基层群众的喜好。四是“百姓讲坛”。“百姓讲坛”是面向基层群众的公益性知识服务平台，以嘉定区图书馆的公益性知识讲座“嘉图百姓讲座”、嘉定人民广播电台讲述嘉定人文历史的专题节目“嘉定故事”及嘉定区的“百姓宣讲团”为代表。五是“百姓睦邻点”。“百姓睦邻点”是建立在百姓家里的文化交流场所，以满足百姓求乐、求趣的需求，引导居民重建和谐的邻里关系。六是“文化家园”。嘉定区为建成“新嘉定人家园”，以“园中园”的方式配套建设“文化家园”，专门设置活动场馆和文化设施，常年免费向外来务工人员开放。

上海嘉定区实践中创造的这种精细化、便捷化、均衡化的公共文化服务模式，为满足基层群众多样化的文化需求提供了有效路径，可资借鉴。“百姓系列”文化供给模式以创新资源整合为抓手，以统筹协调为推力，以长效机制为保障，增强了公共文化资源的均衡化配置，促进了公共文化服务的便捷化运作。一方面，促使公共文化“填鸭式”单向供给转变为“百姓点单”“合作联动”的上下结合的双向供给，盘活了市、区两级文化资源，实现了文化资源从“分散配置”向“整合利用”的转变，实现了文化服务从“我供你用”向“你需我送”的转变，实现了文化活动由“自娱自乐”向“示范带动”的转变。另一方面，坚持贴近群众、服务群众的宗旨，以实现群众文化权益、满足群众文化需求为导向，探索建立了“百姓系列”文化资源供给机制和公共文化活动，推动文化娱乐、思想宣传、文明创建、社区管理相结合，提升了群众自我教化、自我发展、邻里互助、合作共建的能力。

（三）霸州实践：公共文化建设助推“文化兴市”

霸州地处京津保三角中心地带，为河北省辖县级市。近年来，霸州坚持“文化兴市”理念，依托丰富的文化资源和深厚的文化底蕴，围绕“四乡一镇”① 文化品牌，全力打造京津冀都市圈的文化主题城市，霸州因此成为京津冀都市圈的文化圣地。在公共文化建设方面，霸州依托丰富的文化资源和深厚的文化底蕴，以政府为主导，充分动员广大群众和社会力量积极参与，持续加强公共文化服务体系建设，在制度设计、设施网络、资源供给、人才支持、经费保障、活动开展等方面全面推进，建立了公共文化服务体系的长效机制，探索出一条县级公共文化建设可持续发展的新路子。

多年来，霸州市历届政府都把文化建设作为“一把手”工程，从“九五”时期开始，文化建设均被明确纳入五年规划。“十一五”期间，专项规划了“农村、城市、历史、精品、社区、校园、体育、企业、网络、旅游”十大文化体系，以及“博物馆、文化馆、图书馆、益津书院、胜芳古镇、广电中心、体育中心、生态公园、历史文化公园、中华戏曲大观园”十大精品文化工程。② 坚守“十年造一城”的信念，加大财政资金保障，扎实推进主题文化城市建设。同时，加大乡村文化设施网络建设，建成乡镇综合文化站 15 个、农村书屋 350 个、信息资源共享工程网点 266 个，基本实现农村文化大院村村有、广播电视户户通，形成了覆盖城乡的文化设施网络体系。③

在文化建设中，霸州依托丰富的文化资源，大力弘扬优秀传统文化，推出了一系列享誉全国的文化品牌活动：一是以“文化艺术节”为平台，围绕“四乡一镇”建设目标，每两年举办一届主题鲜明的文化艺术节，展示霸州的文化内涵、文化魅力和文化特色；二是以开展品牌文化活动为载体，开展形式多样的民俗文化和丰富多彩的群众文化活动。“月月唱大戏”，每月 28 日邀请国家级名家、名团、名剧登台献艺，为戏迷朋友送去

① “四乡一镇”，即戏曲之乡、翰墨之乡、词赋之乡、温泉之乡和胜芳古镇。

② 徐杰惠，高景田．文化风景时时新［N］．廊坊日报，2010-12-21.

③ 杨杰．河北霸州挖掘特色资源坚持“文化兴市”［M］//于群、李国新．中国公共文化服务发展报告（2012）．北京：社会科学文献出版社，2012：147.

了欢声笑语。“周末小剧场”为戏曲票友展示才华提供了群众舞台。“天天办展览”依托益津书院，每天都有书画艺术展，满足群众高品位的文化欣赏需要；三是广泛开展非物质文化遗产普查和保护工作，保证霸州优秀文化遗产的保护和传承。在公共文化建设中，大力弘扬优秀传统文化、积极传承民间民俗文化，打造开放兼容的霸州文化，使其成为县域竞争中的核心要素和重要支撑。

霸州公共文化建设，促进了文化主题城市的建设，为地方经济发展增添了独特的文化吸引力，霸州发展呈现因文而兴的局面。霸州公共文化建设的持续推进，源于全社会高度的文化自觉，这是霸州文化建设绵延不断的动力之源。一方面，文化建设作为“一把手”工程，政府自觉承担促进文化发展责任，通过文化发展规划、文化政策扶持、社会力量参与等手段，持续推动文化建设步入常态化和规范化运行；另一方面，群众自觉承担文化传承和文化建设的责任，在政府的引导和扶植下，“彩色周末”“周末小剧场”“农民文艺大会”等群众文化活动形式多样，广大群众主动参与文化建设，文艺团体不断壮大。霸州在公共文化建设中，高度重视人才队伍建设和发展机制创新。通过吸纳、培养、发掘和激励，建立了一支高素质、有活力的文化人才队伍；确立了以“三级分包、三级联动”为特征的分包联动机制，以投资优惠、奖励扶持、“一事一议”为内容的政策落实机制，以及多元投入机制和绩效考核机制，使公共文化建设呈现队伍发展规范化、机制保障长效化的特点。霸州的成功实践，提升了文化民生指数，促进社会和谐稳定。可以说，全力打造“文化名城”，着力推进群众文化事业，助力建设文化旅游胜地，是霸州公共文化建设的基本经验。

（四）保山实践：“文化三民”促动基层文化建设

保山市位于云南省西部边陲，山川秀美、文化厚重，是人类最早的发祥地之一，史前文化遗存丰富。战国中前期形成哀牢古国，哀牢文化独具特色。保山历代都是滇西政治经济文化中心，哀牢文化、中原汉文化、边地民族文化、滇西抗战文化在保山大地交流碰撞，形成了极富特色的多元文化，是云南新兴的旅游胜地。近年来，保山从“四位一体”总体战略布局出发，确定了“走向南亚保山先行一步”的战略，树立新的文化发展观和文化价值观，推动实施了“保山十大文化工程”。① 作为农业大市②，保山注意文化建设与“三农”工作的紧密结合，创造出以大村为代表的“云南经验”，社会影响广泛。

近年来，保山树立“三创”③ 理念，着力构建“大文化”工作格局。在公共文化建设方面，围绕着“文化乐民、文化育民、文化富民”，科学规划、统筹资源，加强公共文化服务网络建设。一批标志性文化建筑，如保山三馆广场、昌宁县世纪广场、施甸县姚关镇乾元文化广场等已建成，这些广场把文化设施集中建在一起，形成规模，特色突出，被誉为“保山模式”。市、县（区）、乡（镇）、村四级文化设施网络基本建立，在城市集中规划建设图书馆、文化馆、博物馆等文化设施，在农村将乡镇综合文化站作为“四个工程”④ 来抓，全市 72 个乡镇综合文化站已基本建成，全市 913 个村建成 600 多个村级文化室和 913 个农家书屋。⑤ 此外，保山注意将文化遗产保护融入公共文化建设，注意发挥历史文化名城、非物质文化遗产在民族民间文化传承中的重要意义，实现了公共文化建设与文化遗产保护的良性互动。

围绕“三民”宗旨，将文化建设与服务“三农”相结合，大力开展全民文化活动和“文化惠民”活动。一是通过“文化乐民”服务农村，以“农民演艺协会”为抓手，深入开展“欢乐乡村大家乐”文化创建活动。通过对“农民演艺协会”的培训、引导和推动，农民业余文艺演出队的创作能力和演出水平得到提高。现有的 500 多支业余演出队伍常年开展“文化广场”“文化晒场”活动，成为新农村文化建设的主力军。二是通过“文化育民”服务农村，以文化信息共享工程为依托，建设市、县（区）、

① “保山十大文化工程”，是指以文化创先工程、机制创新工程、民族民间文化保护与弘扬工程、历史文化保护研究与开发利用工程、群众文化繁荣发展工程、文艺精品工程、文化产业发展工程、标志性文化设施建设工程、农村文化发展工程、文化人才培养工程。

② 保山集边疆、山区、民族杂居于一身，农业人口占全市人口（250 万）的 88.9%，是一个传统农业大市。

③ “三创”即文化在政治建设中创构价值、在经济建设中创造财富、在社会建设中创建和谐。

④ “四个工程”即将乡镇文化站作为乡镇精神文明建设的“窗口工程”、集镇建设的“亮点工程”、满足当地人民群众日益增长的文化生活需要的“民心工程”和文化经济一起抓的“示范工程”。

⑤ 以“文化乐民、文化育民、文化富民”为宗旨全力推动保山市公共文化服务体系建设工作［EB/OL］.［2012-8-31］人民网. http：//culture. people. com. cn/n/2012/0831/c348496-18889136. html.

乡镇、村（社区）四级联动的“农民文化素质教育网络培训学校”，通过“文产结合定向培训”、科技信息服务、实用技术培训、经营技能培训等多项活动，着力培育新型农民。三是通过“文化富民”服务农村，以文化惠民示范村建设为龙头，创立了“农村文化产业合作社”，着力推进特色文化产业、文化旅游服务业，形成了“公司+合作社+农户”的经营格局、“产、供、销”一体化的市场模式、“技能培训+骨干培养+品牌培育”的效能机制，推动了农民群众的增收致富。

保山拥有丰厚的历史文化资源，文物古迹与民俗文化构成了地域文化的基本形貌，形成了独有的文化模式。新时期，保山重视传承和创新地域文化，在文化惠民示范村建设过程中利用各地的文化资源，大力发展乡村特色文化产业，着力打造特色文化品牌，实现了文化与经济的联动发展。在公共文化建设中，率先提出“文化乐民、文化育民、文化富民”的发展思路，制定实施了《村级文化建设十条指导性标准》（简称“村十条”①），组织开展了“欢乐乡村大家乐”系列文化创建活动，努力实现“天天有歌舞”“月月有电影”“季季有比赛”“年年有演出”等发展目标。同时，推出了“大村模式”“江东村模式”“朝阳村模式”“龙泉村模式”“凤凰村模式”等一批文化惠民示范村建设模式。在创建国家公共文化服务体系示范区过程中，保山市重视制度设计、资源规划、项目推动，启动了6项事关文化建设、服务与管理的重要课题②，初步实现了公共文化的全方位、体系化创新，推动了保山公共文化的转型发展，公共文化事业持续发展，基层群众文化活动异彩纷呈。

① “村十条”即从村级文化建设的思路、队伍建设、村级综合文化室阵地建设、社会主义核心价值体系建设、广泛开展群众文化活动、搞好“农文网培学校”建设、发展乡村特色文化产业、搞好资金筹措与管理工作、搞好规范管理实现常态服务和持续发展、创建“文化惠民示范村”等10个方面对村级文化建设做出的明确规定。参见赵家华．云南保山制定“村十条”再度创新破解村级文化建设难题［N］．中国文化报，2013-4-29（5）。

② 六大课题即《关于市县、区相关部门统筹协作共建共用共管公共文化服务体系机制的构建》《关于公共文化服务项目社会办的制度建设》《基层文化馆的转型发展——文化馆“馆会结合”新体制的研究》《关于公共文化服务体系建设现代化动态统计评估管理网络的构建》《机关工作“四化”管理制度设计研究》《村级文化建设模式创新与示范推广——文化惠民示范村建设模式实践与推广》。以上6个课题设置直指制约保山公共文化发展繁荣的瓶颈问题，课题研究注重实践推进，在实践中总结，在实践中完善提高，理论与实践零距离结合。（保山市创建课题研究组．六大课题研究推动保山文化转型发展［N］．中国文化报，2013-04-29，第5版）

（五）宝鸡实践：公共文化服务助建“文化名城”

宝鸡，古称陈仓，位于关中平原西部，是全国卫生城市、国家环保模范城市、全国生态园林城市和全国精神文明创建先进城市。宝鸡历史悠久，文化积淀丰厚，文化特色浓郁，被誉为炎帝故里、佛骨圣地、周秦文化发祥地和民间工艺美术之乡。辖内陈仓区、岐山县、陇县、凤翔县为省级和国家级文化先进县；陈仓区假日文化广场被授予全国特色文化广场；千阳县南寨镇被授予中国民间刺绣之乡、凤翔县田家庄镇被授予中国民间艺术之乡。宝鸡在公共文化建设中，积极探索政府财力有限条件下公共文化发展的“西部模式”，努力形成独具特色的公共文化服务体系示范区创建模式。

近年来，宝鸡市公共文化事业发展迅速，特别是2011年成功入选全国首批国家公共文化服务体系示范区以来，宝鸡加大文化基础设施建设力度，逐步建立起覆盖城乡、结构合理、功能健全的公共文化服务设施体系。展现周秦文明的标志性建筑——宝鸡青铜器博物院和石鼓阁免费开放；以周礼文化主题公园为核心的特色文化旅游区建成；面向基层的公共文化设施——县区文化馆、博物馆、图书馆修缮改造；镇文化站（115个）、镇综合文体中心（3个）建成并配置了文化设备和道具；建成县、镇、村（社区）三级公共电子阅览室，基本实现了共享工程的全覆盖。①

为实施面向基层、面向农村的公共文化项目，各区县积极推动服务重心下移，组织开展“话剧月月演、秦腔周周唱、电影假日放”以及图书流动阅览、农村数字电影放映等活动；② 组织开展“文化六进”活动，采取政府购买服务方式，组织文艺演出队伍深入农村、社区、工地、企业、军营、学校进行专场演出；推动实现图书馆、博物馆、文化馆（站）零门槛、全时段、无障碍免费开放。③ 同时，文化主管部门以传统节日、重大庆典为契机，以广场为主阵地，以业余文艺演出团队为骨干，策划举办广场纳凉晚会、社区文艺汇演、秦腔大赛、歌咏比赛、广场舞大赛等品牌文

① 雍州．突出重点突破难点打造亮点——陕西省宝鸡市扎实推进国家公共文化服务体系示范区创建工作［N］．中国文化报，2013-04-15（5）．

② 李晓林．宝鸡脚踏实地追逐文化梦想［N］．中国文化报，2013-04-15（5）．

③ 雍州．突出重点突破难点打造亮点——陕西省宝鸡市扎实推进国家公共文化服务体系示范区创建工作［N］．中国文化报，2013-04-15（5）．

化活动。① 在群众文化建设中，政府积极发挥文化遗产在传承文化血脉、丰富群众文化生活中的作用。每周末在宝鸡西凤剧场的秦腔演出几乎场场座无虚席；作为国家级非物质文化遗产项目的民间社火更是闻名遐迩，社火艺术团多次代表陕西省出访演出，成为宝鸡最有代表性的文化名片之一。

宝鸡具有多样性的文化资源和历史积淀，围绕着“打造历史文化名城，实现文化影响力走在西部前列”的目标，充分利用当地丰富的历史人文资源，建成了具有一些标志性文化建筑和文化主题公园，开展了丰富多彩的群众性文化活动。自觉将优秀传统文化传承、非物质文化遗产保护和群众文化生活改善融为一体，实现了协同发展。凤翔泥塑、凤翔木版年画、宝鸡社火、西秦刺绣等一批民间艺术项目得到开发利用，成为百姓文化生活、地域文化展示的重要方面，有力地带动了基层文化活动的开展。在服务基层和文化惠民方面，积极推动将文化服务的重心、文化资源的配置下移到基层，以“两馆一站一场一室一队”建设为基础，以文艺骨干培训和文化惠民演出为抓手，形成市县乡村四级文化网络的设施建设和器材配备，形成公共文化服务网络高标准、广覆盖的格局；持续开展形式多样的文化惠民工程，创造出“话剧月月演”“秦腔周周唱”“电影假日放”等社区文化品牌，以及“周末广场文化活动”“夏日广场纳凉晚会”“宝鸡激情广场”等特色文化广场活动，突出了地域特色，形成西部亮点。

（六）金昌实践：示范区创建助力公共文化建设

金昌地处中国西部、古丝绸之路河西走廊中段，因盛产镍而闻名于世，被誉为“祖国的镍都”。金昌市辖一县一区（永昌县、金川区），有12个乡镇、138个行政村、34个街道社区，总人口近50万，是甘肃省循环经济示范城市和城乡一体化建设试点市。金昌历史悠久，文化璀璨，遗产丰富，是古丝绸之路的重要节点城市。马家窑文化、沙井文化、红色文化、宗教文化影响深远，形成了镍钴工业文化、循环经济文化、红色文化、骊靬文化“四大文化名片”。近年来，金昌以建设华夏文明传承创新区为契机，以创建国家公共文化服务体系示范区为平台，突出“文化兴市、创建惠民”主题，围绕“设施广覆盖、服务无差别、机制保长效、活

① 李晓林．宝鸡脚踏实地追逐文化梦想［N］．中国文化报，2013-04-15（5）．

动成品牌、百姓得实惠”的目标，切实推进城乡公共文化服务体系建设。

2011年以来，金昌围绕公共文化服务体系示范区创建，加强组织领导、加大资金投入、健全制度体系，加大文化惠民工程建设，建立覆盖城乡公共文化“四级”网络。在城市文化核心区，新建起金昌大剧院、博物馆、图书馆、传媒中心、永昌县文化中心、金川区“三馆”等标志性文化建筑；在城市基层和农村地区，建成乡镇综合文化站、社区文化中心、文化广场、文化大院、文化活动室等文化惠民设施，实现了市、县（区）、乡（镇）、村（社区）四级公共文化服务体系全覆盖。以农村文化惠民工作为重点，开展“广播电视户户通”工程，全市农村由“村村通”向“户户通”转化；推进文化信息资源共享工程，建有基层服务点150个；开展文化下乡“五送”工程，送戏剧、送电影、送培训、送讲座、送展览到基层，使文化娱乐与文化富民结合起来。通过资金补贴、以奖代补等方式，建立流动图书站11个，流动书画展览馆15个，流动舞台138个，引导文化机构开展流动图书阅览、流动书画展览、书画进万家、农村电影放映工程等文化下乡活动。在此过程中，扶持组建农民自乐班176个，涌现出永昌县骊靬戏曲社、城关镇戏曲协会、河西堡镇鑫星演出队、朱王堡镇头沟村文艺队等一批典型。

在创建国家公共文化服务体系示范区过程中，金昌市立足西部、瞄准东部，以“文化兴市、创建惠民”为目标，以“城乡均等、区域均等、身份均等”为核心，切实加强组织领导，完善工作机制，实现了组织机构全覆盖、创建任务全覆盖、舆论宣传全覆盖；制定出台促进公共文化服务体系建设的政策性文件40个，创新开展“公共文化服务企业参与机制”“镍都文化使者队伍建设”等制度设计课题，形成了促进公共文化建设的政策体系和长效机制。在公共文化建设中，致力于文化惠民，深化城乡统筹、地企共建的创建模式；改革公益性文化设施运行模式，全面推行免费开放；探索按需送文的供给机制，引导文化下乡深入基层；以“志愿服务社会，文化感动生活”为主题，引导群众走进文化生活，成为群众文化的主角；实施群众文化辅导员进村（社区）包片辅导制度，扶持组建农民业余文化社团。经过短短几年时间，金昌公共文化建设形成了“七个特色品牌”，即企业参与服务品牌、流动文化服务品牌、地域特色文化品牌、社区文体活动圈品牌、业余文艺团队品牌、镍都文化使者品牌、高层论坛品牌。

二、地方公共文化建设的经验归纳

（一）文化公平：公共文化建设的价值目标

文化权利是人权的一部分，文化权利的核心价值在于公平性。当代公共文化服务的发展，就是要实现公民平等的文化权利。公共文化价值取向的公益性、服务对象的公众性、资源配置的公有性等特点，决定了社会公平是其内在的价值要求。具体到公共文化建设实践，就是要实现公共文化服务的均等化。这种均等化意味着公民文化权利的充分实现、公共文化资源的均衡分布、公共文化供给的均等发展。在服务基层和文化惠民方面，金昌以“文化兴市、创建惠民”为目标，以“城乡均等、区域均等、身份均等”为核心，加大文化惠民工程建设，建立覆盖城乡的公共文化设施四级网络；开展文化惠民活动，拓宽免费服务领域，促进公共文化服务的均等供给。上海嘉定区注意维护外来务工人员的文化权益，除了建成“新嘉定人家园”廉租给外来务工人员居住外，还以“园中园”的方式配套建设“文化家园”，常年免费向外来务工人员开放。这些举措，其目的都是要通过公共文化服务，促进公民平等的文化权利的实现。

（二）政府主导：公共文化建设的行动指向

公共文化产品的非排他性、非竞争性和外部性等特征，决定了政府始终是公共文化建设的重要主体，是基层公共文化发展的主导者，发挥着政策供给、制度创新和资金提供等作用。霸州市政府始终将文化建设作为“一把手”工程，从“九五”时期开始，文化建设均被明确纳入五年规划。“十一五”期间还专项规划了十大文化体系①和十大精品文化工程。② 坚守“十年造一城”的信念，扎实推进主题文化城市建设。深圳“图书馆之城”建设之路，就是由政府主导文化发展的战略规划、政策配套和资金保障，持续加大文化惠民力度，探索创新公共文化服务的理念、内容、方式和机

---

① 十大文化体系即“农村、城市、历史、精品、社区、校园、体育、企业、网络、旅游”等文化体系。

② 十大精品文化工程即“博物馆、文化馆、图书馆、益津书院、胜芳古镇、广电中心、体育中心、生态公园、历史文化公园、中华戏曲大观园”等文化工程。

制。当然，强调政府是公共文化发展的主导者，并不意味着政府要采取计划体制下指令型的文化建设模式，而是表明政府应该及时确立“文化治理”的意识，适时引入市场运作机制和社会参与机制，实现政府主导、市场运作、全民参与的协同。在公共文化建设中，嘉定区重新定位政府、文化机构、民众三者间的关系，促进了政府文化行政模式的转变，使政府由服务的供给者、管理者、监督者转变为服务的规划者、组织者、促进者，带动了政群关系、党群关系的良性互动。

（三）乡土资源：公共文化建设的基础条件

乡土文化资源是历史沉淀至今的宝贵财富，是生长于民间社会、甚至田间地头的文化形式，是当地人最喜欢、最熟悉的艺术形式，有些甚至已经成为一种生活样式。新农村公共文化建设，要有意保留村庄的文化样貌，注意挖掘和利用乡土文化资源，防止百村一面、千村一景。宝鸡历史悠久，文化资源丰厚，围绕着“打造历史文化名城，实现文化影响力走在西部前列”的目标，宝鸡市充分利用当地丰富的历史人文资源，建成了一些标志性文化建筑和文化主题公园，开展了丰富多彩的群众性文化活动，自觉将优秀传统文化传承、非物质文化遗产保护和群众文化生活改善融为一体，实现了协同发展。保山以丰厚的历史文化资源，文物古迹与民俗文化构成了地域文化的基本形貌，形成了独有的文化模式。新时期，保山重视传承和创新地域文化，在文化惠民示范村建设中利用特色文化资源积极拓展公共文化产品供给空间，着力打造特色文化品牌，实现了文化—经济的联动发展，并形成了“大村模式”“朝阳村模式”“龙泉村模式”“凤凰村模式”等文化惠民示范村建设模式。此外，民间文艺团体在弘扬民间文化形式、传承乡土文化生活等方面有得天独厚的优势，应该发挥作为公共文化建设的参与者、公共文化服务的提供者、乡土文化艺术的传承者的积极作用。

（四）运行机制：公共文化建设的创新动力

我国“城乡二元结构”，投射在公益性文化事业领域，突出地表现为城乡文化发展的差距。构建覆盖全社会的公共文化服务体系，最终目标就是实现公共文化的城乡一体，逐步消除城乡二元体制导致的城乡文化差距和知识鸿沟。目前，加快城乡一体化发展的首要任务是增加农村文化资源和服务总量。为此，各地在公共文化建设实践中，普遍致力于“扩大范围、消除盲点”，通过文化惠民工程和公益性文化活动，实现增量文化资源适当向乡村倾斜。为保障农村群众的基本文化权益，重庆市策划组织了“渝州大舞台”城乡文化互动工程，促进了城乡文化的共建共享。山东寿光坚持文化均衡、互动共享原则，实现城乡文化设施的均衡布局、城乡文化资源的共享配置、城乡文化服务的交流互动，举办的“和谐四季”系列群众文化活动，让更多的城乡联办节目走上了舞台，让城乡居民思想和文化交融互动。江苏吴江更是创造了“区域文化联动”机制，实现了联动区域内文化资源的整合和共享，提高了农村基层文化活动的水平和层次。区域文化联动，开启了地方文化建设的创新思维，创造出区域文化交流互动、共建共享、协同发展的新模式。

第二节　公共文化服务的实践创新

坚持文化秩序建构的社会主义方向，全面推进具有全民性和健康文化价值导向性的公共文化建设是社会主义文化建设的重要方面。各地在公共文化建设中，因地制宜、积极探索，拓展了公共文化服务的领域和范围，形成了与时俱进的服务内容和服务形式。

一、公共文化服务内容创新

现代社会，多元文化的共生和多层次文化消费是市场经济和人类文明发展的结果。文化传播方式的透明、快捷和开放，改变着人们传统的文化依赖，公共文化必须创造富有新意的题材，被大众主动接受、认同，真正体现文化的人本价值。各地在公共文化建设中，积极创新公共文化的表现形式，形成与传统文化相衔接、与时代要求相适应的内容体系，从而在鼓舞人心、陶冶情操、提升素质等多个层面促进人的全面发展。

（一）紧扣时代特征

时代在变，观念在变，公众的精神文化需求也随之发生变化。公共文化服务具有全民性和健康文化价值的导向性，只有与时俱进，不断丰富文化内容、改进服务形式，才能将原本“无序、模糊”的服务内容变得“有序、具体”，将传统文化与时代精神结合起来，实现公共文化内容与形式的创新。各地在公共文化建设中，深入挖掘乡土文化魅力，依托现代传播技术，致力于促进文化艺术的创新发展，力求创造出一批弘扬主旋律、体现时代特征的公共文化形式。

浙江衢州市非物质文化遗产大型展示会将现代创意与传统文化完美结合，在一场传统文化盛宴里引入了诸多时代理念，赋予传统文化更强的生命力。展厅采取“鹦鹉螺”的造型布置，取其螺旋造型和活化石的深刻寓意，同时避免了传统展示的视觉乏味和一般文化展示的枯燥印象，给观展者一个崭新的视角。展示方式没有局限于一般的图文展示，而是引入现场互动，采取了动静相结合的展示方式，将文化底蕴深厚的制作技艺立体地呈现给观众。这样的互动方式彻底打破了一般展示会的静态模式，以最直接、最生动的方式让人们产生切实感受。在展示会中，标注有衢州六个县（区）的非遗代表项目“非遗魔方”和以红黄绿三种颜色绘制严谨的非遗项目分布图成为展示会的亮点。展示会充分利用衢州丰富的非物质文化遗产资源和抢救保护成果，营造了良好的非物质文化遗产保护氛围。

东阳秉承“公益文化惠民，传统文化育人”的宗旨，以茶座为平台，打造一处以传统文化为主要内容，融休闲娱乐、报刊阅读、学习教育、交流沟通、非遗传承为一体的，面向普通百姓的公益性室内文化场所，将清代古建筑“一经堂”改造成为“百姓文化茶坊”。“百姓文化茶坊”充分利用“一经堂”古建筑的原结构，开辟了“艺苑茶坊”和“雅趣茶坊”。利用“一经堂”第一进主厅设置一处表演小舞台，供道情、花鼓、说书等曲艺表演；利用“一经堂”第二进厅堂厢房 21 间，分别设立图书馆、报刊阅览室、书画创作交流室、象棋室等场所，供品茗阅读、研究、对弈等修身养性之用。“百姓文化茶坊”有别于商业运作茶坊，其创新在于在群众文化活动中，注入传统优秀文化与民族民间艺术，同时吸纳一些曲艺表演形式，附之以报刊、阅览、棋艺竞技等现代文化项目，实现了传统文化与现代娱乐的结合、休闲生活与文化享受的融合。

（二）深化文化内涵

公共文化作为文化的特殊范畴，蕴藏着社会文化秩序建构的使命。公共文化建设，不是单纯的提供公共文化场馆、开展群众性文化活动，它蕴含着更高层次的文化诉求，即培育公共精神、参与意识、群体观念和集体行动。

在公共文化建设中，杭州上城区成立了群众文化规范组织——上城区文艺团队联合会，团结了346支业余文艺团队、9800多名文艺爱好者。在区文化馆的业务辅导下，联合会成员通过文化艺术聚集在一起，在充满乐趣的文艺创作中，身心得到愉悦，自身得到提高。种类繁多、动静结合的文艺项目涵盖了群众文化的方方面面，成为综合多元的复合体，是草根文化的拓展与提升。提升基层群众文化爱好和素养是保障公民文化权益的重要方面。舟山定海区推出的“百姓课堂”群众文化公益培训，依托“文化志愿者”平台，综合运用文化馆业务骨干和文化志愿者的力量，突出群众的主体性地位和公共文化的公益性特点，采取全免费、全自愿、全方位的方式，为群众提供文化艺术培训辅导，形成文化馆“定点课堂”与基层“移动课堂”相结合的“百姓课堂”群众文化公益培训模式，无偿为群众提供文化普及培训和专业提升培训。甘肃金昌致力于提升基层民众的文化参与意识和能力，在推动“五馆一站”全部免费开放的同时，积极开展文化艺术辅导、公益性展览展示、科普教育、辅导讲座、业务培训等活动；组织和动员广大文艺工作者，创作出《月夜行路》《荒年》《骊靬书》等特色文化精品，在戏剧、舞蹈、音乐、小戏小曲等方面形成一批具有较高艺术水准的优秀作品。

近年来，各地在公共文化建设实践中，破除“泛意识形态化”的文化工作思维，力求在弘扬主旋律、倡导公共性、传承民族性之间达成平衡，注重挖掘公共文化的丰富内涵，着力提升公共文化的社会意义。甘肃金昌结合华夏文明传承创新区建设，收集整理地方文献40余种共1100多册，收集非物质文化遗产线索726条，抢救性发掘民间艺术项目13个，公布非物质文化遗产保护名录32项，切实加强对马家窑文化、沙井文化、骊文化、小戏小曲、节子舞、念卷等非物质文化遗产的保护与传承。与此同时，积极促进文化与旅游的深度融合，打造出金川峡、骊古城、河沟风景区、巴丹吉林沙漠等精品旅游线路；组织举办了中国·金昌首届骊文化国际旅游节、民俗文化作品展等多项特色节会。浙江安吉县2008年启动了中国美丽乡村建设，36座散落在青山绿水之间的民间艺术馆将整个县域打造成了一座没有围墙的“大博物馆”。这些展示馆“一村一品”，立足于当地的自然和文化遗存，普通游客可以看到各个时代的农耕用具、生活用具、文化用品、民间工艺品及反映民俗、民风的大量传统的、原始的、古朴的实物，还可亲自体验并品尝自己的劳动成果。

（三）提升文化惠民

公共文化建设的出发点与落脚点是丰富公众的精神文化生活，提高公共文化服务的覆盖面和普惠面。就公民文化权利的实现而言，公共文化建设是全体社会成员，尤其是农村地区的居民、欠发达地区的居民和社会弱势群体的基本文化权利切实保障和均等实现的重要途径。公共文化建设应当以文化民生为重点，促进实现权利平等、机会公开、资源均等，尤其是要注重公共文化资源向农村和基层倾斜，提高公共文化服务的覆盖面和惠及面。

宁波市鄞州区针对镇级文化事业在辐射带动村级文化事业方面力不从心，致使农村公共文化服务体系出现断层的问题，于 2007 年实施“公共文化明珠镇创建工程”，在全区各镇乡（街道）扎实开展以构建镇级文化组织网络体系、阵地设施体系、文化活动体系、辅导培训体系和考核评估体系为主要内容的五大公共文化服务体系建设，使镇级公共文化与经济社会的发展、与广大人民群众日益增长的文化需求相适应，使全区基层公共文化建设形成以镇级“明珠工程”为中心，辐射和带动村级“星光工程”格局，全面构筑“十五分钟文化圈”，达到“人人参与文化，人人享受文化”的目标。湖州市针对基层群众文化生活相对贫乏的现实，组织开展了“文化走亲”活动。“文化走亲”是由各县区（乡镇）自行组织一台综合性文艺节目，开展村际、镇际、县际等文化交流活动，形成多层次、多类别、多样化的基层文化活动新格局。通过“选亲、招亲、结亲、留亲”等“文化走亲”活动，激发了乡镇、部门、单位和群众参与文化生活的积极性，打造出开放式活动平台，促进了城乡文化互动。

河北邯郸开展的“欢乐乡村”群众文化活动，紧紧围绕基层群众最关心、最直接、最现实的文化需求，不断丰富基层公共文化服务的内容，持续提高公共文化建设的惠及面。“欢乐乡村”农村文化工程，根据农村实际和农民需要，精心策划了十项活动，即“布谷之声”农民歌手大赛、“说唱脸谱”农民合唱大赛、“乡音乡情”农民器乐大赛、“欢快的舞步”农民秧歌舞大赛、“品味幸福”民俗绝活儿展示、“情趣乡村”农民小品曲艺比赛、“魅力新家园”农民摄影作品展、“多彩的生活”农民书画剪纸比赛、“魅力家乡”农民舞龙舞狮大赛。“欢乐乡村”农村文化工程，激活了设施、人才、产品等文化资源，使文化工作的重心向基层下移，以农村为重点，发挥文化广场、乡镇综合文化站、村民活动中心等公共文化场所的作用，广泛组织开展了群众歌咏、民间花会、广场文化、村镇联欢和文化交流、“彩色周末”、“假日文化工程”、广场电影文化节等一系列文化活动，群众文化活动丰富多彩，好戏连台。以十项活动为平台，每项活动推出百名优秀人才，打造千支队伍，使百万群众参与活动，形成了“人人都关注、村村传歌声、周周有比赛、月月有活动”的生动局面。

在公共文化服务内容创新方面，各地紧跟社会主义先进文化方向，在文化服务和文艺创作上不断提出新思路，构建新理念；在作品的主题、内容、形式、传播方式等方面凸显时代性，通过内容与形式的创新，力求满足群众文化需求，提升群众文化品位；在文化发展的取向上，坚持娱乐性与教育性、主导性与草根性的结合，重点关注优秀传统文化、群众性文化与时代先进文化的有效联结，致力于将积极向上的舆论导向和健康文明的生活方式带入基层，满足人民大众的文化需求，使群众在欢声笑语中接受社会公德和乡土文化教育，发挥公共文化“润物无声”的功能，改善基层社会文化生态。

二、公共文化服务形式创新

（一）“志愿服务”的发展

随着群众文化事业不断发展，基层文化需求和审美品位呈现高层次、多样化趋势。公共文化服务需要一种新的发展模式，文化志愿者这一强化人力保障、扩大服务范畴的公共文化服务模式应运而生。作为公共文化机构的博物馆、图书馆、美术馆、文化馆（站）等聚集了为数众多的志愿者，随着志愿活动的推进，志愿者队伍不断壮大，志愿服务也随之扩大，不仅服务于这些机构、单位正常的场馆阵地活动，还积极拓展场馆之外的群众文化活动，诸如推广各种广场文化活动、全民图书节活动、文化展演活动等，为农村培训了基层文体骨干。如舟山市白泉镇的基层文化俱乐部，整合了村办公楼、村老年活动中心、农家书屋、白泉影院、村远程电教点和文化信息资源共享工程服务店等多种功能，最大限度地发挥了基层文化俱乐部的志愿服务功能。三门县推出的“文化特派员”，通过“驻点驻村”，发挥着发掘民间艺人、培养文体骨干、组建文艺社团的重要作用。各地的文化志愿服务，借助春节、端午、中秋等传统节日，举办了形式多样的民俗活动和节庆活动，塑造着农村群众的价值信念和行为规范；依托文化志愿服务开展的各类辅导培训，提升了农民群众认识美、追求美、创造美的能力，从根本上激发农民对文化的热情和创新意识。

（二）“多元服务”的普及

近年来，公共文化服务逐渐从单项服务向多元服务发展，通过供需的统筹规划，以区域性、多样性、多层次错位服务拓展创新空间容量，根据群众需求实行“点单式”服务，为政府意愿与基层参与的无缝对接提供了实践范本。浙江平阳县组织开展的“文化走亲”活动，以公共文化机构和社会文艺团体为主体，通过文艺演出、展览、讲座、论坛、赛事等形式，采取“走出去，请进来”“村社结对”等方式，建立了村际、镇际、县际等文化交流互动机制，形成了多层次、多类别、多样化的基层文化活动新格局。云南保山将文化建设与服务“三农”相结合，形成了“三民”文化服务模式。一是通过“文化乐民”服务农村，满足农村群众“求乐”的文化需求，并成为倡导文明风尚、抵制落后文化、建设和谐农村的主力军。二是通过“文化育民”服务农村，以文化信息共享工程为依托，建设市县乡村四级联动的农民文化素质教育网络培训学校，满足农民群众“求知”的文化需求。三是通过“文化富民”服务农村，以文化惠民示范村建设为龙头，大力发展乡村特色文化产业。保山在全国首创成立了“农村文化产业合作社”，通过“技能培训+骨干培养+品牌培育”的效能机制，整体推动乡村特色文化产业发展，满足农民群众“求富”的文化需求。各地在公共文化建设中，注重挖掘和整合乡土文化资源，关注农村群众多元化的文化诉求，创造出“欢乐乡村”“乡村舞台”“农民演艺网”“文化乐园”等形式多样的文化活动，满足了群众多样化的文化需求、提升了公共文化活动的层次。

（三）“数字服务”的推广

受服务内容和技术手段的影响，传统的公共文化服务多以个人和团队为实体单位开展，运作体系相对封闭。随着计算机技术、网络技术、数字技术的推广应用，各地在公共文化建设中，依托新兴媒体对优秀文化进行数字化处理、网络化传播，构建起多维立体化的交流网络，有效提升了公共文化服务的效能。公共文化服务的信息化，主要体现在公共文化服务平台网络化和公共文化资源的数字化两个方面。在公共文化服务平台网络化方面，各地依托公益性文化服务机构，推进文化传播手段的创新，积极开展“网络图书馆”“网络文化馆”“网络博物馆”“网络剧场”等建设。杭州市更是创造性地构建了“群众文化服务网”，将市文化馆和13个县区文化馆网络集成于一起，打造了全市统一的群众文化网络服务平台。在文化资源数字化方面，“文化共享工程”依托各级图书馆、文化馆等公共文化设施，以互联网、卫星网、广播电视网、无线通信网等为传播载体，广泛整合图书馆、博物馆、美术馆、艺术院团及广电、教育、科技、农业等部门的数字资源，建立起国家、省、市、县（区）、乡镇（街道）、村（社区）六级信息服务网络，实现从城市到农村服务网络的全覆盖，实现全国范围内文化资源的共建共享。在公共文化资源数字化中，浙江省自建了一批包括地方戏曲、家谱、民俗文化、历史人物、新农村建设等方面内容的地方特色数据库，这些资源通过浙江网络图书馆平台，全省各级公共电子阅览室均可使用。信息技术催生了新的文化空间，以计算机为主体的现代通信设备成为新的智能化工具，信息资源的采集、加工和传播成为信息化的主要内容①，以服务为中心组成的共享服务网络将现实环境下因职能分工和空间分隔造成的分散化信息资源“并联”起来，成为公共文化服务的重要载体。可以说，信息化公共文化服务空间是一种用信息技术营造的网络世界和数字平台，与实体性公共文化服务共同构成一个完整的服务体系。

（四）“品牌服务”的培育

文化品牌的塑造和培育，既是避免公共文化建设“千村一面”的客观要求，也是“因地制宜”推进公共文化建设的实践创新。通过打造服务品牌来创新公共文化服务途径，不仅需要品牌自身有理论、有组织、有实践、有创新，还必须依托规划意识和精品意识的支持。浙江从统筹各类文

① 甘中达．信息化与工业化融合的理论与道路选择［M］．北京：电子工业出版社，2009：28.

化资源入手，重点关注本地区优秀传统文化、基层群众的文化需求、现实的生活实践和群众自身创造等环节展现出的闪光点，主打少数文化品牌，形成了诸多特色品牌，如“唱响文明赞歌”文化关爱活动、宁波“群星展览”、湖州“文化走亲”、东阳“百姓文化茶坊”、庆元县“月山春晚”、新昌县“星期三”文化下乡等。嘉兴市南湖区利用当地良好的群众性歌咏活动基础，于2003年确立打造“歌城”品牌的目标，力求传承与发展结合、普及与提高并驱，连年举办了“南湖合唱节”。经过多年的培育，合唱节成为嘉兴南湖的文化品牌，形成了“无处不飞歌”的独特风景。定海“唱响定海·全民K歌赛”，引爆了一场草根音乐秀，在人、财、物等资源相对稳定的情况下，打造了弘扬草根文化的一道盛宴，扩大了品牌的辐射带动效应。河北邯郸着力打造“欢乐乡村”群众文化活动，坚持价值引导，致力建设农民精神家园，依托精心策划的十项活动，形成了体系化的群众文化活动。所有的活动均以“欢乐乡村”为名，全市上下同塑一张名片，每项活动都有媒体跟踪报道，大大提高了活动的影响力和感召力，“欢乐乡村”已成为群众文化活动的知名品牌。“秦地自古多奇迹”，渭南丰厚的历史文化积淀，滋养着公共文化事业的发展。作为全国著名“戏窝子”，渭南围绕“政府扶持、企业联姻、院团服务、百姓受惠”的思路，创造出“周末一元剧场”服务模式，在全市各县区展开公益会演，极大丰富了农村群众的文化生活。2010年9月，渭南创办的“周末一元剧场”经国家工商总局批准，成功获得注册商标，成为知名文化品牌。安徽旌德县为繁荣本土文艺节目的创作和演出，丰富群众精神文化生活，启动开展“梓山大舞台”系列文艺活动，着力打造地域特色文化品牌。在公共文化建设中，湖北各地相继推出文化旅游主打品牌，“一县一品”显荆楚神韵。来凤县充分挖掘丰富的民族文化资源，创造出“摆手舞”等富有地域特色的广场文化形式和民族文化名片，开展了杨梅古寨景区开寨、百福司古镇开游等活动，塑造出一系列民族文化品牌。

第六章　公共文化治理的逻辑理路

第一节　公共文化治理的战略面向

公共文化治理是新时代我国公共文化发展的“推手”，也是对公共文化建设的现代化“升级”。公共文化治理，应聚焦国家文化主权、公民文化权利、社会公正和谐等议题，面向文化自觉、文化生态、文化认同的实践指向，勾勒公共文化发展的战略愿景和行动方略。

一、文化自觉的战略面向

（一）文化自觉的理论意涵

文化自觉，是相对于文化自发而言的，是“认识主体基于对哺育着他成长的那种文化的认识而觉悟、觉醒，并且表现为维护和发展这种文化的自觉实践”。[①]“文化自觉”概念在中国的提出，有着特殊的时代背景和深刻的历史渊源。就时代背景而言，随着我国现代化建设的深入发展，国家文化建设的重要性和紧迫性日益显现，它不仅关系到国民的文化生活和精神素养，而且也关系到国家的文化秩序和文化安全。就历史渊源来看，中国传统文化自五四运动以来遭到无情地批判，由此国人逐渐形成对传统文化价值的曲解，以至于传统文化在现代文化繁荣发展和交流传播中失去了应有地位。文化自觉的概念正是在对这种“妄自菲薄”的论调和意识理性反思中形成的。

---

① 张月泉．关于文化自觉与建设社会主义文化强国的若干思考［J］．桂海论丛，2012（2）．

“文化自觉”概念一经提出，便引起了社会各界的关注和反思。2002年12月，祖国大陆与台湾暨香港、澳门及海外百余名学者汇聚中国香港，共同探讨“文化自觉与社会发展”问题。与会学者就“文化自觉”的理论内涵展开多维度论述，并就全球化时代文化自觉政策议题作出展望。时隔10年后，《北京日报》刊载了冯骥才、周文彰、李宗桂、宋圭武等学者对“文化自觉”的议论。冯骥才认为，“文化的自觉就是要清醒地认识到文化和文明于人类的意义必不可少。反过来讲，如果人类一旦失去文化的自觉，便会陷入迷茫、杂乱无序、良莠不分、失去自我，甚至重返愚蛮。”① 李宗桂认为，“文化自觉是指对本民族文化的起源、形成、演变、特质和发展趋势的理性把握”；文化自觉，也意味着文化发展应“具有世界眼光，能够理解其他民族的文化，增强与不同文化之间接触、对话、相处的能力”。②

文化自觉语义的复杂性赋予其丰富的内涵。研究视角和关注点的不同，往往会形成不尽相同的见解。就文化自觉的意蕴，比较有代表性的观点有认识论、价值论和本体论。③ 从认识论意义来看，文化自觉是人作为认识主体借助于一定的思维和方法而达到对文化（认识客体）的一种认知性把握，它表现为对文化变迁和文化发展的本质及规律的科学认识。从价值论意义来看，文化自觉是人的一种价值建构和价值追求，具体表现为人们在文化价值选择和建构过程中的一种价值取向。从本体论意义上，文化自觉通常被看作是人的自觉、是对人所从事的社会实践的自觉。从本质上来说，文化自觉是人类在生存和发展过程中，对人及其文化存在状态、现实使命、未来走向的自觉。文化自觉不仅是一种对文化认知上的意识觉醒，还应当是文化实践上的责任担当。中共十七届六中全会立足国家发展的战略高度和科学发展的全局事业，对文化的地位和作用做了全面、深刻的论述，对文化发展规律有了更加科学、准确的把握，对承担文化发展的历史责任有了更加明确和清晰的认识。

① 什么是“文化自觉”，怎样做到“文化自觉”——学者四人谈［N］. 北京日报，2011-11-14.

② 什么是“文化自觉”，怎样做到“文化自觉”——学者四人谈［N］. 北京日报，2011-11-14.

③ 张冉．文化自觉论［D］. 华中科技大学，2010：43-45.

（二）文化自觉的战略意识

文化发展对一个国家、民族的发展有着根本性和决定性的作用，文化的力量深深地熔铸在民族的生命力、凝聚力和创造力之中。托夫勒在《第三次浪潮》中指出，“如果在道德、美学、政治、环境等方面日趋堕落的社会，则不能认为是一个进步的社会。”① 托夫勒的论断表明，文化是一个社会文明开化的基本标尺，是一个国家繁荣富强的动力源泉。中华人民共和国成立之初，出于巩固新生人民政权的需要，确立了意识形态为中心的文化发展道路，社会文化生活围绕着社会主义共同理想和政治信仰展开，社会文化生活呈现出单一性和同质化。改革开放以来，国家确立了以经济建设为中心的发展道路，形成了两个文明一起抓、“两手都要硬”的战略思维；嵌入其中的文化政策开始由意识形态的维护工具逐渐转向对文化事业发展的规范调控、对大众日常文化生活的价值引导，对社会文化生态的合理调节。

21 世纪以来，文化自觉有了新的时代背景和实践内涵。中共十七届六中全会第一次把建设社会主义文化强国作为国家发展的重要战略目标，对我国文化建设提出了新的要求，描绘了宏伟蓝图。党和国家以更加全面的视角审视文化发展问题，除了意识形态安全、文化主权维护外，公民文化权利、公共文化需求、文化生态平衡等成为文化发展战略的重要关切。为此，党和国家提出要深入贯彻科学发展观，以建设社会主义核心价值体系为主导，努力建设社会主义文化强国，不断提升国家文化软实力，自觉弘扬民族优秀传统文化，为人民群众提供更好更多的精神食粮；提出要把推动全面协调发展，持续增强人民的精神力量，为深化改革开放、推动科学发展、促进社会和谐提供持续的精神动力和良好文化条件。

（三）文化自觉的责任担当

文化是在长期的延绵不断的建设中发展进步的。人民是文化发展的建设者、创造者和传承者，一个国家、一个民族的文化，都是人民大众在长期的社会实践中积淀而形成的。社会主义文化建设，必须承认人民群众在

① ［美］阿尔温·托夫勒．第三次浪潮［M］．朱志焱译，北京：生活·读书·新知三联书店 1983：36.

文化建设中的“创造主体”“享有主体”和“表现主体”地位①，这是推动文化建设的根本前提。

一个健康的文化主体必然能自知其所创造文化的基本走向和价值所在，从而目标明确、思路清晰、自觉自为地进行文化创造和文化实践。当前在人民群众文化自觉意识尚未完全觉悟的情况下，强调党和国家对人民群众文化创造活动“定向干预”和“目标引领”是必要的，也是必需的。国家在社会主义文化建设上所制定和坚持的“双百”“二为”“三贴近”等方针政策，对巩固人民群众的文化主体地位、预防人民群众文化劳动的异化具有现实的指导意义。坚持人民群众的文化主体地位，要始终恪守“任何高品位的文化艺术作品其实都源自人民群众鲜活的现实生活”的信念，保持积极开放、虚心融合的文化吸收心态，实现在文化表现上的主体性、开放性、兼容性和批判性的统一。② 在尊重人民群众主体地位的同时，应注意发挥文艺工作者的引领和指导作用。实际上，人民群众文化主体地位的实现，一方面来自国家有关文化建设上的大政方针要求；另一方面也依靠文化战线上广大文艺工作者和人民艺术家深入并根植于人民群众文化创造生活之中，真心实意地对人民群众的文化创造活动给予悉心的指导和诚挚的关怀。

二、文化生态的战略面向

（一）文化生态概念的语境

文化生态学（cultural ecology）是一门将生态学的方法运用于文化学研究的新兴交叉学科。1955 年，美国人类学家斯图尔德发表《文化变迁的理论》一书，侧重探讨文化与自然环境的相互影响，由此创立了文化生态学。从文化生态学的视角研究文化，重点在于探讨自然生态环境与特定文化模式之间的关系，解释不同文化模式赖以产生的自然生态根源。就此而言，文化生态学是文化人类学的重要分支，为特定文化模式的产生与演变

① 廖文．人民群众是文化的主体——群众文化论之一［N］．光明日报·文艺评论，2010-11-25.

② 王志光．人民群众文化主体地位的巩固策略［EB/OL］．求实理论网．http：//www.qstheory.cn/lg/xszh/201109/t20110915_ 110277.htm.

提供理论范式和分析工具。

需要指出的是，“文化生态”并不是“文化生态学”的专属概念。在文化哲学的理论视角下，“文化生态”不是用来指称“人类的文化和行为与其所处的自然生态环境之间的相互作用”的概念；而是关于文化性质、存在状态的一个概念，主要表征的是文化所具有生态特征，意指文化系统中各种具体文化形式之间的结构形态与交互作用。文化哲学视野下的文化生态，是比照自然生态概念对生态学方法的借用，是对现实社会中文化多样性的生态学考察，用以表示文化系统中多样文化形式之间的关联结构。文化生态是一个多维、动态的概念。传统文化、现代文化与当代文化之间是历时性的生态关联，体现的是文化生态意义上的遗传性变迁；而同一时期不同文化形式——主导文化、精英文化、大众文化之间则是共时性的生态关联，体现的是文化生态意义上的竞争性共存。①

人是社会性动物，人的生存与发展既离不开自然生态，也离不开文化生态。良好的自然生态为人的全面发展提供了可持续利用的资源，维系着人与自然之间的和谐关系；良好的文化生态则包含着丰富的、多样化的文化形式，这些文化形式为人的发展提供了深刻的文化意义和社会价值，对于人性的塑造、人格的形成、素养的提升，以及民族精神与国民性格的形成，都具有深刻而久远的影响。可以说，如果一个民族或国家破坏自身的文化生态，割断与历史文化传统的联系，破坏多样化文化形式间相对平衡的关系，则注定将逐渐走向衰亡，将失去在全球多元文化格局中应有的位置。

（二）社会文化形式的多样性

多样性是人类文化存在的基本样式。人类历史发展中，不同的民族（族群）在生产生活基础上形成不同的文化模式；② 同一民族集合体，不同地域的人口也会形成不尽相同的文化形式。前者即民族文化的多样性，后者即地域文化的多样性。就文化变迁而言，任何文化都不是割裂与历史脐带的联系而孤立存在，表现为传统与现代承继中创新共存。就文化形式而言，任何文化系统都不是单一文化形式的独存，而是多样文化形式的混

① 徐建．当代中国文化生态研究［D］．华东师范大学，2008：39-49．

② ［美］露丝·本尼迪克特．文化模式［M］．王炜等译，北京三联书店，1988．

存，突出表现为主流文化、精英文化与大众文化的竞争性共存。

当代中国的文化发展，是在政治维度中“主旋律”与“多样化”的多重变奏、经济维度中“文化事业”与“文化产业”的交相辉映着向前发展。这种文化发展路径，形成了多样文化形式并存的生态格局。从社会文化的业态属性来看，当代中国文化体系形成了文化事业与文化产业分流的格局。从文化形态折射的价值取向来看，当代中国文化生态形成了比较明显的主导文化、精英文化和大众文化格局。

文化事业与文化产业。市场经济条件下，文化因经济逻辑与政治逻辑的分野，导致了文化领域从“领域合一”走向“领域分离”。① 当代中国文化建设发展的一个突出特点就是区分了文化事业与文化产业各自的属性，使其各归其位，各在其所。文化事业是为满足人们娱乐、休闲、求知、审美、交际等精神需要，并提供经费、场地、器材和服务的社会公益性活动。文化事业的本质在于文化服务于人类的公益性特征，其运行是以人类的精神旨趣和社会效益为目标，注重的是民族文化的代际传承和公共文化的全民共享。与之明显不同，文化产业是为满足人们个性化、私利性文化需求而以市场方式运营的文化产品的生产、流通、交换等经营性活动。文化的经济逻辑突出文化的经济利益，注重文化市场的供求规律和价值创造，关注文化生产力的发展。当然，文化事业与文化产业的区分是相对的，树立科学的文化发展观，就是要统筹公益性与市场性的要求，促进二者协调发展。②

主导文化、精英文化与大众文化。社会文化系统在价值上的分层，形成了主导文化、精英文化、大众文化的并存格局。主导文化是建基于国家权威之上，具有正统意识形态色彩的文化形式，旨在促进政治合法性和国家文化认同。主导文化因其具有凝聚、评价、选择、收编、延续等功能而决定着文化生态的发展方向。③ 精英文化是知识分子及其精英创造、传播和分享的文化，旨在表达他们的审美趣味、价值判断和社会责任。精英文化代表着一个国家和民族文化的精神水准，其内涵的价值观对于社会具有长久的影响力，具有主体创造、规范引导、社会教化、批判现实等功能，

① 许明等．当代中国的文化发展［M］．北京：中国大百科全书出版社，2008：285.
② 辛向阳．准确把握文化事业与文化产业的辩证关系［N］．郑州日报，2012-01-06.
③ 刘志友．论主导文化［J］．陕西师范大学学报（哲学社会科学版），2010（6）.

发挥着主流文化与大众文化关联的纽带作用。[①] 大众文化是普通大众的文化，是在工业社会中产生的，通过大众传媒传播的、注重人们感性娱乐的文化。当代中国，大众文化伴随着市场经济的发展而快速崛起，成为普通百姓最重要的精神生活需求，具有无所不在的影响力和渗透性。虽然主导文化、精英文化、大众文化有各自不同的基调，但它们之间是相互影响、相互补充、共同发展的。社会文化的和谐发展，需要不同文化间的良性互动。

（三）文化生态平衡的旨向

强调文化"生态平衡"，就是要在公共文化建设中"弘扬主旋律，提倡多样化"，正视主导文化、精英文化、大众文化的竞争性共存。在推动公共文化发展中，应注意三者之间的交流互动和动态平衡，既要以主导文化引领大众文化的发展取向，为大众提供精神食粮；又要以"精英文化的思想指导、学术喂养来提升大众文化，提高大众的文化素质和精神境界"。[②]

社会的转型变迁，使中国社会的文化生态发生了深刻变化。改革开放以来，"国家大政方针的调整，犁松了政治意识主导一切造成的已板结碱化的文化土壤，大众文化的稚芽开始萌动、生长，并进而形成今天的繁荣景象"。[③] 大众文化是一种司空见惯的文化形式，在满足社会大众多样化文化需求中发挥着重要作用。大众文化主要围绕消费展开，更多地与休闲娱乐和个人意志的张扬相关联，具有多元化的价值取向、娱乐化的精神实质、通俗化的表现形式；其发展一旦失去自我约束和必要制约，很容易坠入"怎么都行""跟着感觉走"的泥淖，诱发社会生活的文化价值失范，并对主导文化、精英文化等文化形式带来一定的挤压和威胁，导致文化生态失衡。

维护社会文化生态平衡，保证文化发展的正确方向，应当发挥先进文化引领文化方向、建构文化—意识形态的作用。就此而论，公共文化因在价值取向上具有"核心价值引领"和"公共需求导向"双重诉求，使其可

---

① 邹广文，宁全荣．当代中国文化形态及其走向［J］．北京行政学院学报，2012（4）．

② 孙爱军．大众文化的意识形态［J］．新疆大学学报（社会科学版），2004（2）．

③ 许明等．当代中国的文化发展［M］．北京：中国大百科全书出版社，2008：168．

以通过喜闻乐见的文化形式传播先进文化，营造良好的文化生态。展开来说，“核心价值引领”体现为坚持社会主义先进文化的前进方向，用社会主义核心价值体系引领社会文化建设；“公共需求导向”体现为公共文化建设以保障文化民生、促进文化公平为宗旨，致力于人民大众精神文化需求的满足。可以说，公共文化所具有的意识形态性和社会公共性，在一定意义上构成主导文化与大众文化交流互动的纽带和桥梁，发挥着先进文化传播、文化权益保障、文化秩序建构的作用，从而有助于维系社会文化生态的平衡。

在文化发展“二元分流”格局下，公共文化建设，既要实现公益性文化事业均衡发展，保障公民的基本文化权益；又要引导经营性文化产业合理布局，形成规范有序的文化业态和文化市场，从而使文化事业与文化产业良性互动、优势互补、相得益彰，形成互促共赢的发展格局。在民族文化的传承发展上，既要推动实现传统文化的“创造性转化”及通俗表达，使之积极参与国民的道德精神重建，为中国现代性提供合理的精神资源；又要引导培育现代文化的精神内核和人文价值，使之自觉服务于社会主义核心价值体系建设，为社会和谐发展提供厚重的人文环境。在推动民族文化繁荣发展上，任何人为虚化与历史联系的文化基因，都可能使中华文化在全球竞争中失去应有位置。

三、文化认同的战略面向

（一）文化认同的现实语境

文化认同作为世界范围内的热点语词，是伴随全球化进程中的认同危机而兴起的。经济全球化、政治多极化是当今世界的基本特征。经济全球化使经济活动跨越主权国家的疆界，嵌入地区性或国际性分工体系，成为全球经济链条上的一环。在此过程中，中国抓住机遇、发挥优势，一跃成为“世界工厂”。但是，各国在经济领域的深度融合和互惠共赢，并不能改变政治多极化的发展趋势。中国作为社会主义国家，与西方国家在意识形态、制度模式等方面存在显著差异，或明或暗的较量不时上演。面对中国的快速崛起，西方二元对立的冷战思维重新作怪，中国的和平崛起被蔑称为“中国威胁论”“中国崩溃论”，并试图借文化战将中国妖魔化。① 在全球文化交流和竞争中，它们以西方中心主义的偏见，无端怀疑中国历史和传统文化，试图矮化中华文明、丑化中国形象。同时，大力输出西方的价值观、影视作品和生活模式，试图“改造”中国民众的文化价值观和审美情趣。在全球化进程中，内外环境的急剧改变，使基于传统生存环境中的人们的文化认同随之发生变化，导致文化身份的多样化。面对西方文化的渗透和诘难，中国必须确立身份认同意识、树立文化自强的信念，唤起国民对中华文化的自觉认同。

就国内而言，文化认同是在市场经济条件下“价值失落”语境下受到关注的。现阶段，伴随社会的全面转型，社会文化价值出现失序，大众的思想观念、价值取向呈现出复杂多样的态势：主流与非主流同时并存，先进与落后、高雅与庸俗、健康与腐朽、节俭与奢靡、勤勉与颓废、奋斗与享乐相互交织。与此同时，随着工业化、现代化异军突起的大众文化，以其多元化的价值取向、商业化的运作方式、娱乐的精神实质、通俗的价值追求而在市场之海中“如鱼得水”，成为市场社会文化舞台上的主角，它以谦卑的姿态、亲和的面目、抚慰的功能赢得了观众的喝彩。“大众文化是大众在文化工业产品和日常生活的交界面上创造出来的”②，它能够满足普通大众的日常生活和文化享受。然而，大众文化对娱乐功能的迷恋，容易诱发文化的价值异化和功能退化，使大众文化生活陷入赏玩、游戏、消遣之中，人的理想信念为感官享受所“侵占”，文化的价值理性为工具理性所“僭越”，在一定程度上造成了精神空虚、信仰缺失、道德失范等精神危机。在此情形下，国家在文化建设上需要奏响主旋律、掌握主导权，以先进文化引导多样化的社会意识，重塑全社会的共同理想和价值信念，培育民传统文化传承创新的自觉意识，增强中华民族的文化认同。

（二）文化认同的意义表达

认同问题是当代社会生活中的一个重要问题。“认同”一词发端于心理学，意指“个体或群体在感情上、心理上趋同的过程”③，表达的是人的

---

① 王岳川，胡淼淼．文化战略［M］．上海：复旦大学出版社，2010：114-115.

② 约翰·费斯克．理解大众文化［M］．王晓珏译，北京：中央编译出版社，2001：31.

③ 车文博．弗洛伊德主义原著选辑（上卷）［M］．沈阳：辽宁人民出版社，1998：375.

心理过程的一种结果，即归属感。哈贝马斯认为，认同产生于主体之间相互理解、共享价值、彼此信任的相互依存，是彼此之间的接受和认可。[①]这种接受和认可，通常与某些可理解的、正当性的、共享性的利益、价值或准则相联系。认同在指涉社会行动者时，意指某种文化特质或相关的整套文化特质基础上建构意义的过程。[②] 认同是在一定的文化环境中产生的，它又对该文化模式产生重要影响。在社会整体层面上，认同是维系社会共同体存续的黏合剂，是建立在社会共同体对一定的信仰、价值、精神和情感共有和分享的基础上的。认同在本质上是社会行动者在某种认同对象或社会属性的趋同性和共识性。社会是多维的、复杂的，因而认同也表现为多种形式，包括国家认同、民族认同、政治认同、文化认同等。

文化认同是人们对于文化的倾向性共识与认可。这种共识与认可是人们对自然认识的升华，并形成支配人们行为的思想准则与价值取向。人是文化的主体，人创造并发展了文化，但又受文化的熏陶与影响，人与文化是须臾不可分离的。人是类的存在物，个人对文化的认同过程，受所处的文化环境的深远影响，使个人间认同可能形成一致性，从而使文化认同具有群体特征。在现代民族国家，文化在整体上是以民族为载体的，民族构成了主权范围内文化的最高形式，表现为民族文化的整体性存在，以及一国范围内民族文化的最高统摄性。在多族群国家中，民族文化是在各族群在历史发展中交流、融合而形成的，吸收了各族群文化的部分元素并整合形成了整体性的文化模式。在这个意义上，中国的文化认同即指中华民族的整体性文化认同，它建立在中华民族共同的心理、意识、信仰、情感、生活方式等的基础上。可以说，文化认同是民族形成、存在与发展中最重要的内聚力。在民族形成与发展中，以一种文化认同为核心，各种文化群体在融合发展中以此为向心力，融合进民族的主体并形成民族的归属意识。[③]

文化认同在本质上是一种价值选择和意识形成的过程，是将外在的文化内化为自身的信仰体系、价值规范、行动准则的过程，是对共同体文化

---

① ［德］尤尔根·哈贝马斯．交往与社会进化［M］．张树博译，重庆：重庆出版社，1989：3.

② ［美］曼纽尔·卡斯特．认同的力量［M］．夏铸九等译，北京：社会科学文献出版社，2003：2-3.

③ 郑晓云．文化认同论［M］．北京：中国社会科学出版社，1992：26-27.

的自愿认可和自觉实践，表现为身份的确认、价值的认可和行为的遵从。文化认同使作为类的存在的人获得社会归属，也使社会共同体获得存在的内在动力。在民族国家整合发展的视野中，文化认同是塑造国民整体性和统一性的前提，是凝结社会价值体系、规范秩序的基础，是奠定国家获得正当性、合法性的条件。在全球文化竞争的格局中，文化认同是应对文化霸权主义挤压、保卫国家文化权益的凭借，也是消解西方腐朽文化侵蚀、守卫中华民族文化根脉的依托。

（三）文化认同的建构方向

文化本质上是人化，是共同规范产生、传承、传播及得到认同的过程。文化“作为一套行为系统，其基本要素是传统（通过历史衍生和选择得到的）思想观念和价值，其中尤以价值观最为重要”。[①] 文化的力量根源于其所蕴含的价值体系的力量。价值体系是个体实现自我认同和社会认同的基础，也是社会对成员实现有效整合的手段。在一定意义上，文化认同在本质上是价值认同，其实质在于社会成员将自身的价值观同化于社会价值规范，是社会成员对社会价值规范的认可、内化并自觉遵循的过程，表现为人们在价值追求、价值取向上的某种一致性、统一性和可接受性。价值体系往往附着于一定的文化形态，而文化往往成为价值体系的载体和场景。文化认同的建构，关键在于作为文化内核的价值观的认同，因而应当以共识性价值体系的建构作为基础。

文化认同是在认同危机的语境下受到关注的。上文已述及，在市场化和全球化场景下，当代中国出现了较为普遍的认同危机，表现为多元文化认同的迷茫、传统文化价值的消退、物质享受的过度追求、个人主义的极度膨胀等；表现为对西方文化价值的推崇、文化产品的狂热、生活方式的迷恋。面对形形色色文化形式的粉墨登场，如果不重建文化体系的核心价值共识，不建构核心价值引领下的文化认同，中国就可能在现代化进程中出现精神信仰的荒芜，出现因认同危机造成的自我舍弃，从而丧失中华民族的文化根脉。当代中国，“以人为本”作为先导性话语，开启了中国价值体系建构的新方向，使价值体系建设着眼于人的存在与发展，体现为一

---

① ［美］罗伯特·鲍柯克．宗教与意识形态［M］．龚方震译，成都：四川人民出版社，1992：25-26.

个演进的、连续的、积累的文化历史过程。

当代中国的文化发展，需要通过社会主义核心价值的建构与传播，凝结中华民族的文化认同，凝聚全社会之发展共识。社会主义价值体系的构建，需要为现实社会之人提供精神信仰与规范体系、提供社会归属与时空定位、提供自我修养与完善的伦理基础，提供团结与凝聚国民意志的共同理想。基于此，当代中国的核心价值体系应当包括：以提供信仰体系和评价依据为宗旨的中国化的马列主义；以提供历史定位与时空归属为要旨的民族精神和时代精神；以提供团结和凝聚力为依归的社会主义共同理想；以提供自我认识与自我修养为目的的社会主义荣辱观。① 社会主义价值体系的四个方面，是相对独立但相互联结的，它整合了意识形态建设、民族文化承传、发展共识凝聚、道德体系构建等诸多方面，构成了社会文化体系的整体概貌，形成文化认同的总体框架和基本路向。

社会主义核心价值体系的最高意义在于获得全体国民的普遍认同和自觉践行。然而，价值认同并不是纯粹主观存在的产物，单纯的道德说教很难推动价值认同。马克思说，“人们为之奋斗的一切，都同他们的利益有关”。② 社会认同是与利益诉求相联系的，作为类存在物的不同人群所具有的共同利益底线，是社会认同的利益基础。在这个意义上，价值认同的关键，在于能够引领和解决国民最关心、最直接、最现实的根本利益和切身利益问题。这里的利益是一个广泛的概念，包括经济利益、政治利益、文化利益等一切关乎人需要的活动、形式及过程。可以说，价值认同源自对能够满足需要的价值的肯定和确认，源于全社会成员对理想价值的期望和追求。③ 就此而论，公共文化所具有的价值导向性、社会公益性和全民普惠性，与全社会的价值认同是相契合的，表现为公共文化建设不仅担负着保障公民文化权益的任务，而且发挥着社会主义先进文化传播的使命。公共文化服务蕴涵的公民权利、公共利益、文化传承、价值引导等诸多诉求，使其可以通过大众文化活动的方式，潜移默化地传播社会先进文化、共享核心价值观念，传承民族优秀文化、保护民族文化血脉，树立社会道

① 林尚立等．政治建设与国家成长［M］．北京：中国大百科全书出版社，2008：262-265.

② 马克思恩格斯全集（第1卷）［C］．人民出版社，1995：32.

③ 方旭光．认同的价值与价值的认同：社会主义核心价值观论［M］．北京：中国社会科学出版社，2014：152.

德规范、塑造国民公共精神，传播社会文明风尚，营造公共生活空间。毫无疑问，这些方面与价值认同是息息相关的，构成了全社会文化认同的内在动力。

第二节　公共文化治理的功能定位

公共文化建设是当代中国重要的政策议题，是一项内容繁复且形式多样的文化事项。文化是价值与事实的混合物，它包括形而上的意义本体和形而下的文化事态两个界面。寻求文化意义与文化事态之间的存在性均衡和整体性协调，使形而下的文化事态能够得到形而上的意义坐标的关怀，需要深入价值界面对公共文化进行分层，进而合理确定公共文化的社会功能。

一、公共文化的价值分层

在日常语用层面，文化被作为一个与百姓日用相关联的概念任意使用，似乎已经没有稳定的概念坐标和语义边界，更毋庸说价值定位和意义表达。事实上，文化是价值与事实的混合物，它包括形而上的意义本体和形而下的文化事态两个界面。如果专注于文化事态的概念认知和处置方案，将使文化建设陷入工具主义的窠臼，遮蔽“人与社会的复杂意义关系以及社会意义的本体复杂结构”。[①] 相反，如何专注于意义本体的深层思索，也可能使文化建设陷入价值思辨而难以“着陆”，并可能使文化建设因脱离生活现实而被悬置。当代中国公共文化建设，要合理安置诸如制度安排、政策选择和服务提升等目标，就必须意识到与它们不可割裂的意义关联和价值关联，因而必须在宏观架构里预置诸多总体性的前提条件。这就是说，保证公共文化建设的正确方向和合理路径，最大限度地追求公共文化政策目标的清晰性，就必须立足于目标定位中的价值分层，将公共文化由高到低切分为意识形态层面、公共性层面和民间性三个截面。这样，公共文化建设才不会在单一的价值引导下造成功能缺失，也不会在纷繁的

① 王列生．文化制度创新论稿［M］．北京：中国电影出版社，2011：18.

文化事态面前陷入手足无措，更不会在意义遮蔽之后失去对文化发展方向的把控能力。

在讨论公共文化政策时，意识形态始终是一个不可回避的重要参照物。这不仅在于意识形态已前置性地存在于现代国家的概念之中，而且还在于文化与意识形态很难泾渭分明地界分。事实上，在公共生活结构日渐扩大的当代社会，意识形态随着公共文化空间的扩展而有所收敛，但这并不意味着公共性与意识形态性是水火不容的关系，它们往往处于共存结构框架之内并且各自发挥其利益指向功能。在全球化时代国际文化浪潮激流涌动境遇下，坚持意识形态在文化意义截面存在的合理性和稳定性，在文化政策层面确保对意识形态性的妥当安置，是守卫国家文化安全、保持民族文化承续的根本保证。可以说，正是核心价值的吸附和规约，使得主流文化得以在潜移默化中作用于具体的文化情境，并对社会文化发展起到方向引领作用。强调社会意义截面的意识形态维度，并不是要以意识形态主宰一切文化事项，而是要确保意识形态主体对公共生活方式及其生存重心的选择权，坚守民族精神核心价值和国家利益基本原则，避免在追求所谓的普世价值和公共生活理想中造成身份迷失。公共文化建设，要以群众喜闻乐见、通俗易懂的文化形式，弘扬主旋律、传播正能量，使社会主义核心价值观在宣扬中深入人心，使民族精神在传承中永葆活力，使先进文化在基层社会生根发芽。

在社会生活转型的当代背景下，公共性地带日渐开阔并成为文化在场的基本形式，公共性正在成为一面引领当代生活的价值旗帜，成为引领正义、平等、民主、法治得以实现的社会标识。正是在公共性的社会意义结构中，公民身份、公共利益、公众参与成为重新思考社会问题的逻辑起点。公民身份的认同，使其成为社会公共生活中某种共同的依托物，成为社会治理界面的重要选项。公共利益的确认，使公共利益成为政府改革的指针，而对公共利益的尊重方式和兑现程度也成为影响政府合法性的重要变量。公众参与的强调，意在通过民主恳谈会、公民议事会等直接民主机制，保障公众的话语权和选择权。在整个公共生活结构中，权利保障、利益均衡及其更高意义的公平正义原则乃是思考现实问题的出发点和落脚点。公共文化是文化领域的公共生活结构，公共性的意义表达在于保障公民的文化权益。文化权益是文化权利与文化利益的合成，它包括文化生活参与权、文化成果拥有权、文化方式选择权、文化利益分配权。[①] 对公民文化权益的保障和促进，是现代民主政府的基本职责。在公共文化建设中，政府要尊重公民的文化权利，基于现实的国情国力考量，通过普惠性的公共政策和财政保障，满足全社会“最起码的文化权益”，促进公共文化福利制度的逐步确立。

人类社会生活就其文化根性而言乃是民间的，民间不仅担当着人类生存的意义建基，而且担当着社会延展的意义传承。社会文化发展决然不能忽视社会意义截面的民间性维度。在某种意义上，民间文化乃是创始一切文化形式的摇篮，是社会意义截面中最具价值稳定性的意义空间。然而，在意识形态极端化或公共性泛滥化的情势下，民间性受到极大的意义挤压和价值贬损，文化的民间性取向或者整个民间文化不得不屈抑于边缘化生存状态。事实上，民间性是富有主体性力量的社会意义方式，民间生活以其自在自为的栖居形态，诠释着文化的本真价值。市场经济条件下，民间文化正在“文化搭台、经济唱戏”的政策逻辑下逐渐丧失其原初意义；民间也在精英们创设的行动方案中成为被救赎的对象，仿佛民众永远只能充当被教育、被号召乃至被感化的角色。当代中国的公共文化建设，不是要挤压民间文化的生存空间、贬损民间文化的意义结构，而是要在公共生活空间的拓展中呼唤新民间的出场，重新确立民间性文化价值诉求的独立性，形成与之相一致的民间社会自稳力量和自律结构。[②] 这样，民间文化将获得充分的发展空间，这对于巩固民族的文化根性和文化血脉具有现实的政策抉择意义。

二、公共文化治理的功能目标

公共文化在社会意义截面的价值分层，是妥当安置公共文化目标功能的基础。沿着意识形态性、公共性和民间性的价值分层逻辑，公共文化建设应自觉协调好三重文化向度，即确保核心文化价值的坚守、确保公共文化生活的社会增量、确保民族文化维系的社会进化。换句话说，公共文化

---

① 王列生，郭全中，肖庆．国家公共文化服务体系论［M］．北京：文化艺术出版社，2009 年：93.

② 王列生．文化制度创新论稿［M］．北京：中国电影出版社，2011：29-35.

建设应该在弘扬主旋律、倡导公益性、传承民族性的目标引导下，探寻可靠的行动方略。公共文化建设作为新时代“五位一体”战略布局中不容忽视的基层方面，它必然要与公共文化的价值定位相一致，以弘扬先进文化价值、保障公民文化权益、建设民族共同文化家园为须臾不可偏离的功能目标，实现公共文化建设多重功能的存在性均衡和整体性协调。

（一）引领文化发展方向，优化社会基层文化生态

在意识形态的意义截面，公共文化的宗旨就是传播社会核心价值，确立主导文化对大众文化生活和文化发展趋向必要的引领。现阶段，我国正处于体制转轨和社会转型的变革时期，社会诸多方面正经历着激烈的碰撞。就基层文化建设来看，基层公益性文化机构及活动能力的缺位，使一些落后、庸俗、低俗的文化现象沉渣泛起，婚嫁丧葬中铺张浪费、坊间娱乐中赌博盛行、商业演出中低俗泛起，甚至一些“三俗”倾向的文化形式受到热捧，与社会主义精神文明建设相悖。公共文化建设作为政府主导的文化事业，承担着培育人文精神与主流意识的功能。若不发挥公共文化的价值引领作用，让先进文化占领基层文化阵地，基层文化振兴就会偏离方向，基层振兴战略就可能陷入困境。

公共文化作为文化的特殊范畴，蕴涵着核心价值引领、文化秩序建构的使命。公共文化建设，不是单纯地提供公共文化场馆、开展群众性文化活动，它蕴含着更高层次的文化诉求，即培育公共精神、群体观念和集体行动。基层公共文化建设，应紧跟先进文化发展方向，在文化作品的主题、内容、形式、传播等方面凸显时代性，通过内容与形式的创新，力求满足群众文化需求，提升群众文化品位。基层文化在发展取向上，应坚持教育性与娱乐性、主导性与草根性的结合，促进时代先进文化与优秀传统文化、群众性文化的有效联结，致力于将健康向上的社会价值和健康文明的生活方式带入基层，使群众接受社会公德和乡土文化教育。

文化生态是一种历史过程的动态积淀，它以隐性的系统而存在。在文化哲学的理论视角下，“文化生态”是关于文化性质、存在状态的一个概念，主要表征的是文化所具有生态特征，意指文化系统中的各种具体文化形式之间的结构形态与交互作用。强调文化生态平衡，就是要在公共文化建设中“弘扬主旋律，提倡多样化”。值得注意的是，公共文化生活为基层群众提供了交流的公共场域，文明健康的公共文化生活，有助于培育农

民的公共责任意识，塑造农民的新集体主义观念，重建基层社会的文化秩序。发展基层公共文化事业，就是要净化基层社会的文化环境，使传统文化与现代文化、精英文化与大众文化、商业文化与公益文化在共存中实现良性互动，并以主导文化引领社会文化的基本走向，形成主流鲜明、多元共存的文化生态结构。

（二）保障公民文化权益，促进人的全面发展

站在现代社会发展视野，保证人民基本的文化权益是对文明社会的基本要求，也是一个国家、民族的文化形象和民族传统继承和弘扬之所必需。当代世界，在公民的权益结构中，文化权益具有不可忽视的结构存在意义，因而也成为政府责任的重要方面。公共文化建设，不仅要致力于公共文化服务体系的城乡全覆盖，而且要致力于现代文化内容、方式与观念在城乡的全覆盖，避免文化享受上城乡居民的差别待遇。要切实保障基层群众平等享有文化权利和文化福利，公共文化建设应当以文化民生为重点，促进实现权利平等、机会公开、资源均等，尤其是要注重公共文化资源向基层倾斜，提高公共文化服务的覆盖面和可及性。

人既是实践主体，也是价值主体。实现人的现代化，不仅是社会整体现代化的必要组成，也是现代化建设的终极目的。① 现代化进程中，文化建设作为“化人”的事项，就是要促进人的意识、观念、素质、能力、行为方式诸方面向现代转型，塑造现代国民精神和现代个体人格，培养国民现代意识和能力。就此而言，基层公共文化建设就是要促进农民对现代性、主体性、参与性和发展性的理性追求，培养起具有现代独立人格和公共精神的新型农民。在人的现代化方面，公共文化以其合理性内容、务实性精神推动着大众观念的进步和素养的提升。无论是文化站、群艺馆等文化设施，还是影视广播、报纸杂志、网络信息等文化资源，以及健康的群众文化活动，都有助于培养人的意识观念、文化素养和参与能力。

基层公共文化建设，不仅要着力于丰富大众的日常文化生活，也要加强对大众文化科技和致富技能的教育培训，实现“求乐”“求知”“求富”相统一，推进大众素质能力的现代化。要鼓励并扶持面向农村、面向农民

① 田芝健，许益军，王萍霞，苏萱礼．现代化的核心是人的现代化［N］．光明日报，2013-01-28（7）．

的出版物、广播电视节目和栏目的创办；注意组织科技知识、农业技术、创业技能等方面的公益性教育培训；倡导农民学知识、学文化、学技能，切实提高农民的文化素质和生产技能，为农民脱贫致富提供能力保障，为农村全面振兴提供智力支持。要以文明乡镇、文明村社、文明户的创建为依托，积极引导农民理性地参与基层社会事务，形成积极进取的精神状态、文明健康的生活风尚、美丽和谐的基层样貌，重建基层的公共生活空间和互助合作规范。

（三）传承民族民间文化，建设共同文化家园

人类社会生活就其文化根性而言乃是民间的，民间不仅担当着人类生存的意义建基，而且担当着社会延展的意义传承。民族民间文化见证了民族文化发展的历程，记录着民族文化的特质和样貌。民族民间文化是乡土社会历史记忆的重要部分，也是社会伦理秩序的重要源泉，应当融入公共文化系统之中。然而，随着市场经济理性的张扬，经济利益逐渐支配着人的观念、意识和行为，很多地方的民族民间文化传承面临着后继无人的困境。近年来，一些地方政府采取“经济搭台、文化唱戏”的方式试图加以发掘，但由于民众自觉参与的缺失而使其丧失了原初的民间性与文化内涵。民族民间文化是不可再生性资源，一旦毁灭或失传，就会危及文化形态的多样性并破坏地域文化生态的平衡。

在深层意义上，公共文化建设作为当代中国重要的政策议题，承载着构建民族精神文化家园、绵延中华民族文化血脉的神圣使命。在这个意义上，通过公共文化建设，发掘并创造一些经得起时间考验并为世人景仰的文化事项，建设民族文化精神结构和文化根性谱系，建设中华民族的精神大厦和文化栖居方式，是公共文化建设不可或缺的目标。这一取向，将强化民众对公共生活伦理和文化秩序的关切和认同，从而产生更高的文化认同感和文化自豪感，内在地绵延了中华民族的文化血脉，重建国人的精神世界和文化品格，使社会大众不至于在日用文化、商业文化提供的感官享受中蜕变。

在全球范围的文化较量中，面对形形色色文化形式的冲击，如果不能促进民族民间文化的价值认同和传承发展，基层文化建设就可能陷入“空心化”泥潭，就可能出现民众精神信仰的荒芜，出现因认同危机造成的自我舍弃，从而丧失中华民族的文化根脉。在民族民间文化的传承发展上，既要推动实现传统文化的创造性转化及通俗表达，使之积极参与国民的道德精神重建，为中国现代性提供合理的精神资源；又要引导培育现代文化的精神内核和人文价值，使之自觉服务于国家整体文化建设，为社会和谐发展提供厚重的人文环境。为此，要以公共文化建设为契机，建立民族文化生态保护区和民族文化艺术之乡，构建较为完善的非物质文化遗产资源保护体系、传承展示体系、开发利用体系、保护制度体系，促进民间文化保护、发掘和传承。

第三节　公共文化治理的行动原则

公共文化的价值分层和功能定位，明确了公共文化治理的应然目标。公共文化治理要确保在意识形态、公共性和民间性三个界面的功能归位，必须在价值逻辑上阐明其行动原则，确立公平正义原则的终极价值地位，明确普适价值原则是广泛认同性价值，基本权益原则和意识形态原则是公共文化治理须臾不可偏离的价值维度。这就是说，在公共文化的价值秩序中，既要确保治理体系完形的普适价值功能，又要保证国家意识形态的自律性在场。

一、公平正义原则

公共文化治理的基本原则，是表明这一体系存在合法性的基本前提，因而其实指的是最一般意义上的普适原则。中国是发展中国家，解决社会福利的首要条件应该是公平正义。在中国语境下讨论公共文化建设，必然意味着要将相对滞后的文化建设纳入促进公平正义、改善人民福祉的层面来考量。这就是说，公共文化建设在理论和政策层面，应该确立的第一个原则，就是公平正义原则。

要以公平正义原则来指引和规约公共文化建设，必须对其语义进行在场言说的意义互约，必须对原则进行知识谱系梳理和明晰化。考察中外文献，公平和正义的意义表述和价值追求非常久远。不论是在中国的先秦时代，还是在古希腊罗马时代，诸多思想家围绕这一议题展开了讨论，并表达了各自的价值立场。在历史实时讨论和知识衍生的历程中，公平正义不仅成为伦理学、政治学等领域的普论性话题，而且也成为日常生活层面的普遍关注。需要指出的是，古典形态的命题存在结构机理乃是自上而下的，有别于现代知识谱系下命题自下而上确立的生成逻辑。从卢梭的《社会契约论》到罗尔斯的《正义论》，思考公平正义的学术讨论大都面向社会现实，注重从社会基础的内在要求和社会生活的一般原则切入。“作为平等的正义”“作为公平的正义”“作为互惠的正义”“作为公正的正义”的核心价值形态被人类社会程度不同的接受，现代国家也都在诸如“权利与无资格”“特权与劣势”“平等与不平等”“财富与贫穷”此类社会生活的结构性矛盾中努力植入其原则和精神。在这样的情境下，公平正义原则发挥了价值尺度和社会维系的功能。在中国知识界和思想文化界，公平正义原则成为公共知识命题，是随着罗尔斯《正义论》的引入和解读逐渐形成的。特别是，中共十六届六中全会的权威文本将“公平正义”作为政治保障的原则建构，明确了当代中国国家建设的价值导向。

文化建设作为当代中国“五个建设”战略布局的重要方面，自然要在增进社会公平正义界面有所作为。公共文化是社会文化体系的重要构成部分，它具有显性的价值导向和公共需求导向。公共文化建设如果不能将公平正义内置为总体性价值原则，公共文化的普惠功能和服务张力就不可能实现。需要指出的是，公平正义是总体性的价值概念，在进入社会生活公共领域之际必然演绎为可操作性的意义具指，并通过后者来描绘整体价值实现的路线图，以便使价值原则与制度建置相链接。检视我国现行的文化体制，仍具有计划体制痕迹，存在多头管理、利益上行、目标模糊、服务滞后等一系列问题，深刻制约着文化生产力的发展和公民文化权益的保障。如果没有根本的转型发展，就不能建立适应新时代发展需要的以公共文化服务、文化秩序建构为诉求的制度体系。

二、普适价值原则

普适价值不是形而上的终极价值，而是指文化体验过程中具有普遍可接受性和广泛认同性的价值。20 世纪以来，大众文化理念和潮流日益占据文化市场的主导地位，而大众文化、消费文化等当代性文化存在形态几乎总是以普适价值吸引社会的普遍关注。尽管法兰克福学派等知识学派对大众文化给予生产化、消费化、商品化、市场化、日常化、复制化、平面化甚至低俗化等特征称谓，但大众社会在一系列普适价值的牵引下不仅顽强地完成了其生存自衍，而且不断推向了霍克海默所说的“大众性包含着无限制地把人们调节成娱乐工业所期望他们成为的那类人”。[①] 尽管如此，大众社会的政治尊严逐渐在世界范围得到尊重和关注，大众文化也以自由文化形态的身份尽享文化民主的欢娱，其中当然也包括过度娱乐显示出的非正常的欲望化、本能化和奢侈化行为。需要指出的是，大众文化是大众创造的，它“产生于内部和底层，而不是来自上方”[②]。大众文化之所以能聚焦，根源在于大众普适价值发挥着核心价值功能和主要调节作用。大众社会、大众文化的兴起，表明大众普适价值具有存在合理性与影响广泛性。如果公共文化建设不能对此予以肯定和尊重，如果公共文化服务不具备大众普适价值的品性，那么就会远离大众的社会需要和文化利益，大众就不会积极参与公共文化活动，公共文化建设就会陷入主体缺位的困局。

当今时代，大众社会勃然兴起，公共社会空间极大延展，日常社会事务的公共事务化，日常社会生活的公共舞台日渐普遍，文化生活的公共化趋向日益显著。文化是人的社会化活动的产物，在本质上就具有公共性，因而必然随着现代社会公共空间的扩展而更具有公共域意义。公共普适价值作为公共社会空间的行动原则，在文化生活中的调节力量更大。在全球市场时代，文化市场的空前扩容和文化消费的日渐普遍，驱动了公共文化普适价值的社会认同，数字和网络技术的推进以及图像技术的全球覆盖更是加剧了这一认同。在这种形势下，传统公共舞台已经被一个无处不在、到处流动并且不断变化的联结空间所代替，文化生活日渐走向更加广阔的公共地带。在这个意义上，公共文化建设作为与公共领域紧密相连的文化事项，自然需要保持对公共普适价值的坚守，这样，公共文化才可能在意义和价值上获得意识形态升华的可能。

人是类存在物，因而人类有其类存在物的一系列普适价值。较之大众普适价值和公共普适价值，人类普适价值作为国家公共文化建设的行动原则，就是要源源不断地将具有人类普适价值的文化产品提供给社会大众，使社会大众通过公共文化而与人类普适价值进行交流、对话、互约。文化

---

① 马克斯·霍克海默．批判理论［M］．李小兵译，重庆：重庆出版社，1989：275.

② 约翰·费斯克．理解大众文化［M］．王晓钰译，北京：中央编译出版社，2001：31.

是民族的，也是世界的。人类具有普遍的心理选择能力和文化发展倾向，尽管在民族生存意义上各个民族形成了各自文化品性，但人类普适价值至少在意义向度上是一致的，它追求人类在文化发展上的文明进步和交流交融。就公共文化建设而言，人类普适价值的真实性和维系性根本不是问题，问题在于在全球化背景下，我们如何在保护人类普适价值的存在与保护民族文化多样性的延续之间进行平衡，以便于既能保护人类普适价值，也能保护民族文化的多样性。

无论是大众普适价值、公共普适价值还是人类普适价值，都只是学理性支配的价值描述维度，需要转换为引导公共文化建设的目的功能指向。结合我国文化建设的实际状况，普适价值转换的着力点在于：①如何最大限度地扩大以普适价值为意义支撑的公共文化服务域；②如何最大限度地增强公共文化品（作品形态、产品形态、商品形态）对公众的普适价值吸引力和凝聚力；③如何最大限度地提升公共文化服务的质量、公共治理的效能及普适价值的传承。当然，坚持普适价值不是要放弃对核心价值的坚守，而是要在核心价值的引领下来实现对普适价值的合理关照，避免公共文化建设出现价值偏移和功能错位，使公共文化建设在社会功能上面向意识形态、公共需求与民间文化三个方面实现合理定位。

三、基本权益原则

现代社会，政府在民主化的历史情境压力下正在努力寻求权利与义务的均衡，这使得政府必须对民众的普遍性需求做出积极响应，建立起有效保障公民权益的制度体系。面对日益增多的社会需求，现代政府的职能结构发生了调适性配置，服务功能被提到了重要位置，更加强调政府在与公民的关系中如何确保权利与义务的均衡，控制与服务的协调，服务型政府出场的条件已经成熟。服务型政府作为现代社会的一种政府存在理念，设定了政治过程目标和政府行为准则，其底线要求即是保障公民基本权益。联合国人权宣言倡导的社会保障权利、劳动权利、适度的自由权利、最低社会保障权利、健康权利、受教育权利、文化享受权利，构成了现代社会公民权利的基本框架。世界各国政府在建设服务型政府的过程中，都将基本权益原则确立为制度设置、政策供给的行动原则。需要指出的是，基本权益原则路线图规避了由福利主义上升为福利国家哲学的陷阱，对政府的基本功能进行了严格限定。而服务型政府的治理理念既吸取了福利主义国家哲学的合理内核，又以务实的态度规避了福利普惠制的泡沫幸福陷阱。

在所有基本权益义项中，自然包括了基本文化权益。长期以来，我国文化建设的相对滞后及市场化进程中公共文化的式微，使公民基本文化权益保障不力、基本文化权益的实现度较低，甚至出现社会基本价值尺度的断裂，危及社会文化生态及文化秩序。在这个意义上，基本权益原则对基本文化权益的制度呼唤，乃是公共文化建设的内在价值诉求，这种诉求最终将通过功能完善的公共文化服务体系来予以满足。公共文化服务体系建设是一项系统过程，集政策性、预测性、技术性和文化规律性等功能特性于一身，必须确立基本权益原则为价值目标，破除观念阻力、体制阻力和要素阻力，全面提升公共文化建设的规划设计能力、制度创设能力和服务提供能力，切实保障公民基本文化权益。

文化建设是国家发展战略的重要方面。公共文化建设作为文化建设中具有特定功能指向和社会意义的义项，在当代中国文化发展战略总体框架中归位，关乎我们能否明确将文化权益列入国民的基本权益的范围，从意义和价值的本质上将其列入国民待遇的意义要素，并在政府文化治理上以基本文化权益的实现为目标来创设制度、出台政策，明确政府在公共文化建设中作为与不作为的分界线、具体刻度、测评标准及责任分担等，切实调动各级政府文化建设和文化体制创新的积极性、主动性及责任底线。

四、意识形态原则

公平正义原则、普适价值原则、基本权益原则，都是现代社会世界各国政府努力实现的基本价值尺度，是公共文化建设和治理的公共意义取向，构成了公共文化发展不可或缺的支撑维度。需要指出的是，任何形态的文化建设都不能脱离国家概念所给定的内在制度要求，意识形态原则前置性地内存于国家概念中。公共文化是以健康文化价值导向和公共文化需要为核心功能的文化形式，它自然不能脱离国家意识形态的规约而自行其是，应该确立社会主义制度核心价值的引领地位。也就是说，在公共文化蕴藏的逻辑过程和价值诉求上，既要确保社会主义的核心价值地位又要确保体系完形的普适价值功能，既保证国家意识形态的在场，又不会使意识形态置换公共文化的公共属性。公共文化建设中，国家意识形态的前置是必然的，但它应该是自律性的在场。

尽管公共性和意识形态性在很多情况下会有意义摩擦和价值冲突，但它们确是共生存在甚至是相互依赖的，往往共存于特定的结构框架和制度体系中，各自发挥着价值功能，不能人为地将其对立起来，更不能形成非此即彼的现行思维。在公共文化建设中讨论意识形态原则，不是要以意识形态置换公共文化生活，而是要确保社会主义文化发展的正确方向，确立主流价值体系对公共文化建设的引领作用。全球化时代，面对世界范围文化价值观的较量，我们要坚定地捍卫国家文化主权和文化安全，坚守中华民族的文化价值观和国家利益，警惕西方国家借口普世价值对中国进行的文化渗透。我们追求人类的普适价值和公共生活理想，是以国家意识形态安全为前置条件的，应确立社会主义核心价值对公共文化生活的价值选择权。

确保意识形态前置及对公共文化生活的价值选择权，并不是说意识形态要为所欲为、无所不在，要警惕极端意识形态及意识形态的庸俗化泛滥对公共文化建设可能带来的冲击，科学建构起意识形态与公共文化生活的良性关系结构，使意识形态原则、公共价值原则、基本权益原则在价值层次得到妥当安置。否则，公共文化建设就会演变为国家意识形态建设，公民文化需求的满足、文化权益的保障就成了宣传口号，社会文化生态和文化秩序建构也失去了基础和依托。因此，公共文化建设必须保持意识形态克制。意识形态自律表现为，对科学和技术的尊重、对国民文化权益的肯定、对多元文化体系的承认、对文化发展趋势的理性把握。这样，公共文化建设中，意识形态才能找到应有位置，才能保证其在享有文化价值选择权的前提下，对公共文化建设和治理保持最大限度的克制，支持公共文化治理目标、功能、质量和有效性的实现。

第七章　公共文化治理的制度基础

第一节　公共文化治理的制度平台

公共文化事业是社会公共事业的重要组成，它以特定制度为存在的依托。文化体制是有关文化发展的关键性制度安排，其功能结构、运行模式直接影响公共文化发展及文化治理的方式。作为公共性的文化事业，公共文化发展离不开财政支持，财政体制构成公共文化发展及文化治理的重要制度。在国家治理现代化语境下，我国文化体制改革，要以维护文化秩序和保障文化权益为基本目标，力争在国家整合动员与保障人民群众文化权益之间保持协调平衡；财政体制改革，要以实现政府事权、责权与财权的合理配置为导向，理顺各级政府间的财政关系，为公共文化事业发展提供稳定的财力支持。

一、文化体制的改革创新

文化体制改革是关乎公共文化建设成效的关键制度。我国文化体制的演变与国家治理转型密切相关。新时期，文化体制改革，应协调好“核心价值引领”和“公共需求导向”的关系，力争在国家整合动员与公民文化权益保障之间保持平衡。

（一）文化体制改革的基本问题

1. 我国文化体制的演变

新中国成立后，我国全面走上了计划体制的发展轨道。在计划体制框架内，建立了国家文化事业体系。这一文化体系的核心目标，是要满足新生政权对官方意识形态正当性的论说，并以此实现对于社会动员的要求，因而表现为一种行政命令型的文化资源配置体系，以及自上而下的文化生产配给模式。[1] 这种建立在国家计划体制基础上的文化事业体系，是在“国家本位”意识下形成的，是一种管办不分的事业型体制。这种体制模式由于在价值目标、组织结构、管理体制、运行机制等方面存在弊端，已经难以适应市场经济体制下文化发展的需要。

改革开放以来，适应社会主义市场经济体制的需要，我国文化体制改革拉开帷幕，经过 40 余年的改革实践，在调整布局、理顺关系、转变职能、改善管理等方面取得了较大进展。改革开放以来的文化体制改革，实际上是一个渐进式的制度变迁过程，包括价值理念的转变、组织形态的转型和管理方式的转轨。[2] 随着文化体制改革的逐步推进，形成了一些新的认识：一是在文化体制改革的价值判断上，注重理顺文化体制改革与繁荣文化事业、发展文化产业的基本关系；二是在文化体制改革的目标任务上，确立了解放和发展文化生产力、维护国家文化安全、保障公民文化权益的基本任务；三是在文化体制改革的路径上，明确了政府文化管理体制、经营性文化主体改制与公益性文化单位改革的全面协调推进。

2. 我国文化体制改革的指向

意识形态安全的守卫。“文化因其本身的意识形态特征，使得文化体制改革与政治体制改革紧密相连”[3]，维护国家意识形态安全因此成为文化体制改革的首要关切。现代民族国家，“不仅享有政治上的完整主权和经济上的完整主权，而且还应该享有包括社会意识形态、物质生活方式、特定的价值观念等完整的文化主权。”[4] 文化主权是现代国家对本民族文化所拥有的最高的和独立的权力，具有对外的排他性和对内的整合性，关系国

---

① 傅才武．中国文化管理体制：性质变迁与政策意义［J］．武汉大学学报（人文科学版），2013（1）．

② 霍步刚，傅才武．我国文化体制改革的理论分期与深化文化体制改革的策略问题［J］．中国软科学，2007（8）．

③ 韩永进．新的文化自觉［M］．北京：文化艺术出版社，2008：253．

④ 王沪宁．文化扩张与文化主权：对主权观念的挑战［J］．复旦学报（社会科学版），1994（3）．

家安全的重要因素之一。[①] 因此，文化体制改革的首要准则就是要保护本国的文化主权免受侵犯，维护国家文化安全。事实上，国家意识形态安全问题，不仅包括对外的国家文化主权的维护，也包括对内的主流价值体系的维护。主流价值体系（当下称之为“社会主义核心价值体系”）表明了国家意识形态的信仰取向和社会道德准则的价值规范，是建构国家政治合法性的重要资源。我国文化体制改革过程中，对国家主流价值观的维护，主要体现在：对马克思主义在意识形态领域领导地位的守卫，对社会主义先进文化发展方向的引领，以及对倡导“主旋律”文艺作品的激励制度的安排等方面。[②]

既得利益格局的调整。体制改革在深层界面涉及利益的重新分配或利益结构的调整。我国文化体制中既得利益格局的形成，是经济社会改革的“非均衡化”进程的结果。在财政紧缺的压力下，政府对文化单位的义务，被迫从传统体制下的“大包大揽”，转变为允许行业部门自己“创收”，逐渐形成了以部门为基础的利益分割格局，各部门利用分割到的权力人为制造“市场分割”和“部门壁垒”。更为严重的是，掌握话语权的行业部门对文化的双重属性作单一的意识形态的曲解，使既得利益阶层的利益诉求带有意识形态维护的“面罩”，以此取代政府应有文化行政职能，政府公共服务职能“边缘化”；过分渲染文化体制改革的意识形态安全性后果，使得经营性文化产业的市场化进程缓慢。

体制运行效率的提升。无论是经营性文化产业，还是公益性文化事业，其快速发展都需要建立在微观组织高效运转的基础上。就整个文化体制的运行来看，也存在一个制度效率的问题，即既有制度框架下实现制度功能性目标的程度（可称之为“生产效率”）和实现社会性目标的程度（可称之为“配置效率”）。前者注重度量既有资源约束下的产出水平，即一定质和量的文化产品和服务；后者则更关注一种整体意义上预期目标的实现程度，即文化组织提供的产品或服务满足利益相关人偏好的程度。客观地讲，我国文化体制在转型前后的运行效率都不高。因此，体制改革必

---

① 傅才武，陈庚．三十年来的中国文化体制改革进程：一个宏观分析框架［J］．福建论坛（人文社科版），2009（2）．

② 孟繁华．传媒与文化领导权——当代中国的文化生产与文化认同［M］．济南：山东教育出版社，2003：146．

须获得整体性效率的改进，使公益性文化事业单位在服务功能强化中实现社会效益的延伸，使经营性文化产业单位在生产功能升级中实现经济效益的拓值①，并由此实现组织效率、行业效率和制度效率的全面提升。

（二）治理转型与文化体制改革

文化体制是一个复杂的系统，其演变与国家的治理转型密切相关。改革开放前后不同的制度环境和治理取向，使我国文化建设体制表现出不同的功能特点。改革开放前的文化建设具有强烈的“国家本位”色彩，文化建设呈现出明显的泛政治化、意识形态化和文化整合等特征。改革开放以来，市场经济的发展使社会获得了相对自主的发展空间，文化建设日益与国家的意识形态相分离，文化体制呈现出从“国家本位”向“人民群众本位”转型的态势，突出地表现为对人民群众文化权益和文化需求的重视，以此来增强人民群众对现代国家的合法性认同。当然，这种体制转型还远未完成，文化体制依然存在目标歧异、功能错位、结构无序等弊端。② 因此，深化文化体制改革，就显得尤为必要和紧迫。

新时期，文化体制改革，要以维护文化秩序和保障文化权益为基本目标，力争在国家整合动员与保障人民群众文化权益之间保持协调平衡。③也就是说，文化体制改革应该坚持主导文化与多元文化的和谐统一。既要维护主导文化形态在文化建设中的统领地位，又要承认多元文化形态在文化系统中存在的客观合理性；既要维护的文化秩序和文化安全，又要保障人民群众的文化权利和文化利益。我国文化体制改革是在文化市场、文化产业的推动下启动的，党在对文化体制改革实践中逐渐形成了清晰的改革目标，即形成科学有效的文化宏观管理体制和富有效率的文化微观运行机制。新时期，深化文化体制改革，应努力实现文化发展动力的转换：从“改革红利”走向“制度红利”④，通过文化体制的整体性改革，逐步建立科学合理的文化管理体制、充满活力的文化市场体系、健全高效的文化服

① 王列生．文化制度创新论稿［M］．北京：中国电影出版社，2011：139.

② 王列生，郭全中，肖庆．国家公共文化服务体系论［M］．北京：文化艺术出版社 2011：51-63.

③ 吴理财，张良．论基层文化体制及机制的改革与创新［C］．湖湘三农论坛论文集，2009：155.

④ 贾旭东．文化体制改革的新走向［N］．人民政协报，2012-12-10（C1）.

务体系。

（三）文化体制改革的宏观路径

文化管理体制主要是指国家管理文化事业的组织体系和职能体系，以及政府与文化企事业单位之间的结构状况与相互关系。文化宏观管理体制的改革，即要逐步建立“党委领导、政府管理、行业自律、企事业单位依法运营”的体制模式。

文化管理体制改革，就是建立规范化的文化建设组织体系和职能体系，建立党委领导、政府管理、文化资产合理配置的体制模式。

1. 调整党的文化领导方式

代表先进文化的发展方向是党执政为民的重要方面。“深化文化体制改革，解放和发展文化生产力”，是执政党能力建设的重要方面①，也是执政党领导文化建设的基本要求。执政党对基层文化建设的领导主要源于文化产品所具有的双重属性。文化的意识形态属性是执政党对基层文化进行领导的重要原因，但却不应该是唯一的原因。计划体制下文化领导方式，在理性价值观和民主公民权广为传播的今天，已经不能满足民众精神文化需求和保障民众文化权益的需要；这种动员式的文化领导方式已无法适应当前形势。② 在此情境下，应以公民文化权利为向导，统筹兼顾主流价值体系的普及与民众文化发展权利的实现，维持二者之间的协调和融合，以赢得民众对社会主义核心价值体系的“重叠共识”③，使民众在文化需求满足中潜移默化地实现对基层文化正确发展方向的坚守。

2. 改革政府的文化管理模式

长期以来，地方政府秉持“重经济、轻文化”的发展取向，从而使基层政府呈现出“选择性治理”④ 的行政模式。在“晋升锦标赛”的行动逻辑下，文化建设因在短期内很难显现政绩，因此而降格为地方政府工作中的次要位置。文化管理部门习惯于将文化设施建设和文化服务项目当作送

---

① 十六大以来重要文献选编（中）［M］. 北京：中央文献出版社，2006：284.

② 吴理财，张良．基层治理转型视域下的文化体制改革［J］. 社会主义研究，2012（5）.

③ ［美］罗尔斯．政治自由主义［M］. 万俊人译，南京：译林出版社，2000.

④ 选择性治理，是指政府基于自身利益而非人民的利益有选择性地展开行政作为，即对那些于己有利的事就去管、去做，对那些于己不利或者吃力不讨好的事就尽量不去管、不去做。（参见吴理财．应注意基层的选择性治理［N］. 学习时报，2009-01-12.）

温暖的“形象工程”和“面子工程”。在这种体制模式下，基层文化建设被置于边缘化位置。当下，建设以公共需求为导向、公共服务为重心的服务型政府，应明确定位文化建设在基层振兴中的位置。在此前提下，通过文化体制中“关系结构”的调整①，理顺政府与社会、市场及文化单位的关系，改进政府对基层文化建设的管理模式：一是要处理好政府与文化企事业单位的关系，协调好文化管理与文化服务的关系。强化政府在文化宏观管理领域和公益性文化事业领域的作用，扮演好文化管理的规划者、统筹者和公共文化服务的安排者和提供者角色。二是应实现政府部门角色的适度分化，分离公共文化服务提供职能和生产职能，区分公共文化服务的“安排者”和“生产者”，明确政府的“安排者”和“提供者”角色、公益性文化事业单位的“生产者”和“供给者”角色；② 三是厘清县、乡政府在基层文化建设中的责任分配与资金分摊机制，在基层文化服务中采用分类安排、分级供给的新模式。

3. 健全国有文化资产管理体制

国有文化资产是我国文化资产的主体。深化文化管理体制改革，完善国有文化资产管理体制是至关重要的任务。党的十八大提出要“健全国有文化资产管理体制”，十八届三中全会进一步提出要“建立党委和政府监管国有文化资产的管理机构，实行管人管事管资产管导向相统一”。国有文化资产是重要的宣传文化阵地，国有文化资产管理既是政府部门的事情又是党委的重要工作。国有文化资产管理，要保证文化企业正确发展方向前提下实现资产的保值增值③，就必须建立规范化、长效化的法律法规制度，加强对有形资产、无形资产和数字产权的运营管理和核资评估，防止

---

① 从制度层面来看，我国文化体制改革过程实际上是一个渐进式制度变迁的过程。作为整个社会组织系统中的一个子系统，文化体制建立在“三种基本关系”之上，即文化组织与政府行政部门之间的关系，表现为文化组织与政党、政府主管部门之间的纵向结构；文化组织与社会市场系统的关系，表现为文化组织与社会市场经济组织之间的横向结构；文化组织与组织内成员之间的关系，表现为组织内部的功能结构。这三大关系构成了文化体制的基本框架，参见傅才武，陈庚，三十年来的中国文化体制改革进程：一个宏观分析框架［J］. 福建论坛（人文社科版），2009（2）。

② ［美］麦克尔·麦金尼斯 . 多中心体制与地方公共经济［M］. 毛寿龙译，北京：三联出版社，2000：111.

③ 雒树刚 . 进一步深化文化体制改革［N］. 人民日报，2013-12-03（07）.

国有文化资产的贬损或流失。[1] 近年来，有关国有文化资产管理的创新实践不断出现，形成了在财政部门成立文化资产办公室、在宣传部门设立文化资产管理部门、单独设立文化资产管理部门、归口国资委管理等多种模式。[2] 国有文化资产的管理，应以“谁主管谁负责”和属地管理为总体原则，通过经验总结和实践探索，逐步建立主管主办制度与企业出资人制度，实现相关制度的功能衔接和机制整合。

4. 增强文化机构的服务功能

文化系统的长期存在，为公共文化建设积淀了丰富的文化资源。公共文化建设，应抓好文化设施建设和配套资源供给，实现文化资源的有效整合和共建共享，提升基层公益性文化事业单位、群众性文化社团的服务能力和创新能力，特别是要加强乡镇综合文化站的规范化建设，全面提升其公共服务能力。一方面，要明晰乡镇综合文化站的职能定位及归属管理问题，破除乡镇综合文化站“人员归乡镇管理、业务归口文化部门管理”的障碍，实行乡镇综合文化站归口由县级文化部门统一安排、统一管理、统一考核，突出政府主导，强化部门责任。[3] 另一方面，要加大乡镇综合文化站的建设力度，保障乡镇综合文化站建设及其活动开展必需的资金。在文化设施上突出实用性建设，根据群众文化生活的需要，科学指导、区别对待，突出文化设施的公益性质和资源优势；在文化队伍上突出素质性建设，分批次、分专业对乡镇文化员进行教育培训，统筹解决好乡镇文化员的医疗保险、养老保险等保障问题，深化内部劳动、人事、分配等方面的改革，建立一支稳定的充满活力的乡镇文化队伍；在机制建设上突出长效性建设，制定科学的乡镇文化站评估定级标准，建立健全检查评估机制，通过对乡镇综合文化站设施建设、运行状况、队伍管理、服务效果等方面的评估，促进乡镇文化站的规范化管理，提升其公共服务能力。

（四）文化体制改革的微观路径

文化体制改革从微观层面来看，就是要明确文化企业组织和文化事业

---

① 蒋建国．深化文化体制改革［J］．求是，2012（24）：19.

② 曹光章．新一届党中央推进文化体制改革的新发展［J］．毛泽东邓小平理论研究，2017（9）：100.

③ 曹爱军．新基层参与式公共文化服务的制度基础——基于民众参与视角的探讨［J］．重庆工商大学学报（社会科学版），2010（5）.

单位各自的业务分工和职能边界，建立富有效率的文化生产与服务的微观运行机制。

1. 培育基层文化市场主体

文化企业是文化市场的微观主体，它应当有独立的产权地位和自主的经营权限，并能够对自己的行为负法律责任。就我国现有的体制而言，培育文化市场主体主要有两条途径：一是推行事业单位分离改革，实现经营型文化事业单位“转企改制”；二是放宽文化市场准入条件，赋予非国有产权与国有产权相同的法人地位。以文化投融资体系为先导，制定市场准入的无歧视法律政策，促进产权的自由流转，鼓励产业关联度高的文化企业以资本为纽带联合重组，构建自由规范、竞争充分的文化大市场。[①] 针对基层社会文化力量薄弱的问题，应重点支持面向基层的中小微文化企业获得发展。借力“大众创业、万众创新”的政策，借助互联网平台、交易平台等新型创业载体，拓宽中小微文化企业创业发展渠道，支持文化企业孵化器、众创空间、公共服务平台建设，为中小微文化企业发展创造条件、提供便利；加强对中小微文化企业经营管理的培训和辅导，增强中小微文化企业经营管理、市场运作能力；为中小微文化企业提供信息咨询、投融资、知识产权等服务，支持“专、精、特、新”中小微文化企业长足发展。基层文化市场主体的成长，不仅能活跃基层文化市场、促进文化产业发展，而且可以借助市场力量和竞争机制，更好地满足群众文化需求。

2. 改革基层文化事业单位

文化事业单位是我国事业单位在文化领域的一种组织形式，是公共文化服务的主要组织载体。推进文化事业单位改革，就是要实现“事企分离”的同时，着力推进“政事分开”，理顺文化事业单位与政府机构之间的关系，将属于政府的职能剥离出来归还给政府，明确将公益性文化事业单位定位于公共服务组织。在现行文化管理体制下，我国文化系统归口管理的公益性文化事业单位主要包括国家兴办的图书馆、博物馆、群艺馆、科技馆、美术馆、文化站等单位，以及承担公益性任务的文艺院团、艺术研究机构、文物保护与考古科研管理机构等单位，这些公益性文化事业单

---

① 刘吉发，金栋昌，陈怀平．文化管理学导论［M］．北京：中国人民大学出版社，2013：357-358.

位应在“公共事务、公共服务、社会互助和慈善援助”等领域内运作。文化系统的长期存在，为文化建设积淀了丰富的文化资源。基层文化建设，应抓好文化设施建设和配套资源供给，实现文化资源的有效整合和共建共享，提升基层文化事业单位、群众性文化社团的服务能力和创新能力，特别是要加强乡镇综合文化站的能力建设和制度建设，全面提升其公共服务能力。乡镇综合文化站是面向基层群众的综合性文化机构，发挥着国家政策宣贯、科技知识普及、农业信息传播、公共文化提供、健身娱乐服务等功能。近年来，乡镇文化站因资金投入短缺、活动场所不足、文化设施陈旧等，大都处于“瘫痪半瘫痪”的运行状态；① 乡镇文化站因功能结构和运行体制上的缺陷，逐渐丧失其开展公益性文化活动的功能优势。在乡镇综合文化站的建设方面，云南保山将乡镇综合文化站的建设视作精神文明建设的“窗口工程”、集镇建设的“亮点工程”、满足文化需求的“民心工程”和文化经济共同发展的“示范工程”统筹规划，创造出基层文化站转型发展的新地标——“新型文化综合体”，为乡镇文化站的发展提供了范例。

3. 创新文化生产供给机制

随着文化体制改革的推进，我国公共文化发展及其组织体系正在从计划经济体制下的单一组织体系向市场经济体制下的多元组织体系转变。② 在此背景下，引导社会力量参与基层文化建设，必须打破计划体制下政府主导的自上而下的行政供给机制，建立以基层文化需求为导向的文化产品供给机制。

一是公共文化服务外包机制。公共文化服务外包，就是通过契约方式，政府将自己应承担的服务项目以付费的方式外包给具备资质的文化事业单位、文化社团或文化企业来承担，以提高公共文化服务的质量和效率。在基层文化建设中，一些地方引入项目招标等竞争机制，采取政府采购、项目补贴、定向资助等，创造出文化直通车的文化配送方式。公共文化服务的外包，打破了“政府选择、政府供给”的服务模式，使公共文化

① 全国基层文化联合调研课题组．中国基层文化建设的现状分析与战略思考［J］．华中师范大学学报（人文社会科学版），2007（4）．

② 刘俊生．公共文化服务组织体系及其变迁研究——从旧思维到新思维的转变［J］．中国行政管理，2010（1）．

服务由政府垄断供给转变为政府主导下的竞争性供给，提升了公共文化服务的质量与效率。实现公共文化服务的市场化运作，并不是要“化公为私”，而是要通过市场化的运作盘活公共文化资源，实现其整合调配和有效利用。事实上，竞争网络的形成是市场化的核心所在。政府作为改革的推动者和组织者，是须臾不能缺位的，需要强化政府对市场化的管理能力、增强政府对核心公共服务的管理责任。这样，市场化运作将在公共文化公益性的前提下展开并保证在正确的发展方向。

二是公共文化建设的内生机制。基层是我国传统文化的发源地。在继续加大政府“文化下乡”的同时，引导民众自发组织形式多样的文化活动，既可以丰富基层群众的文化生活，也可以增进村庄内的价值认同，成为基层文化建设的重要形式。为此，应改变传统的“嵌入式”公共文化发展机制，以“本土草根、全民互动”为行动导向，注重在政府与民众的互动合作中，调动基层群众自编、自导、自演、自赏，形成共建共享群众文化生活的风尚，逐渐建立基层公共文化建设的内生机制。近年来，各地推出了“民资文化”“千镇万村种文化”“群星大舞台”等文化建设形式，或隐或现地蕴涵着以民众为文化主体的行动逻辑。“种”表达的是民众群众普遍、经常性地开展自娱自乐的文化体育活动，把文化的种子“种”入基层，让它生根发芽、开花结果。内生动力是基础，组织推动是引擎。通过“政府搭台、民众唱戏”，推动基层文化从“输送”走向“内生”。要注意挖掘蕴藏在基层社会的文化传统，充分利用农闲、节日和集市开展民众自办的群众文化活动，推动基层文化建设走向“民有、民管、民享”的新路。

4. 建立文化资源共享与传播交流机制

将分散在地方、部门的文化资源有效动员并整合起来，是基层文化建设的关键环节，有助于拓展公共文化资源服务的空间范围和受益群体。[①] 现阶段，随着基层公共文化建设的推进，各地的图书馆、文化馆、博物馆等公共文化设施相继实行免费开放，部分公共文化资源实现了平等共享；一些地方在实践中创造出图书馆的总分馆模式，创造出区域文化联动、城

① 巫志南．公共文化资源供给的主体、方式、渠道和机制研究［M］//于群、李国新．中国公共文化服务发展报告（2012），北京：社会科学文献出版社，2012：42-55.

乡文化互动等形式，打破公共文化资源供给的地域分割、部门分割、城乡分割。数字网络时代，借助数字网络技术，改进公共文化资源供给方式是完全可能的。理论上，可以将全国专业与民间、纵向与横向、本土与异地的文化资源联通起来，以多维交互方式让全国任何一个地方的基层群众都能共享优秀文化资源，建立一个全面覆盖、功能强大、高效运行的公共文化资源供给系统。基层公共文化建设，应将乡镇综合文化站、村文化活动室、文化中心户及民间文艺团体等掌握的文化资源整合起来，统一规划、统一调配，实现文化资源的在村落之间、乡镇之间共建共享，充分发挥基层文化资源的服务功效；同时，继续开展内容丰富、形式多样、便捷高效的流动性公共文化活动，推动城市文化资源向基层辐射。

适应文化传播格局的调整，应对基层文化生态的变化，构建基层文化传播体系，关乎文化发展的正确导向和基层文化秩序的重建。基层文化建设，不应该“固步自封”，更不应该“画地为牢”，而是要拓宽题材范围和辐射空间，以当地群众喜闻乐见的艺术形式，促进先进文化、科普知识、文化形式的传播与交流。一是要通过广播电视“村村通”工程，利用有线和卫星等技术手段，使民众群众收听收看到套数更多、质量更好的广播电视节目；同时要积极发展基层电影放映，统筹调配娱乐影片、教育影片和科教影片，使电影放映发挥娱乐、教育、培养基层群众的整合作用。二是要开展基层文化信息服务，通过文化信息资源共享工程基层服务点的全覆盖，增强县文化馆、图书馆和乡镇文化站、村文化活动室提供数字化文化信息服务的能力；通过“三农”出版物出版发行，提供更多基层题材的通俗读物，促进基层文化知识、科技信息、实用技术的推广普及。三是通过基层公共文化活动，创作具有乡土气息的文艺作品，通过展演、展览、宣传评介，扩大优秀文艺作品的传播交流和推广移植。以创建文明村镇、文明户等为依托，引导基层群众弘扬先进文化、坚守核心价值、提升道德品格，形成文明健康的生活方式和社会风尚。

二、财政体制的转型变革

公共文化是社会公共事业的重要组成部分，其发展离不开公共财政的支持。构建覆盖全社会的公共文化服务体系，需要公共财政有所作为。建立公共财政新体制，是理顺各级政府间财政关系的根本途径；实现事权、责权与财权的匹配，是保证公共文化事业获得稳定的财政支持的关键。

（一）文化事业的财政资助

西方发达国家，文化艺术在国家发展中的重要性受到普遍重视，甚至于形成有“文化立国”的战略意识，文化事业发展的公共财政资助也由来已久。由于历史文化传统和政府治理模式的差异，各国对文化艺术的公共财政支出和资助方式有很大不同。英国艺术委员会对文化艺术直接公共支持水平的国际比较显示，各国人均直接财政支持水平差异很大：芬兰最高，达到111.67美元；其次为德国，达到89.52美元；法、英、美三国分别为56.78美元、26.26美元、5.85美元。[①] 需要指出的是，这一结果只统计核算了各国政府对文化艺术的直接支持，即现金捐款或支付，没有反映出不同国家对文化艺术的间接支持水平。例如，美国政府对文化艺术的支持主要是通过减免税优惠等间接方式实现的。事实上，各国对文化艺术的公共支持水平和财政资助模式，是与其文化管理制度模式相联系的，需要做类型学意义上的具体分析。

在制度模式上，美国是典型的“民间主导型”（也称“市场分散”）模式，联邦政府在公共服务领域主要通过市场机制，将政府权威与市场交换的功能优势有机组合。在文化艺术管理上，政府没有设立文化行政主管部门，而是以“提供便利者”的角色，通过议会立法设立代理机构——国家艺术基金会、国家人文基金会和国家博物馆学会，实施对文艺团体提供技术援助和财政赞助。国家对给予艺术机构、艺术家的私人捐赠和赞助实行免税，政府主要是在法律政策上进行宏观调控，直接的国家拨款和立法条文相对较少。政府资助仅限于那些非营利性文化团体，资助采取资金匹配的方式进行，由联邦政府、州政府、地方政府来分摊。在这种制度模式下，公共财政的资助更多是引导型宏观调控，财政直接支持所占比重并不大。

英国在文化事业管理上形成了“分权化”模式，形成了三级文化管理体制：中央政府负责政策制定和经费划拨；地方政府和文化管理机构负责政策执行和经费分配；基层地方文化管理部门和艺术组织、艺术家实际使用经费。在文化艺术发展上，政府以“一臂之距”与民间建立合作伙伴关

① 詹姆斯·海尔布伦．艺术文化经济学［M］．北京：中国人民大学出版社，2007：255.

系，进行文化资源分配、文化事务管理和文化服务提供。国家不对文化单位直接提供资金支持，而是以“赞助者”的角色确定文化支出预算，而后由独立的艺术组织，如大不列颠艺术委员会，根据文化艺术发展需要将资金分配给艺术团体和艺术家；政府则通过具体拨款方式实现对公共文化机构在政策上加以协调，保证文化艺术的管理目标和支持重点。这种模式既保证了国家对文化艺术必要的支持，又减少了政府机构的文化行政事务；政府与文化机构间的“一臂之距”，避免了政府对文化事业的过度干预，保证了文化艺术相对独立的发展空间。

法国是单一制国家，在文化管理上采取了“政府主导”模式，从中央到地方设立了完整的文化行政管理系统，履行文化事业发展的规划、协调和资助等职能。在这一管理体制下，政府以直接拨款的方式对文化事业进行资助，一些重要的文化机构也对一些重要文化活动提供资助。但政府对文化事业的财政投入，不是通过简单的行政手段，而是通过签订文化协定的契约形式来实现。公益性文化机构（如图书馆、博物馆）的财政收入主要来自政府的资助，组织人员也享受公务员待遇。当然，政府也鼓励私人对文化艺术，尤其是准公共物品领域的捐赠或赞助，但文化艺术对商业机制的依赖要低于美、英两国。法国公共文化事业的发展，以国民平等参与并分享文化为目标，不仅依赖于公共财政的支持，而且依赖于文化政策的规约，因而被称为建筑师模式。

就公共文化事业发展的财政资助而言，英、美、法诸国受文化传统、制度架构等影响而有所差别，但都建立在与市场经济相适应的公共财政模式上，关注对文化艺术事业或直接或间接的财政支持。随着公共领域的结构转型和公共服务的社会化改革，西方国家文化资助方式呈现出多元混合格局，国家与社会、中央与地方程度不同地卷入文化艺术资助中，趋向于形成公私互动的公共资助方式。与西方国家的文化传统、制度环境、市场化程度存在明显差异，我国公共财政体制尚未真正建立，财政体制的功能正处于转化之中，国家财政的重点还在于支持公益性文化设施的内容建设、功能建设和平台建设，国家对文化事业的资助模式主要还是直接拨款，财政投入的均等化效应未能完全释放。推动公共文化服务的均等化、提升全民的文化享受水平，需要变革现行财政管理模式、创新财政资金的投入方式，使其由直接拨款向间接支持转变，通过重点项目投资、公共服务购买等方式，提高财政资金的使用效益。

（二）公共文化建设的财政支持

1. 财政支持的基本原则

公益性文化事业是社会公共服务事业的重要组成部分，其发展自然也离不开公共财政的支持。公共文化财政支持，需要科学合理的原则引领，确保财政支持促进文化事业的均衡发展，保障人民群众的基本文化权益。

公益性原则。知识和文化是人类发展和进步的阶梯，也是个人素质提高的必要条件。文化权利作为普通大众的基本权利，应该在最大限度上实行普遍均等的原则，使每一个社会成员的基本文化需求有相对的文化产品和文化服务来满足。政府要通过公共文化财政支出结构和对象的调整来改善公众对文化产品和服务的占有份额，促进文化产品和服务分配的相对合理。

统筹兼顾原则。我国经济社会发展不平衡，存在着区域阶梯发展、城乡二元结构等诸多差距，公共文化建设的财政支出安排，必须从全局出发，通盘规划，区分轻重缓急与主次先后，适当照顾各方面的需要，保证公共文化服务职能的全面实现。其一，安排支出时要做到统筹兼顾与突出重点相结合，应将资金集中于重点服务项目上，避免资金平均分配；其二，按照科学的支持顺序来安排财政资金的使用，做到先维持再发展；其三，依照底线公平的均等化目标来统筹财政资金的分配，保障资金投入落实到基层。

量入为出原则。市场经济条件下，资源供给相对于资源需求来说总是稀缺的。在公共文化建设中，国家财政资源能力的有限性和社会公共文化需求的无限性，客观需要财政投入坚持量入为出的原则，将公共文化财政支出限定在公共收入总量允许的范围内，以公共收入来控制公共支出。在国家财政支出的总量内，根据“五个建设”全面协调发展的需要，确定文化事业财政支出的规模和比例。在此基础上，按照逐渐缩小差距的均等化目标，实现财政资金在区域、城乡之间的合理分配，保证财政资金能够产生较好的社会效益。

重心下移原则。基层社会处于国家治理的末梢，受现行体制模式的制约，财政资金很难深入基层。在中央与省级政府分税制已基本确立的情形下，需要以民生保障为基本目标，完善省以下财政管理体制，通过“省直管县”体制，重点加强县以下基层政府财政建设。这就是说，公共文化建设应实现重心下移，在保证全社会财政投入相对均衡的前提下，适当向文化资源稀薄的基层倾斜，促进公共文化资源的均衡配置，切实保障人民群众文化权益上的“国民待遇”，促进基层社会的文化认同。

2. 公共文化建设的财政机制

目前，我国尚未形成普遍的公益文化氛围和公益捐助体制，社会力量的捐助还很稀少；集体投入则因各地集体经济发展差异较大也不能寄予厚望，因而公共文化建设资金投入主要依赖于公共财政投入。近年来，浙江省在推进城乡公共服务发展中，充分发挥省级财政的调配和均衡作用，通过调整财政支出结构、优化转移支付制度，将主要财力投向基本民生领域。在公共文化建设中，加强对文化设施的财力支持，全面提升了广播电视、县级图书馆和文化馆、乡镇文化站和村文化活动室的地域覆盖率和资源配备水平；加大对流动文化服务的扶持，实施了“万场演出进”“万册图书送”“万场电影下”的文化下乡“三万工程”，推动了公共文化的持续发展。①

现代社会，享有基本均等的公共文化服务是公民文化权利的基本要求，也是实现人全面发展的重要条件。对公共文化建设的财政投入要坚持普遍均等原则，以保证全社会成员享有大致相同的文化服务。公共文化建设的财政支持，需要保证国家财政投入的稳定增加，更为重要的是，需要在财政体制改革中强化县以下基层政府的财政建设。基层政府作为上级政府与社会大众“上”与“下”的连接点，处于上下联结的枢纽地位，既要向上反映和传递民意，又要因地制宜地解决民生问题，其财权财力配置关涉政府职能履行和公共服务提供。然而，我国基层政府财力的短缺，公共文化服务在种类、内容和数量上距离群众的文化需求都相去甚远。从根本上保证基层政府公共文化产品的供给，就必须保证县、乡、村三级财权与事权的统一。在维持现行财政分权体制的基础上，加大中央财政对欠发达地区省份以及省级政府对县乡级政府的转移支付力度，是一条现实而可行的道路。此外，国家可通过政策激励、专项资金、发达省份对口支援等方

① 钟晓敏. 公共财政与基本公共服务：浙江的实践与经验［N］. 中华读书报，2009-01-01.

式拓宽文化建设的资金投入机制。

加大公共财政对公共文化建设的支持，要按照统筹兼顾的原则，科学合理地安排公共文化服务的载体、内容和形式。一方面，要加大公共财政的投入力度，完善文化建设专项资金制度，建立财政投入稳定增长机制。通过定向资助、政府采购、税收减免、项目补贴等多种形式，为公共文化建设提供财力保障。财政资金的投入应分清轻重缓急，在欠发达地区，公共财政应着重于对基层图书馆、文化馆（站）、群艺馆和文化大院、农家书屋、文化广场等文化设施的投资，以及对人民群众进行实用技术和文化素质提升等方面的软件投入，实现硬件投入与软件投入的统筹兼顾，最大限度地发挥文化资源的整合效用。另一方面，要着眼于通过政府对文化发展的战略规划和引导性投资，带动社会投资，广泛整合民间资源，探索以政府投入为引导、广泛吸收民间资本投资的新模式。具体来说，对符合条件的企业、社会组织举办的公益性文化活动，在活动经费等方面给予支持；鼓励和支持有条件的企业、社会组织冠名赞助公益性文化活动；委托具有实力的社会组织或企业承办重大文化活动。通过这些社会化的运作机制，有效调配社会资源参与文化建设，切实提高财政资金的使用效果。

面对文化建设重投入、重形式、轻评估、轻监管的现象，需要建立文化财政投入的监督管理机制和公共文化服务的民意选择机制。一是要增加各级财政预算的透明度，保障民众对财政资金使用的知情权，以便于对资金使用进行监督和问责，避免文化财政资金被基层政府或文化单位挤占和挪用。二是要赋予公众对公共文化服务的选择权，使民众能够根据需要自主选择文化活动，并通过“用脚投票”机制来表达意愿，保证公共文化建设的供需互动，切实提高财政资金的使用效果。三是要建立投入绩效考核机制。切实改变只管投入、不重产出的投入方式，需要建立“规划—预算—投入—产出—评估”的公共文化财政投入管理机制，将财政投入绩效考核结果与各级政府及文化事业单位的奖惩激励相结合，形成以绩效评政府、以绩效选供给、以考核促服务的常态机制。

3. 公共文化建设的投入方式

公共文化属于文化领域的公共物品，因而其提供方式和财政投入可依据公共物品的属性来理性选择。此外，公共文化建设不应该是政府单方面的行动，而是政府与民众双向互动的协作过程，需要调动和发挥民间力量的积极作用，实现政府主导与民众主位的协调。也就是说，在确定公共文化建设的投入方式时，应综合考虑产品或服务的性质，以及社会力量是否有意愿、有能力提供等因素。①

其一，对于纯公共产品和社会力量不愿意且无能力提供的产品和服务，应该完全由政府承担。国家博物馆、文化艺术馆、图书馆、非物质文化遗产、文化基础设施等，具有非竞争性、非排他性和正外部性，需要政府通过公共财政投资来予以兴办。地区，尤其是广大西部地区，经济社会发展水平较低，寄希望民间力量举办公共文化事业是不现实的，需要政府投资建设文化馆、图书馆、广播电视台、文化站、文化广场等基础性文化设施，并配置相应的功能设备和软件设备。需要政府举办一些传播先进文化、弘扬文明风尚、传承民间艺术的文化活动，组织一些农业技术培训、文化信息交流、文化艺术辅导，提升群众的文化素质和艺术品位，改善社会的人文生态。

其二，对于准公共产品和社会力量不愿意提供但有能力提供的产品和服务，应该由政府采取出资购买的方式承担。对于一些关乎人民群众文化需求、基本文化权益的公共文化服务，诸如文化素质的教育和培训课程、文化信息化工程、电影“2131”工程、送戏下乡，以及流动艺术舞台、文艺团体的演出等，政府无须设立专门的服务机构来举办，而是通过拨付专项资金，通过出资购买的方式来提供。政府通过服务采购，实现了生产环节的外包，提高了财政资金的配置效率和使用效果。宁波市举办的“万场电影千场戏剧进”活动，就采取了政府购买的方式运作。通过政府采购中心的组织协调，由各放映队、演出剧团与各乡、村协商确定影片和剧目，并签订服务协议，保证了政府采购的质量。

其三，对于社会力量愿意提供且有能力提供的产品和服务，应该由政府给予适当奖励的方式承担。对于公共性相对较弱的文化产品，可以通过市场机制来提供，但对一些涉及健康价值引导的文化精品工程、社会民间自办的群众文化活动，可以通过财政补贴、补助或奖励的方式来加以引导。公共文化建设，要注意发挥村民自治组织、民间文艺社团、

① 王列生，郭全中，肖庆．国家公共服务体系论［M］．北京：文化艺术出版社，2009：218-221.

业余文化队、基层艺术家的作用，通过它们的引领和示范，引导广大村民参与其中。在此过程中，政府可以通过财政补贴或奖励，鼓励其组织群众业余文化活动、举办重大节庆文化活动，引导其通过文艺演出筹集活动经费、改善活动装备，激励其兴办文化大院和文化广场。这种“以奖代投”方式运行成本较低但有效性较强，接近生活实际，辐射面广、持续性强，使公共文化建设真正落地开花、生根发芽。就公共财政资助的功效来看，财政投入较少但收效甚大，财政资金的配置效率高、使用效果好。

第二节　公共文化服务的组织载体

公共文化治理中，不同层级和类别的文化组织是公共文化建设的载体。在公共文化建设的基层场域，公共文化服务的组织体系主要包括县区层面、乡镇层面和村社层面的公益性文化机构。县区层面的组织载体主要是文化馆、图书馆和博物馆，需要给予空间布局、辐射半径和服务功能足够关注；乡镇层面的组织载体主要是文化站、文化广场等，力争使它们发挥承上启下、联通城乡的作用；村社层面，要重点推进文化大院、农家书屋的发展，使它们有能力开展形式多样的群众文化活动。

一、县（区）层面的组织载体

（一）文化馆

文化馆是开展群众文化的组织载体。作为由政府主导的文化事业单位，文化馆具备促进文化发展的资源条件和组织优势，在公共文化建设中的地位不可或缺。在社会变革和数字化时代，文化馆既面临着引领先进文化发展的重要历史机遇，也面临着文化形式和服务功能创新的实践挑战。

文化馆的功能设定。文化馆是组织开展群众文化活动的专门机构和重要场所，肩负着文艺理论创新、文化艺术创作、非物质遗产保护、群众文化指导等多项职责，其功能定位决定着其发展方向、方式和动力，也影响到公共文化服务的广度和深度。公共文化建设语境下，文化馆的功能应重点定位在以下方面：举办各类展览、讲座、培训等，普及科学文化知识，开展社会教育；为群众文艺创作和业余文艺团队建设提供指导和帮助，策划组织丰富多彩的群众文化活动；开展非物质文化遗产的普查、展示、宣传和传习；推动基层文化信息网络建设，开展数字文化信息服务。

文化馆的运作模式。文化馆的运作模式不仅影响着组织运行效率和功能目标的实现，而且影响到文化资源的整合利用和公共文化的辐射发展。各地文化馆运作的实践经验表明，构建文化馆的总分馆模式是一种有益的探索。在推进公共文化建设中，各地应立足县域范围，借鉴并推广文化馆的总分馆运作模式——以县级文化馆为总馆，镇（街道）综合文化站为分馆，村（社区）文化活动中心为支馆，整合配置基层社会的文化资源，尤其是要注意挖掘蕴藏在民间的特色文化资源和民族民间文化，使它们与主导文化相互补充、整合利用，形成公共文化建设的资源基础。在总分馆组织体系下，必须明确总馆、分馆、支馆各自的服务重点、服务内容和服务方式，建立总馆、分馆、支馆三者间合理的事权配置和财力结构，确立组织效能、服务绩效的度量维度和评估指标，确保文化馆在公共文化建设中服务辐射功能的发挥。

文化馆的实践创新。实现文化馆的功能目标，促进总分馆模式的实施，需要建立相应的制度框架和动力机制。为此，嘉兴市文化馆建立了理事会制度，海盐县制定了总分馆的政策办法并实施了文化下派员制度。这些创新行动，拓展了文化馆的发展空间，丰富了文化馆的发展内涵。在公共文化建设中，各地文化馆积极探索，形成了很多可资借鉴的经验。湖北浠水县文化馆是集文艺中心、辅导中心、活动中心、调研中心、非遗保护中心为一体的国家一级文化馆，近年来在免费开放服务、群众辅导服务、群众文化活动和非遗保护等方面取得明显进展，促进了该馆设施条件、人员配置、业务能力和服务效能的全面提升。特别是，“十二五”规划建设的文博园区项目，将文化馆与博物馆的功能进行整合和集成，突出了新文化馆宣传、辅导、培训、表演、服务、展览等六大功能。山东曲阜文化馆在面向公共文化服务中，定期组织文艺专业人员就乡镇综合文化站建设进行技术指导和跟踪服务；经常组织书画家、文艺团体、志愿者协会深入进行文艺展演，辅导帮助群众组建各类以健身、休闲、娱乐为目的民间社团，变“三下乡”为“常下乡”，活跃并丰富了文化生活。

（二）图书馆

图书馆是搜集、整理、收藏图书资料供读者阅览、参考和学习的公益性文化机构，在文明传承、文化传播中发挥着不可替代的作用。就公共文化服务来说，图书馆成为公众获取信息服务、提高文明素养、增强文化技能的重要场所和基础平台。在数字媒体时代和信息网络社会，公共图书馆面临着转型发展的现实压力。兼顾文化属性、经济属性和社会属性，图书馆必须在公共文化服务的理论、模式和体系等方面进行变革，拓展服务的广度和深度，提高服务质量和效率。

图书馆的运作基础。图书馆最核心的功能即收集、加工、整理和管理那些记录人类文明和文化财富的文化典籍。现代信息社会，信息技术越来越多地被引入图书馆的各项业务中，引发文献生产数量、类型、形式的急剧增长和不断丰富。图书馆不仅需要对印刷体的图书资料进行整理，还需要开发电子文献和数据库，以满足公众对不同形式文献资源的需要，促进文献信息的转码、传播和交流。为此，图书馆应根据文化发展的线索，不断开发专业性、特色化的馆藏资源，以利于地方公共文化资源的挖掘和利用。针对图书馆在公共信息传播领域的服务功能，图书馆应当利用自身的信息和人才资源，收集和整合专题信息，以利于公众对信息资源的快捷查询。针对图书馆在文化产业发展领域的服务功能，图书馆应当着眼于经济社会和文化产业的发展，开发和搭建关键的商用数据库，为企业和个人的生产性活动提供数据支撑。如此，才能形成图书馆助力公共文化建设和区域经济发展的坚实基础。

图书馆的服务导向。图书馆承担着建立图书与信息馆藏体系，开展知识流通与咨询活动，开发与传播信息资源，提供民众教育与文化信息的社会职责。在文献资料和数据平台开发的基础上，为了方便公众阅读和查询使用，图书馆必须致力于增强文化资源的公共服务功能。首先，基于公平性，图书馆应广泛设立馆室，创造全覆盖的阅读条件，使公众能便利地接触到图书，公平地行使阅读的权利。其次，基于公益性，图书馆应尽可能多地为公众提供免费的阅读服务，使社会各阶层都能零门槛享受文献信息服务，营造全民阅读的良好文化氛围。最后，基于专业性，图书馆应当不断完善其文献收藏和数据开发，满足公众对不同领域、不同内容、不同形式、不同规格文化资源的需求。

图书馆的功能设定。图书馆是文献资源的集散地，是信息资源传播的枢纽，并拥有专业化的人才资源，这些资源优势决定了图书馆可以实现多重文化服务功能，具体包括：①通过其专业人才和专业知识，指导公众阅读，普及科学文化知识，帮助公众将文化知识应用于社会生产的实践活动。②通过信息查询和咨询服务，构建网络信息平台和人工服务平台，为解决群众社会生产生活出现的问题提供服务。③通过组织文化展览、举办文化沙龙、开展文化传播等服务活动，营造良好的文化氛围，塑造积极向上的文化生态，促进社会生活向理性、健康、积极的方向发展。④通过举办影视观摩、学术交流、网上咨询、文献提供、文化休闲等，促进信息流、资源流、知识流在社会生活中的互动和共享，以利于社会的文化教育、交流和传承。

图书馆的实践创新。图书馆是公益性文化事业单位，是民众的终身学校，也是与民众文化生活最密切的场所之一。各地在推进公共文化建设中，致力于图书馆运作机制的创新，积累了一些成功范例。

①“四位一体”的图书流动服务模式。所谓“四位一体”，即包括作为投资主体的政府、作为责任主体的图书馆、作为参与方的企业和作为受益方的基层单位的协调运作模式。这种模式将多元主体整合起来，通过明确和保障不同主体的责任和功能，通过优势互补、协调互动的组织运作网络，实现了图书馆馆藏资源的有效利用，在开放服务、送书下乡、信息咨询、业务辅导等方面取得了明显进展，为公共文化建设增添了新的动力。②城乡全覆盖的“嘉兴模式”。文化资源城乡分布上失衡是公共文化建设的现实困境。出于解决这一问题，实现公共图书馆城乡全覆盖，嘉兴开创了公共图书馆“嘉兴模式”。这种模式是以图书馆乡镇分馆为骨干，以村（社区）图书分馆（流通站）和图书流动车为基础，以企业、学校等图书馆联合加盟为补充的组织体系，形成覆盖全市、城乡一体、功能完善、资源共享、管理规范的图书馆服务体系。[①] 这样，城乡图书馆之间的“篱笆墙”被打破，实现了城乡图书馆高度融合、文献资源高度共享、以城代乡服务辐射，产生了良好的社会效果和示范效应。③“三合一”服务模式。

① 段宇锋，郭玥，王灿昊．浙江嘉兴市：城乡一体化公共图书馆服务体系建设［EB/OL］.［2015-09-18］. 国家公共文化网．http：//www. cpcss. org/_ d271555002. htm.

为开展面向农村的流动服务，中山图书馆创造出了“图书漂流、流动图书馆，农家书屋‘三合一’服务模式”。[①] 该模式以图书流动为运行模式，以图书漂流为辅助手段，以农家书屋为客户终端，使农家书屋规划下的“绿色网园”可以共享流动图书馆的电子图书资源和信息咨询服务，使图书资源以“漂流”的方式在农家实现互换和共享。④数字图书馆联建模式。利用数字技术和信息网络，建设数字图书馆是拓展图书馆服务功能的重要事件，也是现代图书馆创新发展的重要方向。嘉兴图书馆通过与多个图书馆联合共建，以“合作共赢、共建共享”为目标，运用现代网络技术，建成了以综合性、跨系统、全民共享的数字文献保障服务为特色的数字图书馆[②]，取得了良好的实践效果，值得推广应用。

（三）博物馆

博物馆是以教育、研究和欣赏为目的，收藏、保护并向公众展示人类文化和自然遗存的非营利性机构。博物馆中展示的见证物是由其征集、典藏、陈列和研究的，代表着自然和人类文化遗产的实物。通过对这些见证物的研究和欣赏，人们不仅可以学习更多的历史知识，深入思考人类世界和历史发展，还可以通过挖掘这些见证物的精神和实用价值，开发和利用相应的文化资源。

博物馆的功能设定。不同类型的博物馆定位于不同的社会需求和文化需求，有其不同的功能特色。从主题形态上来看，博物馆包含建筑物、植物、动物、水族、史迹、古镇、民俗等。从内容上看，包括历史的、美术的、人类的、科学的、专题的博物馆等。一般而言，博物馆的基础功能包括：①社会教育功能。从公众的兴趣和需求出发，为了最大化地实现博物馆的公益性和社会责任，博物馆可以利用自身的知识资源而开展知识讲座、室内教程、户外活动等公众参与的各种互动性活动。通过这些活动的开展，不但可以传播文化知识，还有利于吸引公众的参与和关注。②信息服务功能。由于博物馆掌握历史方面知识信息，基于公众的信息需求，博物馆可以通过网站资讯、资料查询等形式向公众提供信息查询服务，在此

① 周小敏．建设“流动的农家书屋”——图书漂流、流动图书馆、农家书屋“三合一”服务模式探析［J］．当代图书馆，2010（4）．

② 数字图书馆：所有服务免费［EB/OL］．［2010-12-30］．浙江在线．http：//www.cnjxol.com/xwzx/jxxw/wtxw/content/2010-12/30/content_ 1568177.htm.

过程中，博物馆应当尽可能以免费的方式提供这些服务，以使得公共文化服务的效果最大化。③专业服务功能。博物馆可以通过其在文物保存、修护、研究等专业知识和技术，为公众提供展览设计、文物修复、文物复制、文物摄影等功能性服务。④场馆服务功能。为了提供更多更好的公共文化服务，最大化地实现资源整合和共享，博物馆可以依托自身的场馆、设施，根据具体情况向单位和个人提供无偿或有偿的服务。例如，在展览场所进行诗歌朗诵、名人讲演、继续教育、文化社交、文化表演、音乐会等相关的文化和商业活动。

博物馆的发展导向。为了更好地发挥博物馆在公共文化服务中的功能，适应信息时代的公众需求，打造博物馆自身的竞争优势，博物馆的运作创新可从以下几方面展开：①发展以信息化、数字化为基础的展品建设，运用语音讲解、3D 模拟动画、情景展示等技术手段，使公众更好地感知和体验文物承载的文化信息。②挖掘文物的精神文化价值，通过复制品来发展文物的大众消费广场，满足公众在日用品、装饰品、礼品等方面的社会文化需求。③通过虚拟技术、三维技术、计算机技术、显示技术、视效技术等手段建设呈现于网络上的数字博物馆，把珍贵的实体文物，变成鲜活的数字模型，从而引发观众浓厚的兴趣，引领博物馆进入公众可参与交互式的新时代，达到文化传播、科普教育的目的。④通过物理识别、视觉技术、影像捕捉技术、投影数字技术等实现奇幻动感的交互体验，结合公众互动的不同形式，营造文物的神秘感、科技感及体验感，吸引公众参与文化活动，提高历史文物和知识的吸引力。

博物馆的创新实践。博物馆是人类收藏历史记忆凭证和熔铸新文化的殿堂，是我国公共文化服务体系的主要组成部分。开展文博工作，发展文物事业，既是公共文化建设的应然内容，也是公共文化建设的动力引擎。山东文登在推动博物馆发展中，积极挖掘地方特色，合理布局功能展区，形成了以“龙魂文脉”为主题的展厅、以“文登学人”为题材的展厅，着力打造“乡土文化课堂”。开放服务以来，该馆通过整合馆藏资源，创新传播平台和展示形式，推出了系列化、多样化的陈列布展服务和主题教育活动，实现了文博资源的集成和共享，拓宽了公共文化生活空间，开创了县级博物馆创新服务的新路子。[①] 博物馆的创新实践不只是综合性博物馆的举动，一些地方特色博物馆在发展中也进行了有益探索。重庆巴人博物馆是展示巴文化的县级文博事业单位，也是爱国教育基地和科普教育基地。近年来，该馆在做好文物收藏、文博研究的同时，积极开展文物展示、科普巡展和开放服务，并通过数字化博物馆平台、网络博物馆建设，挖掘并展现出当地的历史文化特色，为公共文化建设添加了活力。

二、乡镇（街道）层面的组织载体

（一）综合文化站

乡镇综合文化站是根植基层的公益性文化单位，发挥着国家政策宣贯、科技知识普及、农业信息传播、公共文化提供、健身娱乐服务等功能，是面向群众的综合性公共文化机构。

综合文化站的组织运作。作为政府系列的文化事业单位，乡镇文化站不但承担发展和管理文化事业的作用，还兼顾着一部分社会管理的具体工作。与文化馆的功能定位相似，一般来说，综合文化站的功能包括：文体事业的组织建设与管理、政策法制宣传教育、文体活动组织管理、各类文化艺术的相关培训、文化作品的组织创作、公共文化资源配送与管理、文化工作业务指导、文化交流、民间文化艺术遗产搜集整理与保护及文化市场的管理等。然而，在乡镇层面，市场化的文化事业和文化产业发展水平相对较低，居民文化生活相对落后，政府在文化活动中占主导地位，这些都决定了乡镇综合文化站具有较大的发展空间，并具有与市县级文化馆不同的发展特点。因此，在其发展模式的构建和运作管理实践中存在着不同的现实要求和关键环节。

综合文化站的发展导向。①作为乡镇范围内公共文化发展的重要支撑，综合文化站应不断强化文化服务的主体观念，应当从整体上规划公共文化服务的发展，制定乡镇公共文化发展的战略，形成并构建文化发展的基础平台，并不断拓展文化站业务活动的广度和深度，以利用和开发乡镇公共文化的资源潜能。②作为市场经济条件下的文化发展主体，综合文化

① 梁佳媛．探寻县级博物馆特色发展之路［N］．中国文化报，2013-12-06.

站可适当发挥市场机制的作用来配置文化资源，通过推动文化产业的发展来促进文化产品和文化服务的提供，并应当将公共文化服务置于乡镇社会经济发展的宏观背景下进行规划。这样才能使得经济发展成为文化服务的坚实基础，使得文化服务成为经济发展的有效支撑，最终实现经济和文化的相互促进和共同发展。③着眼于居民文化生活单一和文化观念淡薄的现实，在发展公共文化服务中，综合文化站既要紧紧围绕居民的文化生活，又要发挥文化发展的引领作用，既要满足居民当下的文化需求，又要不断培育其文化生活的自觉性和积极性，通过文化自觉性的培养，最终使居民成为文化发展的主体力量和动力源泉。此外，为了更好地适应和利用信息时代的文化技术和方法，乡镇综合文化站还应注重文化活动的互动性和开放性，通过文化的交流和技术的引进，使文化站业务活动的开展更加高效，公共文化服务的水平不断提升。

综合文化站的具体实践。实践中，由于文化意识的淡漠化、建设标准的刚性化和评估标准的形式化，综合文化站在可持续发展和常态化服务方面面临着诸多困难。武隆县庙垭乡在推进公共文化建设中，立足“文化教育名乡”地位，发挥当地文化底蕴丰厚、地方文娱资源丰富、教育事业昌盛的优势，加大乡综合文化站的软硬件设施建设，强调素质教育与文化发展的结合，着力提升“综合文化”发展内涵。在公共文化建设中，庙垭着力推进文化惠民工程建设，通过广播电视“村村通”工程、电影放映工程、人民群众体育建设工程和农家书屋开放服务工程的广覆盖，改善了基层公共文化设施，为公共文化活动的常态化奠定了基础。围绕元旦、清明、端午、中秋、国庆、春节等重大节日组织开展形式多样的文体活动、文娱表演和文化竞赛，丰富深化群众文化内涵，使人民群众的文化享受与素质提升相得益彰；连年举办以“自然、畅享、和谐、增收”为主题的油菜文化旅游节，赋予“基层旅游”以特色文化内涵，开创“文化富民”的新路子。庙垭文化站的创新实践，开创了融文化娱乐、社区教育、基层旅游为一体的综合文化发展道路，庙垭乡因此被命名为“国家公共文化改革研究实验基地”。

云南保山在推进公共文化建设中，重新定位乡镇综合文化站的功能，创造出文化站转型发展的新地标——“新型文化综合体”，为乡镇文化站的发展提供了范例。保山强调文化站的发展首先应基于对文化认知的转变，将文化站的建设视作精神文明建设的“窗口工程”、集镇建设的“亮点工程”、满足文化需求的“民心工程”和文化经济共同发展的“示范工程”。[①] 在文化站的转型发展中，保山芒宽乡把文化站的转型发展置于乡镇整体发展格局中去规划，提出多元文化本体的有机结合、文化建设与经济建设、社会建设、生态建设相结合的发展思路，开创了以“文化乐民、文化育民、文化富民”为主要内容的文化发展范例。在文化乐民方面，通过组织开展一系列特色文化创建活动，并形成常态机制，使得基层生活丰富多彩。在文化育民方面，通过文化信息工程的建设和完善，教育和培训群众的文化观念、拓展其文化视野、普及农业生产的知识和技术，以培育新型人民群众，助力社会发展。在文化富民方面，通过发展特色文化产业，使文化成为群众致富的方式。芒宽在推动文化站转型发展中，更新观念、拓宽视野、改变格局，破解了“五子文化站”[②] 有名无实的现实困局，突破了文化站定位于“小文化”的发展囿限，立足于“大文化”的发展思维，创造出“新型文化综合体”，使乡镇文化站真正走上了“文化惠民”之路。

（二）文化广场

在乡镇范围内，文化广场是以蕴含较多文化内涵为主要建筑特色的场地，是为公众提供休闲的公共空间和文化场所。文化广场是一种开放性、包容性公共文化空间，是培育民众素质、增强民众体质、陶冶民众情操的重要阵地，是开展群众文化活动的重要载体。公共文化建设背景下，文化广场借助广场文化的表现形式，使其承载的文化内涵日渐丰富、活动形式更加多样、文化服务更加便捷。

文化广场的功能设定。文化广场的开放属性、建筑特色和场所优势，决定了其文化活动的开放性和社会影响的广泛性。结合公共文化建设的现实需要，尤其是公众的文化需求和期望，文化广场应不断创新其公共文化服务的功能，具体包括：①依据文化广场的开放性和场所优势，文化广场可以举办不同的演出活动。在文化广场，专业的文艺团体、表演人才可以筹划专业的文化演出，而社会公众也可以自发地组织文化活动和表演。

---

① 赵家华．农村文化站转型发展新地标——建设“新型文化综合体”［M］//傅才武．中国公共文化政策实验基地观察报告，北京：社会科学文献出版，2014：359-365.

② “五子文化站”即文化站只有一块牌子、一间房子、一张桌子、一条凳子、一个妹子。“五子文化站”反映了基层文化站有名无实的发展困境，要么一张报纸看一天，要么一把铁锁锁一周。

②依据文化广场的场所优势，为倡导健康文明的社会风尚，提高公众的文化素质和修养，文化广场可以举办不同的摄影作品展览、科普图片展览以及知识竞答和观众互动等，通过摄影家、表演艺术家和文化大家的引领、熏陶，提升当地的文化软实力。③依据文化广场的影响力和感染力，文化广场可以将法律知识、政府政策、文化知识等融入广场活动，以发挥传播先进文化的媒介作用，达到宣传和教育社会公众的目的。

文化广场的具体实践。①文化广场的品牌化发展。为了突出文化广场的个性，彰显文化广场的品牌，文化广场可以通过有影响力的文化活动的组织和策划，培育和开发主题性、差异性的文化活动品牌，以形成文化广场的广场风格。例如，青岛就建成了以“城市客厅星光 PARTY”为名片的汇泉广场，纪念五四运动的五四广场，以音乐为主题的音乐广场。[①] 各地在推动文化广场发展和广场文化建设中，创造出诸如“一元剧场”“彩色星期六”“没有围墙的剧场”“大地欢歌”文化节等一批特色文化活动，充分利用广场的空间优势，实现了空间优势、资源聚集和发展动力的有效整合。②文化广场的多样化发展。公众文化需求的多元化决定了文化广场的多元化发展。公益性文化活动、群众自发文化活动、商业性文化活动竞相登场，各自表达着不同的文化诉求。晨练、广场舞、地方戏、民乐、杂耍表演等多样化的文化形式，是民众健身、休闲、娱乐、交流的重要形态。这些活动中，既有专业文艺团体举办的文艺汇演和巡演、也有业余文化社团自发组织的自娱自乐的文化活动等。这些开放、多元、创新、本土化的文化活动，提升了基层公共文化覆盖水平和供给能力；打破了城乡文化壁垒，促进了城乡文化一体化发展。

三、村（社区）层次的组织载体

（一）文化大院

文化大院始于 20 世纪 90 年代末期，是人民群众依靠自家的住所、院落、资金、人才等资源，自发建立的文艺演出、书画创作、图书收藏、影像放映等文化活动的民间组织，其基本特征是人民群众自办、政府引导。

① 陆玲．基于城乡文化需求的广场文化建设研究——以青岛市群众艺术馆广场文化建设为例［M］//傅才武．中国公共文化政策实验基地观察报告，北京：社会科学文献出版社 2014：291-296.

由于能够贴近人民群众的日常生活，满足人民群众的文化需求，自文化大院建设开展以来，其内容不断丰富，形式不断深化，内涵不断延伸。

文化大院的功能设定。文化大院是以文化服务为宗旨，政府主导、人民群众自办为特征的公益组织，是深入乡间的文化活动载体，其功能包括：①文化大院可以根据场所条件，组织开展一些综合性文化体育活动，如举办展览、讲座等活动，通过文化活动的举办和文化知识的普及，从群众中培养和开发文化人才。②文化大院可以通过社会网络，加强文化活动的互动发展，并在一定范围内举办较具影响力的品牌文化活动，以挖掘独具特色的民间艺术。③在政府和民间文化机构的支持和指导下，文化大院可以开展群众读书读报活动，以培养居民的文化意识和文化参与的热情。④文化大院应当紧跟信息时代的发展步伐，通过网络信息平台的建设和信息服务，拓展公众的思维和视野。⑤从地方物质及非物质文化遗产保护的视角，文化大院可以通过开展文化遗产的搜集、整理、展示和宣传活动，以便更好地挖掘本地的文化内涵。

文化大院的具体实践。在文化大院的发展实践中，资金和人才经常成为发展的瓶颈。在投资建设文化大院时，应当强调以产业带动文化大院建设，以实现其可持续发展；在人才培养和开发方面，则应当调动不同主体的创造性。作为吉林省公共文化服务的成功典型，吉林市永吉县岔路河文化大院创新性地通过组织和制度来激发文化发展的热情。文化大院通过建立集歌舞、娱乐、书法美术、健身、器乐演奏、大秧歌、文学、民俗等为一体的社团联合会，将包括文化体育、民族歌舞艺术、教育、兴趣爱好、慈善公益、科技发明创业等在内的众多文化社团组织起来，并在每个社团实行“自我组织、自我管理、自我教育”的方针，使得各项文化活动生动有序地开展起来。[①]

（二）农家书屋

农家书屋是建在行政村且有一定数量的文化资源，开展日常文化交流、传播和享受的公益性文化场所。作为文化惠民工程的农家书屋工程自2007 年全面推广以来，在弘扬社会主义先进文化、丰富居民文化生活、提

---

① 吉林市永吉县岔路河文化大院获全国大奖［EB/OL］.［2013-11-25］. http://www.shjnet.cn/xw/jcjsb/201311/t20131125_269273.html.

高人民群众文化素质和农业技术水平等方面发挥了重要作用。要更好地发挥农家书屋在知识、信息、技能等方面的传播、交流、服务和提高功能，必须着眼于农家书屋的实际运作，不断改进农家书屋的运作机制和服务模式，真正把农家书屋打造成居民的“精神乐园”和“文化绿洲”。

农家书屋的运作管理。图书资源是农家书屋开展业务的基础，满足人民群众对信息服务和农业知识的需要，农家书屋的图书资源应当不断丰富并经常更新。为此，政府需要持续加大对农家书屋的投资力度，引导和鼓励社会力量通过捐款捐书等方式参与书屋建设，不断改善书屋的硬件配置和软件资源。同时，农家书屋应尝试新的运作方式，通过邻近书屋间图书资料的流通和互借，打破“各自为政”的封闭状态，实现资源的整合利用和共建共享。在日常运作中，应设置专门岗位并聘用专人负责书屋的日常事务，制定相应的制度规范和运作流程；开展管理人员的业务培训和经验交流，保障其工资待遇和生活福利，不断提高其业务素质和管理水平，激发其工作热情和潜能。信息网络时代，农家书屋需要从主要基于图书、报刊等文化资源逐渐向基于互联网的数字资源转变。一方面，以全国信息资源共享工程为契机，整合推进农家书屋工程与信息资源服务点建设，实现文化信息资源的整合利用和共建共享；另一方面，改造和利用现有的公共设施，将农家书屋与人民群众夜校、老年活动室和农业技术推广机构、“三下乡”服务点整合起来，通过功能集成、资源整合，实现“一室多用”，避免重复建设和资源“孤岛”。

农家书屋的实践创新。农家书屋是人民群众自主管理、自主运作的公益性文化机构，既是提供人民群众读书、看报的阅览创所，也是发挥人民群众主动性和积极性，拓展和满足其文化需求的公共空间。各地在农家书屋创建和运作中，面对农家书屋发展中资源约束和功能虚化等问题，积极探索，创新出一些有效方法。

其一，人民群众阅读养成实践。人民群众的自觉参与，是发挥农家书屋服务功能的前提。因此，培育人民群众的阅读习惯成为农家书屋发展中的关键问题。解决人民群众阅读兴趣不高、阅读习惯没有养成的问题，可以在图书阅读之外，根据人民群众的实际需要，开展一些激励性文化活动，如开展知识竞赛、知识讨论、技能比拼等，来激发人民群众读书热情。广西来宾在培养人民群众自觉阅读方面取得了很好的效果。为了宣传农家书屋，来宾出版了《大舞台》一书并免费发放，介绍先进典型，还通过组织人民群众文艺队演出，把从农家书屋借阅书籍而获益的典型人物、事例编成故事，利用“4. 23”世界读书日、“6. 12”世界文化遗产日，与乡镇文化站和文化室联合开展了内容丰富、形式多样的群众读书活动。①通过这些活动的展开，来宾的农家书屋把阅读活动从政府引导变成了人民群众的自觉行动。

其二，图书轮换实践。图书资源是农家书屋发展的基础，为解决图书的数量和质量问题，以及图书购置的资金问题，必须不断探索建立文化机构和组织间的图书资源共享机制，以有效地整合地区的图书资源。为此，在具体实践中，广东省探索并实践了图书出版物的轮换流转模式。2014年，广东省在潮州市、韶关市和茂名市开展农家书屋出版物轮换试点工作。为提高农家书屋利用率，进一步推动图书资源的合理利用，潮州结合当地实际，制定了《潮州市农家书屋出版物轮换试点工作实施方案》，通过不同农家书屋间的出版物的轮换流转，有效缓解了广大人民群众看书难、借书难、买书难问题。②

其三，数字化的农家书屋。伴随着网络和数字技术的发展，数字化文化资源不仅可以方便群众阅读，有效降低出版物的成本，还可以极大地提高人民群众阅读和信息查询的实际体验。与传统的农家书屋相比，数字农家书屋具有公共文化服务一体化、文化内容更新快速和节约支出等优势，成为农家书屋在信息时代发展的有效路径。在实践中，山东宁津在数字农家书屋的发展上取得了很好的效果。宁津通过对农家书屋进行数字化升级，使人民群众可以通过电子网络浏览到上万册图书，观赏到上千部电影、电视剧、戏曲。同时，通过新型数字多媒体移动播放终端产品的安装，通过接入互联网、电视机、投影仪、显示器等终端设备，这些数字化资源可以在文化信息资源共享、党员干部教育、农业技术培训等方面发挥重要的作用。③

---

① 广西来宾市发挥农家书屋阵地作用培育现代新型民众［EB/OL］.［2015-09-13］. 中国农家书屋网 http://www.zgnjsw.gov.cn/booksnetworks/contents/400/254013.html.

② 广东：农家书屋出版物轮换试点工作顺利进行［EB/OL］.［2015-09-13］. 中国农家书屋网 http://www.zgnjsw.gov.cn/booksnetworks/contents/400/253823.html.

③ 山东宁津县：77个书屋实现数字化［EB/OL］.［2015-09-13］. 中国农家书屋网 http://www.zgnjsw.gov.cn/booksnetworks/contents/400/254157.html.

第八章　公共文化治理的协同机制

第一节　公共文化发展的多元协同治理

文化建设是国家整体发展格局的重要方面，文化建设受到国家基础制度架构的制约。中华人民共和国成立以来，经济体制经历了计划经济体制→混合经济体制→市场经济体制的演变。不同的经济体制结构，为文化发展提供了潜在发展范围和改革空间限度。与经济体制的转型发展相适应，我国的文化发展经历了从国家控制到政府主导的转变，并呈现出向协同治理演变的趋势。当代中国公共文化建设，要实现人民群众的文化发展权，就需要深入推进基层治理结构的现代转型，构建一种既符合现实国情又代表发展方向的公共文化治理模式。

一、公共文化发展模式的演化路向

中华人民共和国成立70年来，随着中国经济社会的阶段性发展，社会基础结构也在发生变化。与经济体制改革的推进基本一致，作为上层建筑的一部分的文化建设，也呈现出阶段性渐变的特征。在此进程中，国家控制因素在淡化，社会自主力量在增强，由此引发了公共文化建设模式的演进。

新中国成立之初，面对繁重的国家建设任务和严峻的国际政治环境，在建构理性的支配下，推行了一系列旨在增强国家经济实力、政治动员能力、意识形态制动力的建设方略，实行了集体经济制度和人民公社制度。作为上层建筑一部分的文化建设被纳入国家意识形态领域，强调其政治宣传、政治动员、思想纯化等功能。这一时期，文化被视为愚昧落后的封建遗留而受到批判，国家进而输入新的意义体系、行为规则和文化产品，文化建设表现出高度的统一性和纯粹性。这种强控制型的文化建设模式，在一定程度上保障广大人民群众文化参与权，但其弊端也是显而易见的：其一，在保持文化领域意识形态的同一性的同时忽略了文化满足群众公共需求的公益性特征。其二，在维护文化发展同一性的同时贬抑了文化的多样性特征。文化建设强调政治宣传的需要和社会主义共同理想的形成，忽视了人民群众文化发展的主体需要，忽视了文化的多样性特质，对非主流但客观存在的各种文化形态缺乏理性的认识和尊重，从表现出强烈的意识形态教化和国家意志渗透的工具性特征，忽略了文化建设应有的人文关怀。其三，在强调政府控制的同时忽略了社会力量的参与。政府集生产者、提供者和管理者于一身，掌控着几乎所有文化资源，社会力量被排斥于公共文化的生产供给之外，导致"政事不分""管办不分"，抑制了民间力量自主参与文化建设的可能空间。

改革开放以来，我国确立了发展有计划的商品经济，进而社会主义市场经济的改革目标，国家经济形态经历了从计划经济到混合经济，再到市场经济的演进。适应经济体制转轨的需要，国家设立"七站八所"并形成"条块结合"的管理体制，以实现对基层公共事务的管理，并构建起了新的公共服务体制。这一时期，文化建设既保留了计划经济时代的印记，也孕育着市场经济的特征。计划经济时代文化建设模式被逐渐否定，一些由政府提供的公益性文化服务活动逐渐产生。但受国家财政体制和基层政府财力匮乏的制约，公共文化供给仅限于"电影下乡"等活动。随着市场经济发展和体制改革的深化，我国公共服务领域逐渐出现了市场化、社会化运作的尝试。在文化组织体系上，"由政府一元主宰发展为政府、企业和第三部门的多元共治"。① 随着社会力量的发展壮大和适度介入，公共文化建设模式发生了转向，以政府供给为主、社会参与为辅，各级政府均承担一定的公共文化服务职能。

政府主导型的发展模式改变了全能型政府对文化事务的"大包大揽"，适当收缩了政府的职能范围、调整了政府的职能结构。政府文化管理部门

---

① 刘俊生．公共文化服务组织体系及其变迁研究——从旧思维到新思维的转变［J］．中国行政管理，2010（1）．

通过制定发展规划和文化政策，领导文化事业单位发展公益性文化事业，向社会提供公共文化产品和服务，引导文化企业和第三部门适当参与举办公益性文化事业。在政府主导下的公共文化建设中，群众的公共利益和文化需求的代表和表达需要通过指定的渠道来实现（这些指定的代表和表达渠道往往因官僚化而堵塞），自发的组织和表达形式难以规范发展并形成一定的“话语权”；同时，公共文化建设的决策和管理将公共文化治理简化为行政部门对人和事的单向管理，民众依然被视为决策、管理和服务的对象，而非这一过程的参与者。① 在政府主导下，尽管公共文化建设取得了一定的成效，但也使公共文化陷入了困境：一方面，文化供需出现数量和结构上的失衡，群众的文化生活处于匮乏状况，这在一定程度上“为低俗的甚至有害的文化形式提供了发展空间”；② 另一方面，这种“嵌入式”的文化建设模式使生活的内生性规则面临危机，基层社会秩序比较脆弱。

在应然意义上，公共文化治理是以保障公民文化权利、实现公共文化利益为归宿，依赖于公民的广泛参与并以集体行动促进文化权益的实现。现代社会，公共利益的实现依托治理来达成。在基层治理中，民主参与是至关重要的一个目的，是促进公共利益形成和实现的有效形式。

二、公共文化发展的多元协同治理

“民主参与是人类发展的一个至关重要的目的，而不仅仅是实现人类发展的一种手段”。③ 人民群众和民间力量的参与和协商，既是公共事务治理变革的基本规范，也是公共服务制度变革的重要条件。改革开放以来，随着乡政村治在法律制度上的确立，中国展开了以村民自治、社区自治为核心内容的基层治理改革。值得注意的是，中国治理改革一开始就是在政府推动下启动的，是一种渐进式的制度变迁。这种政府主导型的渐进式改革，能够保证改革在预期的目标和轨道上推进，控制变革的成本和风险；但也会带来乡政对村治的强大压力，使基层公共事务治理表现出“强行

① 王锡锌．政府改革：从管理主义模式到参与式治理［J］．中国改革，2011（4）．

② 吴淼．论基层文化建设的模式选择［J］．华中科技大学学报（社会科学版），2007（6）．

③ 联合国开发计划署．2002 年人类发展报告：在碎裂的世界中深化民主［R］．北京：中国财政经济出版社，2002．

政”“弱参与”的特点。[①] 就公共文化建设中，突出政府及文化事业单位的主导性，强调以先进文化“占领”文化阵地的重要性，漠视群众主体性、“话语权”和正当诉求，形成了“只输入，不培育”的文化工作机制。实践证明，这种“嵌入式”的文化建设模式，不仅难以有效满足群众的文化需求，而且难以在社会生根发芽、开花结果。在深层意义上，文化建设并不只是要满足人民群众的文化需求、保障人民群众的文化权益，而是要通过公共文化空间达到促进社区认同和文化整合。就此而言，公共文化建设，需要在普遍参与、民主对话、利益博弈的平台上来展开。

公共文化作为全民普惠性和价值导向性的公益性事业，其发展自然要尊重并保障公民完整的文化权利。政府主导的发展模式因无法保障人民群众相对完整的文化权益而受到质疑。[②] 面对公共文化服务的供需矛盾和效率低下，我国一些地方在实践中探索形成了公共文化建设的多种典型模式，“政府主导”“社会参与”“多元互动”是公共文化发展模式创新的典型特征，据此，我们提出“参与式合作治理”作为公共文化建设基准模式的命题。事实上，“参与式合作治理”并不是中国本土概念，它是在西方学和反思间接民主的基础上产生的，旨在用直接民主机制来修复间接民主机制的不足，并实现两种民主的有效结合。“参与式治理”是“治理”与“参与”的结合，表达的是“与政策有利害关系的公民个人或团体、志愿组织与政府一道参与公共决策过程、参与公共资源分配，从而实现对公共事务的合作治理”。[③] 公共文化治理的参与式合作模式，提供了人民群众参与公共事务的机会、机制与平台，使人民群众可以通过自治组织与政府进行对话、协商与谈判，促进各方的利益协调，有效提升公共政策的回应性，从而有效维护人民群众的基本文化权益。

因基层民主化发展的要求，多元参与、合作治理成为公共文化建设模式转型的基本方向。一方面，这种模式因为能更好地促进公民文化权利的实现而与现代社会“文化民主”潮流相一致；另一方面，这种模式因为能

---

① 俞可平，徐秀丽．中国基层治理的历史与现状（续）——以定县、邹平和江宁为例的比较分析［J］．经济社会体制比较，2004（3）．

② 张良．政府主导、社会参与、市场配置：基层公共文化服务体系建设的理想模式［J］．理论与现代化，2012（4）．

③ 陈剩勇，赵光勇．参与式治理研究述评［J］．教学与研究，2009（8）．

有效提升公共文化服务的质量和效率而成为实现“文化民生”重要途径。随着国家“以工补农、以城带乡”城乡统筹发展战略的实践，乡镇综合配套改革的逐渐展开，基层政府与人民群众以管制为特征的联系渠道逐步消退，代之以强调对话和协商为特征的联系方式。就公共文化建设而言，政府应该有效挖掘民间资源、动员社会力量、利用市场机制，寻求与社会、市场的有效合作。这种模式，“要求公共文化发展的各种要素都围绕公民文化权利实现这一中心目标展开，形成‘目标一致、各有侧重、要素联动、优势互补’的动力组合产生文化发展的强大合力”。[①] 公共文化治理是文化领域的公共事务治理，它需要尊重群众的主体地位，建立需求表达与利益诉求机制，使他们能够与基层政府就共同利益进行对话协商，逐步建立互动参与、协商对话的制度框架。

第二节　公共文化治理的实践样态

公共文化是具有整体一致性、价值导向性和全民共享性的文化形式，各地在公共文化建设中，因地制宜、积极探索，形成了一些创新性治理样态，依据其运作方式和主导特征，可归纳为“政府主导”　“精英引导”“市场驱动”等类型。

一、政府主导+社会协同

公共文化是一种特殊的公共物品，政府的介入是不可或缺的。中央明确提出：“各级党委和政府要把公共文化服务体系建设作为提高党的执政能力、建设服务型政府的重要任务，放在全局工作的突出位置，把握方向，制定政策，整合力量，营造环境，切实担负起领导责任。”[②] 政府作为国家的权威性代表，承担着文化发展的战略规划、政策制定等职责，掌握着国家的财政资源和文化资源，具有强大的社会动员能力。因此，政府的

① 金民卿．构建多种文化发展模式［N］．中国社会科学报．2011-11-08（7）．

② 中共中央办公厅，国务院办公厅．关于深化文化体制改革的若干意见［N］．人民日报，2006-01-13.

积极作为，能够建成相对完善的公共文化设施，创造丰富多彩的文化产品，促进人民群众文化权利的实现。“政府主导、社会协同”，是基于政府在公共文化建设中的目标地位和职能界定，在实践中形成的一种注重政府在资金、政策、管理等方面发挥主导作用的文化建设模式，具有以下特点：

第一，政府主导文化建设，以县、乡、村文化阵地建设为基础，构建公共文化服务的基础平台。近年来，甘肃临泽县按照“完善县一级、巩固乡一级、发展村一级、延伸社一级、辐射户一级”的文化发展思路①，积极进行政策规划，不断加大财政投入，改善了县级文化馆、图书馆、博物馆的设施条件，加强了“三馆”的规范化建设，推动它们开展经常性的群众文化服务活动；同时，着力推进基层公共文化服务阵地建设，全县 7 个乡镇已全部建成高标准的乡镇综合文化站；在行政村一级，建成农家书屋 71 个、文化信息资源共享工程村级服务点 71 家、村级文化体育健身广场 64 个。② 目前，临泽县的公共文化服务体系已初具规模，在基层公共文化建设中，乡镇综合文化站、村文化活动中心扮演着引导者、组织者的作用。

第二，文化活动形式以政府组织的“文化下乡”活动为主。政府以“文化下乡”的方式，将群众喜闻乐见的文化娱乐节目、通俗易懂的农业科技知识、便捷实用的文化设施（如流动舞台车、电影放映机等）等送到田间地头，方便群众的文化享受。2010 年，湖南澧县政府组织县文化局、司法局、科技局、计生局、卫生局等单位，在澧县澧南镇开展了送文化、送图书、送法律、送科技、送医疗“五下乡”活动。澧县文化局组织的澧州大鼓《查家底》、小品《包厢里的风波》以及戏曲、歌舞表演等精彩节目，受到了人民群众的热烈欢迎；澧县图书馆为农家书屋和人民群众赠送的图书、图书借阅卡受到了群众的好评。通过“五下乡”活动，群众的文化、科学、卫生、法律素质得到全面提高，群众的文化生活日益丰富，生

① 临泽五级公共文化服务阵地建设日趋完善［EB/OL］.［2012-07-31］. 甘肃文明网，http://www.godppgs.gov.cn/2012/0731/8786.html.

② 马钰良．临泽逐步完善公共文化服务体系［N］. 张掖日报，2012-06-19.

活质量得到提高。①

第三，社会参与多以村组、社团、自然人等为主体，采取政府主办、社会承办的方式进行。在公共文化建设中，深圳市宝安区积极制定扶持民间文化组织发展的政策，对那些活力较强、影响较大的社会文化组织和民间文艺团体，在文化项目开发和文艺精品生产等方面给予资助，充分调动社会力量承办公共文化活动。② 政府主导下的基层“文化大院”是这一模式的创新形式。文化大院是以民间艺术家、“文化能人”为发起人和组织者，以文艺爱好者和基层群众为参与者，整合配置农家自有的文化设备和器材，以农家小院为文化活动场所，自发组成的群众文化团体。内蒙古九原区自2003年开始创建“文化大院”，已有“座腔大院”“歌舞大院”“剪纸大院”“秧歌大院”等多个基层文化团体。文化大院“寓教于乐”，在丰富人民群众文化生活、促进邻里和谐等方面发挥着重要作用。近年来，九原区政府及各乡镇政府每年都投入一笔经费，资助文化大院用于购买活动器材；区文化馆还组织文艺工作者深入文化大院进行巡回辅导，并对文化大院的骨干人员进行理论培训和专业指导，这有力地促进了文化大院的发展，把文化大院建设成为基层公共文化建设的生力军。③

二、精英引导+社团推动

意大利社会学家帕累托认为，任何社会——无论是野蛮社会还是文明社会，都存在精英和民众两个群体，他们在意识、能力、权力与价值追求等方面存在显著的差异。精英一般指那些表现突出的少数人，而民众一般指“被统治的国民”。④ 基层社会，精英是一个客观存在的群体，他们凭借特殊的品格、技能或声望，在基层事务治理中发挥着重要作用。就文化建设而言，散布于社会的“民间艺人“和“文化能人”生在、长在乡土社会，其艺术创造直接取材于乡土社会，艺术形式接近于群众的偏好，因而

① 澧县县委、县政府组织文化下乡惠民演活动［EB/OL］.［2010-06-11］. http：//www.hnqyg.com/a/zh/2010/0611/1065.html.

② 谭臻，侣保军. 积极鼓励社会力量参与文化建设［N］. 中国文化报，2009-09-25（12）.

③ 阿勒得尔图. 包头市九原区引导扶持文化大院建设［N］. 中国文化报，2010-05-19（2）；马艳军. 九原区基层文化大院很红火［N］. 内蒙古日报，2011-06-14（7）.

④［意］帕累托. 精英的兴衰［M］. 刘北成等译，台湾桂冠图书公司，1993：149.

在公共文化建设中发挥着骨干和桥梁作用。[1] 在民间文化底蕴较为深厚、民间文化团体较为活跃的基层社会，往往会形成一种集自导性与参与性为一体的文化发展模式。这种文化发展模式，以“民间艺人”“文化能人”等基层精英为核心，以当地民俗、民艺为基础，通过各种民间文化团体，发掘并整合乡间文化资源，可称之为“精英引导”模式，具有以下特点：

第一，基层精英协同、引领文化的发展方向，自发组建各种民间文化组织。在文化建设中，基层精英在文化发展重大事项的启动、决策、实施中，发挥着扮演引导者、参与者和推动者的角色，主导着民间文化形式的发展走向。他们是文化的传播者、创造者和推广者。湖北宜昌三峡地区有个民间说唱艺人刘德方，被专家誉为“三峡地区最具活力的民间故事家和民间艺术家”。[2] 在民间力量的参与下，成立了“刘德方民间艺术团”，注意挖掘具有文艺特长或文学潜质的文化爱好者，培养他们成为民间文化形式的传承人、公共文化服务的提供者，深入基层田间地头，开展经常性的民间文学演唱活动。在甘肃河西地区，人民群众自发组织的剧团、戏社比较多见，它们常年行走于乡镇村社，开展形式多样的文化活动，使民间文化形式得到传承，群众文化生活日益丰富。

第二，文化建设突出民间文化的传承和乡土特色的发扬。在文化精英的引导下，各种文艺团体注意挖掘和开发乡土文化资源，实现了文化资源的有效整合。在浙江苍南县，文化中心面向群众、服务群众，深入挖掘当地非物质文化遗产，把一些独具地方特色的民俗文化搬上舞台，为民俗文化的传承与发展提供了广阔的发展空间；[3] 浙江开化县也注重挖掘民间文化，把已经失传和面临失传的民间表演艺术，如锣鼓队、秧歌舞、腰鼓舞、旱船、布龙、竹马舞等通过整理和恢复全部展现出来，保持了文化建设的乡土特色，促进民间文化的多样性发展。在广西东南一带，牛哥戏是一种比较古老的民间小戏剧种，采用当地白话演唱，在苍梧县、昭平县、

① 彭龙．民族民间文化的发展与基层文化生活．中国民间文化艺术之乡建设与发展初探［M］．北京：中国民族摄影艺术出版社，2010.

② 黄永林．要重视民间文化在新基层文化建设中的作用［N］．光明日报，2006-05-15（8）.

③ 浙江温州市：苍南农村文化中心建设创新模式［EB/OL］．［2014-03-22］．国家公共文化网．http：//www．cpcss．org/_ d271555000．htm.

蒙山县等桂东南基层地区深受欢迎，牛哥戏成了当地重要的公共文化形式。[①] 在甘肃，临夏、甘南一代民间盛行的花儿会，在基层精英的组织带动下，吸引了周边数万人民群众前来参加，活跃了当地群众的文化生活；永登县苦水的“高高跷”社火也享有盛名，当地青年人民群众每年都筹划组织“高高跷”社火表演，使这种民间技艺得以发扬。[②]

第三，政府适度的引导和扶持发挥着重要作用。在“精英引导+社团推动”模式下，政府必要的政策引导和扶植依然不可或缺，影响着文化团体的发展方向和整体规模。山东昌邑市不断加大对基层文艺组织的扶持力度，通过对300余名民间文化能人的培训、指导和扶持，提高了文艺骨干的业务素质和组织能力，每年自发举办文艺演出达1万余场，极大地满足了群众的精神文化需求。[③] 山东平原县的公共文化建设，在注重挖掘乡土文艺人才的潜力和基层独特的文化底蕴的同时，通过政策引导和帮扶，指导部分村庄成立了京剧戏迷协会、文艺俱乐部、人民群众诗书画协会等民间组织，利用农闲开展书画展示、文艺节目创作、文艺汇演等一系列活动。[④]

三、市场驱动+官民共建

公共服务的市场化是公共服务供给机制的一个重要方面，当代西方国家通过公共服务提供与生产的分离，在政府绝对控制与纯粹市场交易之间演绎出诸如合同生产、特许经营、凭单制等多种提供机制，有效地改善了公共服务的供给效率。[⑤] 近年来，我国在公共服务领域引入竞争机制，创造了竞争招标、契约外包和社区提供等方式。在公共文化建设中，我国一些地方尝试借助市场机制为文化建设募集资金、资源并创新方式，“文企联办”“公办民营”“民办公助”等市场化运作机制逐渐发展起来，可将

---

① 王易萍．基层公共文化建设的内源式发展模式分析——以广西牛哥戏为个案［J］．广西社会科学，2010（10）．

② 黄永林．要重视民间文化在新基层文化建设中的作用［N］．光明日报，2006-05-15（8）．

③ 代选庆，李生涛，李洪帅．昌邑民生为本谱写文明和谐乐章［N］．潍坊日报，2012-01-29（A1）．

④ 平原基层文化建设就地取材百名民间艺人刮起“乡土风”［EB/OL］．［2011-11-06］．德州新闻网，http：//news. hsjnews. com/lbgd/2011/1106/62375. html.

⑤ 陈振明等．公共服务导论［M］．北京：北京大学出版社，2011：6.

其归纳为“市场驱动、官民共建”模式。概括而言，具有以下主要特征：

第一，依托企业资助、集体投资、村民集资，创新文化投入机制。一是依托当地大型企业或企业集群资助文化事业。对于资金规模要求巨大的文化基础设施或文化活动场所的兴建，可以发挥大型企业实力雄厚、筹资便利等优势，动员它们资助或与政府共同出资来修建。这类文化设施有规模、设施全、规格高，多集中在城市郊区或开发区周边，为城乡居民共享文化活动提供了便利条件，以河北省武安市东山文化公园和霸州市王疙瘩村的人民群众公园为典型。① 二是依靠集体力量投资文化建设。在经济发展水平较高、集体经济实力雄厚的基层，可以通过集体投资的方式兴办公共文化事业，以河北省辛集市的都大营村等为代表。该村投资60万元建设的村民文化活动中心，以组织村民舞会和文体活动等方式，吸引十里八村的群众来参与，有效地满足了当地及周边地区群众的文化需求，产生了明显的辐射带动效应。② 三是依靠人民群众集资发展文化事业。在经济发展相对滞后、家庭收入普遍较低的基层，可以通过集资的方式筹集文化建设资金，兴办公共文化事业，这种模式以河北邯郸市邱县为典型。邱县创造的“股份文化”形式多样，人民群众以“凑份子”等形式成立了“股份戏”“股份球”“百家书”等民间文化团体③，突显出“内源型”文化建设的活力。

第二，尝试市场化运作，创新公益文化运营模式。文化事业的繁荣离不开市场，也要在市场中找到自身的适当位置。目前，文化事业单位改革试点中的一些市场化运作很有启发意义。兰州市通过文化项目推介会，把各类文化活动和建设项目面向社会整体推介，借助市场机制对城乡文化资源进行整合运作，为构建高层次的“文化圈”提供了动力支持。近年来，浙江省各地普遍推行政府采购公益性文化产品的做法，政府根据所采购产品的不同特性，通过公开招标、邀请招标、竞争性采购等方式购买公共文化产品。这种做法实现了公共文化服务的提供与生产的分离，并在公共文

① 聂辰席．新基层文化建设的新模式——河北省发展“民资文化”的调查［J］．党建，2007（8）．

② 聂辰席．新基层文化建设的新模式——河北省发展“民资文化”的调查，［J］．党建，2007（8）．

③ 彭波．“股份文化”，火了河北邱县［N］．人民日报，2011-01-20（16）；杜滇峰．基层文化建设新模式的调查［J］．大舞台，2007（2）．

化产品和服务的生产者中引入了市场竞争机制[①]，有效地提高了公共文化资源的生产效率和配置效率。通过市场化运作，创新公共文化运营模式，为各种文化要素的整合配置提供了平台。

第三，政府创造环境，为“民资文化”发展助力。在坚持公益性前提下实现有限的市场化，政府需要出台推动“民资文化”健康发展的政策措施，规范企业资助、社会投资、政企合作的运作机制，推动以竞争激励机制、引导动员机制为核心的制度创新。自2002年以来，福建长乐市政府投资建成博物馆、图书文献中心、广播电视中心、新华书店、会堂广场等文化基础设施，为民资文化实体发展创造良好环境；同时，该市还坚持为民资实体“充电”，开展了为书屋送图书、为放映队送电影拷贝、为演出户送精品小戏等活动。如今，每天清晨和傍晚，人民会堂广场、南山公园、郑和公园等地，遍布数十余个扇子舞、彩带舞、民俗舞方阵，丰富了群众的日常文化生活，处处充满了欢声笑语。[②]

四、实践模式的检视与重构

实践证明，公共文化建设的模式创新，有效保障了人民群众的基本文化权益，满足了人民群众多样化的文化需求。但如果过分强调某种模式的纯粹性，往往又会使其自身缺陷得以放大：政府主导模式如果过分强调政府的主宰地位，就可能忽略文化建设的主体——人民群众的文化权益和文化需求；精英引导模式如果过分依赖于少数精英人物，就可能漠视民众作为文化建设主体的地位，在一定程度上限制民众在文化建设和文化生活中的选择权、参与权和创造权；市场驱动模式如果过度渲染市场化的发展取向，就可能导致文化商业化的泛滥，削弱公共文化建设的价值导向性和社会公益性特征，就可能对人文精神和文化品位构成潜在威胁。

公共文化发展繁荣，需要遵循文化发展的基本规律，综合多种文化发展要素，吸纳各种发展模式优势，实现多元发展动力的有效组合和良性互

---

① 傅才武，纪东东．湖北乡镇文化站“以钱养事”改革模式的成效及其局限［M］//李景源，陈威．中国公共文化服务发展报告（2009）．北京：社会科学文献出版社，2009年.

② 长乐：以文化涵养发展［N］．福建日报，2006-05-18；蔡小伟，余荣华．小城大“文”章——福建长乐公共文化建设纪事［N］．人民日报，2007-07-22（1）.

动[①]。为此，需要在借鉴吸纳各种实践模式优点的基础上，探索一种更富活力、更有效率的文化发展模式，这种新型的公共文化发展模式应该重点观照以下方面：一是明确文化发展的基本宗旨，将保障公民的文化权利（包括享受权、参与权、选择权、创造权等）作为公共文化发展的基本目标；尊重人民群众在文化建设中的“话语权”，使公共文化建设植根于民众，发挥民众在文化建设中的主体性地位。二是发挥政府在促进“文化民生”与“文化民主”中的关键性作用，坚持“弘扬主旋律”与“提倡多样化”的辩证统一，切实履行政府的文化管理与文化服务职能，通过战略规划、政策支持和舆论引导，保证社会文化发展的正确方向，维护社会文化秩序，优化社会文化生态。三是发挥文化精英在艺术创作、文化创新等方面的作用，鼓励专业文艺工作者深入基层体验生活，鼓励他们创作优质题材的文艺作品；改善民间艺人生存与发展环境，通过政策引导和扶植，壮大民间文艺团体，发挥它们在优秀民族民间文化传承创新、公共文化的生产供给等方面的积极作用。四是发挥市场的资源配置功能，实现文化资源的有效配置和充分利用；确立平等参与、公平竞争的市场规则，利用市场的竞争激励机制，引导社会力量参与公共文化产品的生产供给，形成规范有序的竞争网络，提高公共文化服务的质量和效率。在此过程中，应强化政府对市场化的管理能力、增强政府对基本公共文化服务的管理责任，保持公共文化服务的公共伦理意义。

第三节　公共文化治理的多元协同模式

公共文化发展繁荣，需要遵循文化发展的基本规律，吸纳各种实践模式优势，探索一种更富活力、更有效率的文化发展模式。这种新的文化治理模式，应综合利用多种文化发展要素、吸纳协同社会组织力量，构建多元协同的合作治理模式，实现多元发展动力的有效组合和良性互动。

---

① 金民卿．构建多种文化发展模式［N］．中国社会科学报，2011-11-08（7）．

一、公共文化治理多元主体的行动逻辑

（一）党组织的文化领导

文化的意识形态属性是执政党对乡村文化进行领导的重要原因，但却不应该是唯一的原因。计划体制下党的文化领导方式在“理性价值观”和“民主公民权”广为传播的市场经济时代，已不能适应满足民众精神文化需求和保障民众文化权益的需要。① 在此情境下，党应注重公民文化权利的保障，应统筹兼顾主流价值观的普及与公民文化发展权利的实现，并维持二者之间的协调和融合，以赢得民众对社会主义核心价值观的“重叠共识”，使民众在文化需求满足中“潜移默化”的实现对文化正确发展方向的坚守。就此而言，公共文化建设，需要在普遍参与、民主对话的平台上来展开，重构以政府为主导、民众为主体的文化治理模式。在深层意义上，公共文化建设并不只是要满足民众的文化需求、保障公民的文化权益，而是要通过公共文化空间达到促进社区认同和文化整合。

（二）政府的文化行政

长期以来，我国地方政府呈现出“选择性治理”② 的行政模式，形成了以经济建设为导向的行政体制。在这种体制模式下，乡村文化建设被置于政府工作的边缘位置。作为公共文化行政的主体，政府必须在“五个建设”全面推进的战略框架内，强化其公共服务职能和文化建设职责。在公共文化建设中，政府应承担起促进公共文化发展的职责，为民众通过平等对话表达文化需求和文化利益提供平台，引导建立需求导向型的公共文化发展机制。一要以维护文化秩序、保障文化权利为目标，将政府职能定位在文化管理、文化服务等方面；二要转变政府文化行政管理模式，实现从指令型管理向引导型管理的彻底转变，积极推动向治理型模式转变；三是要强化政府在文化宏观管理领域和公益性文化事业领域的作用，扮演好文化管理的规划者、统筹者和公共文化服务的安排者和提供者角色。在实现

---

① 吴理财，张良．乡村治理转型视域下的文化体制改革［J］．社会主义研究，2012（5）．

② 选择性治理，是指政府基于自身利益而非人民的利益有选择性地展开行政作为，即对那些于己有利的事就去管、去做，对那些于己不利或者吃力不讨好的事就尽量不去管、不去做。（参见吴理财．应注意农村基层的选择性治理［N］．学习时报，2009-01-12.）

政府部门角色适度分化的过程中，明确政府在公共文化建设中的“安排者”和“提供者”角色[①]，扮演好公共服务的规则制定者、服务提供者、市场监管者的角色。负责组织和监管乡村公共文化产品的投资、生产、供给；负责制定和实施公共服务的规则和标准（如准入资格、服务价格、服务质量、成本效益、竞争秩序、公共补贴等），实现对市场力量的合理规制，确保公共文化的公共性、公益性和公平性，实现公共文化服务公平与效率的同时改进。

（三）公益文化组织的文化供给

文化事业单位是我国事业单位在文化领域的一种组织形式，是公共文化服务的主要组织载体。长期以来，我国的政府机构、事业单位和国有企业常常交织在一起，使得事业单位的组织属性和职能边界模糊不清。推进文化事业单位改革，就是要实现“事企分离”的同时，着力推进“政事分开”，理顺文化事业单位与政府机构之间的关系。适应文化建设的新任务、新体制、新格局，按照“政事分离、管办分开”的原则，根据文化事业单位存量巨大、类型多样的现实，在分类改革战略设计中，以科学界定政事关系为基础，根据文化事业单位性质实行分类管理，将从事公益性服务的“三馆一站”[②]，体现民族特色和国家水准的演出机构，承担重要艺术创作、研究和教育的公益性任务单位等，在性质上明确确定为公益性文化事业单位，深化公益性文化事业单位的内部制度改革。在基层公共文化建设中，乡镇综合文化站居于“联通上下”的枢纽地位，应激发乡镇综合文化站的生机和活力，特别是明晰乡镇文化站的职能范围及归属管理和服务范围，加强文化站的规范化和标准化建设，强化其公共文化组织管理和服务供给能力。同时，随着“单位制”社会的解体，现代社会公共生活越来越多地依托于社区展开。作为现代社会的微型空间，社区孕育形成了一些自治性、准自治性的组织，它们是开展公共文化建设的重要依托，承载着休闲娱乐、信息传播、学习提高的服务功能，发挥着互动协商、集体行动的作用，对公共文化建设具有重要的推动作用。

---

① ［美］麦克尔·麦金尼斯．多中心体制与地方公共经济［M］．毛寿龙译，上海：三联出版社，2000：111.

② “三馆一站”指图书馆、群艺馆（文化馆）、博物馆和文化站。

（四）文化企业的供给介入

在公共文化领域，纯粹的政府机制和市场机制都无法实现资源的优化配置。乡村公共文化建设，需要在保证公益性的前提下适当引入市场机制，寻求社会公益与运作效率之间的平衡。在坚持公益性前提下实现有限的市场化，是我国公共文化建设的现实选择。实践中，地方政府正在探索通过合同外包、招标采购、委托生产、BOT等方式，引导企业参与公共文化设施建设和公共文化服务的生产供给。市场主体的参与，有助于打破公共文化建设中垄断格局，有助于提升公共文化建设的效能。文化企业是文化市场的微观主体，它应当有独立的产权地位和自主的经营权限，独立承担法律责任。就我国现有的体制而言，文化市场主体的培育有两条途径：一是推行事业单位分离改革，实现经营型文化事业单位“转企改制”；二是放宽文化市场准入条件，在保证国家文化安全和文化市场秩序的前提下，引导非公有制文化企业发展壮大，打破“条条”“块块”带来的垄断，构建自由规范、竞争充分的文化大市场。[①] 当然，市场也不是万能的、完美的，过度张扬市场力量、依赖市场机制，很可能削弱公共文化的价值导向和公益特征，构成对人文精神和文化品位的潜在威胁。在坚持公益性的前提下实现适度的市场化，需要政府必要的引导和监管，使市场力量在合法的框架下、合理的范围内运作。

（五）民众的自主参与

乡村公共文化建设，尊重民众的主体地位、发挥政府主导作用，二者不可偏废。民众的参与之所以重要，就在于他们既是公共文化建设的受益者，也是公共文化建设的主体力量。民众的普遍参与是实现乡村公共文化治理的前提条件。“民主意味着参与”。[②] 只有公民的普遍参与，才能从根本上保障公民的话语权，使行动各方就公共议题展开平等讨论和磋商，从而在各方利益表达、意见综合的基础上产生可靠的行动方案。当前基层公共文化重建的一个方向，就是注意唤醒民众的主体意识，引导民众自主参

---

① 刘吉发，金栋昌，陈怀平．文化管理学导论［M］．北京：中国人民大学出版社，2013：357-358.

② Max Wolff. Democracy means participation［J］. Journal of Educational Sociology，1949，23（3）：129-134.

与到公共文化建设之中。基层公共文化建设，应合理协调政府主导与民众主位的关系，建立“政府理性引导、公民充分表达”的新模式。[①] 公共文化治理，就是期望通过“自上而下”行政推动与“自下而上”社会行动的有机结合，打破当前公共文化建设重“送”轻“种”的模式，破除民众在文化建设中的“集体失语”状态，重新肯定民众在乡村文化建设中的主体地位。针对民众参与意识和愿望不强、参与能力和条件不足的现实，在强调建立普遍的参与制度平台、畅通参与渠道的前提下，注意发挥群众自治和民间社团组织在动员基层群众方面的作用，通过民主恳谈会、意见听取会、村务协商会等形式，不断增强民众的参与意识和参与能力。同时，要注意挖掘蕴藏在基层的传统和力量，发挥村民运动会、村庄自乐班、民间歌舞团等草根组织的作用，聚合形成村庄的公共利益和公共需求，促进村民参与的组织化、规范化和有序化。

二、公共文化治理多元协同模式构建条件

（一）政府文化行政的转型

政府作为公共事业的关键治理主体，无疑在公共服务发展中发挥着主导作用。政府的执政理念、行政方式、职能配置等，对社会公共事务治理产生着重要影响。现阶段，随着国家治理理念的转变，公共行政正发生着根本性改变，以“经济建设为中心”的发展型政府已不合时宜，服务型政府建设正在推进。服务型政府，是在民主秩序框架下，“以为公民服务为宗旨，实现着服务职能并承担着服务责任的政府”[②]，其核心职能是社会管理和公共服务，基本宗旨是实现社会公平与正义。[③] 服务型政府强调公民是社会的主人，政府的责任是为整个社会发展提供基本规则和秩序，科学规划国家发展目标和战略。在此框架下，引领各类社会组织、公民个人采取协调一致的行动，追求社会公共利益。当下，建设服务型政府，基本取向就是要向全社会提供基本均等的公共服务，增进“人民的福祉”，促进

① 陈振明等．公共服务导论［M］．北京：北京大学出版社，2011：238.

② 刘熙瑞．服务型政府——经济全球化背景下中国政府改革的目标选择［J］．中国行政管理，2002（7）．

③ 林尚立等．政治建设与国家成长［M］．北京：中国大百科全书出版社，2008：172.

“民生政治”建设。

在服务型政府模式下，公共文化事业发展，需要政府重新界定其角色和职能。政府作为公共文化行政的主体，充当着引导者、调控者、服务者和监督者的角色。[①] 在公共文化建设中，政府应承担起促进公共文化发展的职责，为人民群众通过平等对话表达文化需求和文化利益提供平台[②]，引导建立需求导向型的公共文化发展机制。为此，一要以维护文化秩序、保障文化权利为目标，政府职能应定位在文化管理、文化服务等方面；二要深化文化体制改革，彻底改变政府“官办不分”、大包大揽的文化体制模式，“实现由管、办、养合一的生产方式向政府主导、多元参与的供给方式转变”。[③] 在具体行政方式上，实现从全面管理向重点管理、统一管理向分类管理、单一管理向多样管理的转变。在一定意义上，政府在自身改革中能否实现职能、体制、过程等方面的彻底转变，直接影响甚至决定着公共文化参与式治理模式的构建与运行状况。

（二）市场机制的适度介入

现代社会公共服务体系的建立，不仅依赖于政府的主导，而且也有赖于社会市场化的充分发育。现代政府的“公共服务”职能，决定了政府在社会公共服务事业发展中必然发挥着主导作用，但政府主导并不意味着政府大包大揽，也不能代替社会力量的参与。事实上，政府对公共事务主导作用的实现，需要借助于市场力量和市场机制才能够充分实现。因此，市场化的充分发育，市场机制的适当引入，对于建构公共文化服务多元治理机制，有着重要的现实意义。适当的引入市场力量，需要着力推进传统文化事业单位的产权改革，实现公益性文化事业和经营性文化产业的分离。唯有如此，才可以在明晰产权归属的前提下，通过税收优惠政策和其他扶持政策，激励私人部门参与公共文化建设。

市场主体的参与，有助于打破公共文化建设中的垄断格局，营造多元主体广泛参与的环境，并有助于提升公共文化建设的效能。当然，市场也

---

① 胡惠林．文化产业学——现代文化产业理论与政策［M］．上海：上海文艺出版社，2006：243-245．

② 李少惠，曹爱军，王峥嵘．行政变革中的公共文化服务及其路向［J］．中国行政管理，2007（4）．

③ 赵立波．深化公共文化服务体系建设［N］．人民日报，2009-04-02（16）．

不是万能的、完美的，过度张扬市场力量、依赖市场机制，可能削弱公共文化的价值导向和公益特征，构成对人文精神和文化品位的潜在威胁。在坚持公益性前提下实现适度的市场化，需要政府必要的引导和监管。通过法律法规的规约和公共政策的引导，促进公共文化建设走向普惠性、均等化，避免出现歧视性供给、私人的消极供给及对社会底层的排斥，确保市场力量在合法的框架下、合理的范围内运作，切实做到趋利避害、扬长避短。

（三）社会组织的有序成长

公民社会是现代社会“三元结构”中政治领域、经济领域之外的空间，它的存在是对政府、市场的补充和平衡。在传统的压力型体制下，政府往往根据政治偏好和政绩导向来决定公共文化产品的供给总量、供给结构和供给方式，社会民众偏好和愿望并未能得到应有的关注。单一、失衡的供给制度容易引发公共文化服务供需脱节或错位。同时，现代民主机制下，政府的行动倾向于回应“中位选民”诉求和社会普遍问题，弱势群体和微观区域很难进入政策议程，造成对其正当利益的漠视。公民社会组织的成长及其在公共服务中的出场，形成了对政府力量和市场力量的纠治和制衡，依托其自主性的集体行动填补了政府失效可能带来的政策盲区，弥补了市场在调节公共利益上的缺失，能更好地促进社会福利，增进社会公平。

根据政府—市场—社会“三分法”的观点，公共服务供给主体可以有政府、市场和第三部门。社会组织是“第三部门”主体，是政府履行社会管理和公共服务职能的重要补充，是推动传统治理模式转型的重要力量。然而，当前我国社会组织的发展遭遇到合法性困境、组织能力困境和公信力困境，严重阻碍着我国社会组织的发展壮大，也使其在公共服务中的功能和作用大打折扣。基于现实的政治生态和制度架构，推动社会组织的发展，一条可行的路径就是投资于社会资本，增进社会的合作规范、信任和网络，提升社会组织在社会中的认同感和信任度，拓展组织的社会关系网络，更好地与政府、企业和民众形成良好的合作机制。[①] 事实上，公民社

① 李宜钊．投资社会资本：中国非营利组织发展的另一种策略［J］．海南大学学报（人文社会科学版），2010（2）．

会的充分发育，除了社会组织的成长外，还需要促进新型社区的形成。社区既是公民社会的微型空间，也是公民社会的组织依托。中国社会的全面转型，已然使“社区”取代“单位”成为人们生活的主要空间。[①] 社区作为具有高度认同感的相互依存的自发性共同体，孕育着自身的价值信念和行为准则，并最终形成社区文化。社区文化在一定空间内具有共享性、互约性，承载着休闲娱乐、信息传播、学习提高的功能，发挥着互动协商、集体行动的作用，对公共文化建设具有重要的推动作用。

（四）民众参与网络的形成

公共文化建设的参与式合作治理模式，旨在寻求基层政府与社会组织对基层公共文化生活的合作治理，期望通过“自上而下”行政推动与“自下而上”社会行动的有机结合，打破当前公共文化建设重“送”轻“种”的模式，破除民众在文化建设中的集体“失语”状态，重新肯定人民群众在基层文化建设中的主体地位。公共文化建设，尊重人民群众的主体地位、发挥政府主导作用，二者是不可偏废的。人民群众的参与之所以重要，就在于他们既是公共文化建设的受益者，也是公共文化建设的主体力量。只有普遍参与其中，才能有效维护和实现人民群众的文化权益，并实现对政府和公共文化服务机构的监管。可以说，人民群众的普遍参与是实现参与式文化公共建设的前提条件。

民众参与意识的普遍觉醒与利益表达机制的形成，不仅需要政府提供相应的机制和平台，要有意识地培养并拓展社会资本。社会资本的核心要素——信任、合作、互惠、规范等，对于处理村民与村民、村民与村干部、村民与政府的关系至关重要。要促使基层社会中大量存在的信任、互惠和参与网络从传统狭小的社群网络（家族、宗族、姻亲等），扩展至更大范围的村落社群，促进村庄信任层次的提升，培育村庄公共事物治理的组织网络。通过群众运动会、社区自乐班、民间歌舞团等文化形式，促进村民之间的交流与沟通，增强人民群众对村庄的认同感和归属感，促进村民为村庄的公益事业达成一致行动，提高人民群众利益表达的组织化程度，增强利益表达的有效性。当村民的个体利益与公共利益发生冲突时，

---

① 曹爱军．新基层参与式公共文化服务的制度基础——基于民众参与视角的探讨［J］．重庆工商大学学报（社会科学版），2010（5）．

应当从道德上鼓励并从制度上保证公共利益的优先性。

三、公共文化治理多元协同主体的关系建构

治理意味着公共文化的生产供给是一个更加开放的参与机制。公共文化的公共物品属性，决定了政府在配置公共文化资源、提供公共文化产品、促进文化公平方面承担着不可推卸的责任。而现代社会的民主化取向，同样意味着政府的作为应当在尊重公民“话语权”的前提下进行。面对多样化的文化需求，在公共文化建设的某些可开放领域，可以由政府主导，鼓励和引导市场、社会组织、社区和民众来参与公共文化服务的供给，以此发挥多方主体的功能优势，实现多元主体之间的良性互动。在此过程中，政府应当有所为有所不为，与市场、社会、公民建立适当的关系。

（一）政府与市场："主导性"与适度介入

20 世纪 80 年代，新公共管理理论的兴起，促使人们重新思考政府的角色定位——“掌舵”抑或“划桨”。发达国家的政府部门通过合同外包、业务分担、委托生产、政府购买等途径，创造出公共服务提供的公私合作机制。这种机制的形成，主要是通过政府部门自身的角色分化，即公共服务的生产功能与提供职能的分离实现的。政府部门主要充当公共服务的“安排者”和“提供者”角色，私营部门充当公共服务的“生产者”和“供给者”角色。[①] 在公共物品领域，纯粹的政府机制和市场机制都无法实现资源的优化配置。政府失效与市场失灵的客观存在，意味着我们要“扬长避短”，合理选择并有效组合两种机制。公共文化建设，需要在保证公益性的前提下适当引入市场机制，寻求社会公益与运作效率之间的平衡，恰当安置政府的主导作用与市场的有限介入。[②]

当然，公共文化的公益性特征，意味着在寻求公共文化服务的提供与生产适度分离的过程中，政府应当发挥主导性作用，扮演好公共服务的规则制定者、服务提供者、市场监管者角色，负责组织和监管公共文化产品的投资、生产、供给；负责制定和实施公共服务的规则和标准（如准入资

① 陈振明．公共服务导论［M］．北京：北京大学出版社，2011：118.
② 周晓丽，毛寿龙．论我国公共文化服务及其模式选择［J］．江苏社会科学，2008（1）.

格、服务价格、服务质量、成本效益、竞争秩序、公共补贴等)，实现对市场自发性、盲目性、滞后性的规制，确保公共文化的公共性、公益性和公平性特征，实现公共文化服务公平与效率的同时改进。因此，在坚持公益性的前提下实现有限的市场化，是我国公共文化建设的现实选择。

(二)政府与社会：参与、互动与合作

在三元结构理论视野下，“社会”被视为一个与“政府”“市场”并存的概念，主要指公民社会领域。“第三部门”在中国兴起有力地推动着传统治理模式的转型。“第三部门”中大部分组织来自社会基层，以追求社会公正为宗旨、以谋求公共利益为使命，活动不以营利为目的，具有公益性或互益性，与公共服务的价值诉求相一致。推进第三部门发展，既可以减轻政府的行政压力和财政负担，维护政府的合法性基础；又可以改进公共服务质量和效率，更好地满足多样化的社会需求。第三部门作为一种社会性力量，在政府组织与公民个人之间发挥着沟通和协调的作用，通过其组织化的渠道，可实现公民的利益诉求和意见整合，并通过与政府的沟通与协商，促进转化为行动方案。

在公共文化建设中，由众多志愿者组织、非政府性团体构成的“第三部门”正在发挥着日益重要的作用——它们是政府部门的功能补充者、协助者，二者是互动合作的伙伴关系。为此，各级政府应树立“官民合作共治”的理念，积极培育各种民间文化社团和志愿者组织，通过完善相关法律法规为民间公益组织发展提供政策环境、职能空间，并主动寻求与它们合作，形成“优势互补、良性互动”的格局。基层政府应在某些公共性文化领域有选择的、部分地退出，通过财政补贴、资金扶持、合同外包、委托生产等方式引导和扶植“第三部门”开展公共文化活动。“第三部门”应该在政府失效、市场失灵的领域“积极作为”，自觉回应社会多层次、多样化的精神文化需求，寻求与政府、市场的优势互补、良性互动。①

(三)政府与文化机构：“管办分离”“政事分开”

在我国，文化事业单位是文化发展的组织载体，也是文化体制的重要构成。传统体制下，政府机构无所不包、无所不管，借助其掌控的社会资

① 吴理财．当代中国民众文化生活调查［M］．北京：知识产权出版社，2011：60.

源对文化事业单位进行全面控制，并以一种“父爱主义”的方式给予文化机构以种种约束和保护。文化事业单位一方面作为公共文化的生产者和供给者，承担着公共文化的生产供给职能；另一方面又扮演着“准政府”的角色，承担着部分文化管理职能。这样，文化事业单位与政府在职能范围、权力边界上便产生了交叉叠合，形成了管办不分、政事不分的关系。改革开放的纵深发展，使传统的社会基础结构和社会资源分布格局被逐渐打破，政府与文化机构的关系也在进行调适。在文化体制改革的深化时期，政府作为文化机构直接资源供给者的角色将逐渐弱化，文化机构获得了独立的法人实体地位，政府与文化机构的关系正在由直接管理、微观管理向间接管理、宏观管理转变。现阶段，应明晰政府与文化事业单位之间的权利义务关系，明确二者各自的职能空间，真正实现“政事分开”；改进政府文化行政模式，实现由管制型向服务型转变，通过政策调节、市场监管、提供服务等方式，维护文化事业单位的独立性，增强其文化创造、文化生产、文化传播的能力，努力做到“管办分开”。

公共文化建设的推进，需要文化体制改革的深化为其提供动力。要适应文化建设的新任务、新体制、新格局，按照“政事分离、管办分开”的原则，分类推进文化事业单位改革。同时，应根据文化事业单位存量巨大、类型多样的现实，在分类改革战略设计中，以科学界定政事关系为基础，根据文化事业单位性质实行分类管理：一是从事公益性服务的“三馆一站”①，体现民族特色和国家水准的演出机构，承担重要艺术创作、研究和教育的公益性任务单位等，在性质上明确确定为公益性文化事业单位，深化公益性文化事业单位内部制度改革，提高文化事业单位效率；二是推进经营性文化事业单位的“转企改制”，通过租赁制、承包制、股份制等方式实现企业化改造，使之成为真正意义上的市场竞争主体；三是加快乡镇文化管理体制改革，激发乡镇综合文化站的生机和活力，特别是明晰乡镇文化站的职能范围及归属管理问题，突出其作为公益性文化机构的职能和责任。

① “三馆一站”指图书馆、群艺馆（文化馆）、博物馆和文化站。

（四）政府与公民："话语权"与自主参与

"民主意味着参与"。[①] 规范、有序的参与是构建协商型公共服务制度框架的前提和基础。只有公民的普遍参与，才能从根本上保障公民的话语权，使行动各方就公共议题展开平等讨论和磋商，从而在各方利益表达、意见综合的基础上产生可靠的行动方案。公共文化建设，要充分尊重人民群众的参与意愿和利益诉求，正确处理好政府的主导作用和人民群众主体地位的关系，调动人民群众参与到公共文化建设中来，形成公共文化建设的"内源"动力，实现"内""外"协力。政府在推广"文化下乡""知识下乡"等流动服务时，应注意根据人民群众的实际需要和反馈意见做出适当调整，实现政府政策推广与人民群众需求的对接和契合。[②]

当前公共文化重建的一个方向，就是注意唤醒人民群众的主体意识，引导人民群众自主参与到公共文化建设之中。公共文化建设，应合理协调政府主导与人民群众主位的关系，建立"政府理性引导、公民充分表达"的新模式。[③] 针对人民群众参与意识和愿望不强、参与能力和条件不足的现实，在强调建立普遍的参与制度平台、畅通参与渠道的前提下，要特别注意发挥村委会、村民会议、人民群众小组等群众组织在动员群众方面的作用，通过民主恳谈会、意见听取会、村务协商会等形式，不断增强人民群众的参与能力和参与技能。此外，公共文化建设，要充分挖掘蕴藏在民间的传统和力量，策划组织各种自我教育、自我娱乐、自我发展的群众文化活动。

---

① Max Wolff. Democracy means participation［J］. Journal of Educational Sociology，1949，23（3）：129-134.

② 吴理财．当代中国民众文化生活调查［M］．北京：知识产权出版社，2011：65.

③ 陈振明等．公共服务导论［M］．北京：北京大学出版社，2011：238.

第九章　公共文化治理现代化

第一节　公共文化治理的创新理念

国家治理现代化，要求公共文化治理有助于促进文化自觉、文化自信和文化自强。这种系统治理以文化治理理念的系统化、科学化、民主化为先导，坚持核心价值引领、基本权益保障和文化生态优化在公共文化治理中的功能定位和协同互动，发挥公共文化对公民文化权益、公共文化地带和民族文化传承的促进作用。

一、新时代文化治理的战略意识

文化自觉是指生活在一定文化历史圈子的人对其文化有自知之明，并对其发展历程和未来有充分的认识。[1] 文化自觉反映了对文化地位和作用的高度重视和科学认知。“从本质上来说，文化自觉是人类在生存和发展过程中，对人及其文化存在状态、现实使命、未来走向的自觉。文化自觉既是一种文化意识，又是一种文化价值观，更是一种文化实践论。人们当下提到的文化自觉，主要指一个民族、一个政党在文化上的觉悟与觉醒，包括对文化在历史进步中地位作用的认识，对文化发展规律的正确把握、对文化发展历史责任的主动担当。文化作为一种观念形态，总是与历史发展的一定阶段相联系。当前，时代的发展使文化的作用较以往任何时期更加重要。文化的力量已深深地熔铸在民族的生命力、凝聚力和创造力之中；文化的力量已融入国家实力、国家利益和文化主权之中。新时期，坚

① 费孝通．对文化的历史性和社会性的思考［J］．思想战线，2004（2）．

持社会主义先进文化前进方向，激发全民族文化创造活力，提高国家文化软实力，保障人民群众的基本文化权益，实现社会主义文化大发展大繁荣，需要党对文化战略的自觉认知、政府对文化发展的自觉担当、人民对文化建设的自觉实践。为此，我们要以科学发展观为统领，树立新的文化发展观，确立关于文化发展地位、文化发展方向、文化发展动力、文化发展格局和文化发展目的的科学认识和战略思路，积极发展文化事业、加快发展文化产业，推动中国特色社会主义文化大发展大繁荣。

中国特色社会主义文化建设，需要充分而坚定的文化自信。只有有了文化自信，我们才能在文化建设中坚持走自己的文化发展道路不动摇，才能在全球文化竞争格局中确立中华文化应有的地位，才能满怀信心、凝聚力量、锲而不舍地推进社会主义文化强国建设。推动社会主义文化大发展大繁荣，需要党增强文化自信，做好文化发展的战略部署，鼓舞和激发人民群众参与文化建设的热情，不断开创文化建设新局面；需要文化精英对中华文化的科学认知和理性解读，引导和激发国人文化认同与文化寻根的自信心，保护国人的“文化指纹”和“心性价值”，重新确立“三和文明”（即家庭和睦、社会和谐、世界和平）在国际社会话语体系中应有的地位；[①] 需要全体国民满怀信心、坚持不懈地投身于中华文化的自觉传承、积极创新和交流传播之中，保护好中华文化的根脉。新时期，应在把握文化发展有利条件的基础上，对社会主义文化强国建设充满信心。一是对中国特色社会主义文化发展道路充满信心。二是对中国特色社会主义核心价值体系建设充满信心。社会主义核心价值体系，反映了社会主义文化的本质要求，反映了人发展的本质要求，具有强大的生命力、凝聚力和吸引力，是保证文化发展正确方向的“指针”，我们应当对此充满信心。三是对中华传统文化充满信心。中华传统文化博大精深、源远流长。作为中华民族的文化创造，中华传统文化有着自身的文化印记和心性价值，我们应当在传承创新中发扬光大。

发展才是硬道理。提升文化自觉，增强文化自信，目的是要实现文化自强。加快发展文化产业、积极促进文化事业，促进社会主义文化生产

---

① 王岳川．从“去中国化”到“再中国化”的文化战略——大国文化安全与新世纪中国文化的世界化［J］．贵州社会科学，2008（10）：8.

力、壮大国家文化软实力，是建设社会主义文化强国的基本道路。现阶段，我国文化发展存在“三个不适应”：一是文化水平与综合国力不适应；二是文化发展与经济增长不适应；三是文化发展与国民素质要求不适应。缩小文化发展与发达国家的差距、使文化发展适应经济社会发展的需要、满足人民群众的精神文化需求，都有赖于文化自强来推进。文化自强，正考验着党的执政兴国能力和领导文化建设的能力，关系到建设社会主义文化强国和中华民族的伟大复兴。文化自强理应成为文化发展的最强音、最普遍的共识和最自觉的行动。[①] 把我国建设成一个中国特色社会主义文化强国，是党为推动文化发展而提出的重大战略任务，也是全体人民共同期盼的文化自强的合理表达。文化要自强，关键在于凝结民族文化的灵魂——形成中华文化的核心价值和共同理想，培养民族文化的个性；同时积极参与国际文化交流和竞争，不断提高中华文化的影响力、传播力和辐射力。为此，需要我们对文化道路、文化方向、文化灵魂有正确的把握；对文化创造、文化传播、文化事业文化产业发展有全面协调的整体性推进。[②] 全球化时代，实现文化自强，需要我们以积极的姿态，创造性开掘和利用中华民族传统优秀文化，自觉将世界“历时性”积淀的文化资源进行当代“共时性”消化，以此来优化民族文化机体。这是一个文明古国的优雅态度，也是一个文化强国的积极姿态。

二、公共文化治理的科学思维

坚持文化建设的指导思想，明确先进文化的前进方向，是繁荣社会主义文化的根本保证。公共文化是社会主义文化体系的组成部分，它应当是一种既符合时代发展趋势、蕴含社会主义先进文化特质，又继承和创新优秀传统文化的文化形态。因此，公共文化建设，必须坚持马克思主义的指导地位，坚持文化秩序建构的社会主义方向；必须坚持以科学发展观为统领，还原文化的价值、功能与意义。明确公共文化建设的核心关切和主要任务，全面谋划、统筹兼顾，树立公共文化事业发展的新思维。唯有如

---

① 郭建宁．中国文化强国战略［M］．北京：高等教育出版社，2012：79-80.

② 启瑄．提升文化自觉增强文化自信实现文化自强——学习党的十七届六中全会《决定》几点体会［J］．红旗文稿，2012（5）.

此，公共文化“核心价值引领”和“公共需求导向”的功能目标才有望实现。

（一）统筹兼顾，全面发展

推动文化繁荣发展，要坚持统筹兼顾，实现文化事业和文化产业“双轮驱动”。文化事业具有公益属性和精神特征，而文化产业具有经济属性和物质特征。当代我国文化建设，要坚持一手抓文化事业，建立健全公共文化服务体系；一手抓文化产业，推进文化产业结构调整和转型升级。

公共文化建设，不仅要着力于丰富人民群众的日常文化生活，还应“寓教于乐”，切实加强对基层群众文化科技和致富技能的教育培训，实现“求乐”“求知”“求富”的协调统一。注意组织科技知识、农业技术、创业技能等方面的公益性、实用性的教育培训，切实提高人民群众的文化素质和生产技能，为经济发展提供智力支持，为人民群众脱贫致富提供能力保障。

（二）以人为本，科学发展

公共文化建设，始终要坚持以人为本，始终要把着力点放在保障人民群众的基本文化权益上，并以此作为评估文化建设成效的根本尺度。然而，我国长期奉行“重经济，轻文化”的发展思路，文化一度成为经济的“附庸”，“文化搭台，经济唱戏”即是这种思维的体现。新时期，国家确立了“五个建设”“五位一体”的发展战略，文化建设在国家发展战略中的重要性凸显，成为以人为本、科学发展的基本方面。近年来，各地积极构筑的“15 分钟文化圈”，成为基层文化建设“以人为本”的典范。

公共文化建设过程中，要树立科学发展的思维，实现“量的突破”和“质的提高”的统一。公共文化建设要坚持夯实基础、注重积累、扎实推进。各级政府和文化部门要坚持“重心下移”，在政策、资金、人才等方面加大对文化建设的扶持力度；坚持“深入内部”，加大村落内部的文化设施建设、文化队伍建设、文化内容建设；坚持“务求实效”，着力促进乡镇周边与村社内部文化建设的均衡发展。

（三）一元引导，多样发展

公共文化建设，要坚持弘扬主旋律与提倡多样化的统一，既要保证以先进文化引领文化发展，也要注意开发乡土文化资源，使它们相得益彰、协调发展。公共文化建设，要保障政府主导的主流文化的供给，用先进文化占领文化阵地，宣传科学真理，塑造美好心灵，“使我们的精神产品符合人民的利益，促进社会的进步”；要坚持重心下移、贴近群众、贴近生活，开展形式多样、健康有益、通俗易懂的文化活动。

丰富人民群众的精神文化生活，仅仅依靠政府主导的文化活动远远不够，精神文明也不能靠“文化救济”建设起来。文化建设，要注意挖掘蕴藏在基层的各种文化资源，动员人民群众开展各种群众性文化活动。一方面，要注意保护和弘扬民族民间文化，使民族民间文化薪火相传，保护文化的多样性。另一方面，要注意传承和创新民俗文化，注意将健康有益的民俗文化活动融入公共文化建设中，培育“一县一品”“一乡一品”和“一村一品”的特色文化。再一方面，要大力组织开展人民群众自办的群众文化活动，切实使群众性文化活动“活”起来、“动”起来。

（四）“软”“硬”兼顾，均衡发展

公共文化建设，需要“软硬兼顾”，均衡发展。必须把整合资源、形成合力作为重要“抓手”，坚持以政府为主导，加强文化发展的硬件建设，以县为推手、以乡为依托、以村为重点、以农户为对象，实现公共文化服务设施网络的广覆盖、无盲点、可及性、规范化。

同时，应注重提高人民群众综合素质和基层文明程度。要鼓励并扶持面向人民群众的出版物、广播电视节目和栏目的创办，倡导人民群众学知识、学文化、学技能，提高人民群众的思想道德水平、科学文化知识和农业生产技能；要以文明乡镇、文明村社、文明户的创建为依托，积极引导人民群众以理性精神参与社会事务，形成积极进取的精神状态、文明健康的生活风尚。

（五）“内”“外”结合，一体发展

近年来，我国政府通过开展多种形式的“文化下乡”，为群众送去了大量精彩的文艺节目，在一定程度上丰富了社会的文化形式。但这种“嵌入式”文化发展方式，很少顾及人民群众的现实文化诉求，不仅数量有限、内容单一、供需背离，而且忽略民间文艺人才在文化建设中的重要作用，很难培育出深深植根于民间的文化形式。

当下，公共文化建设的一个重要方向，就是要尊重人民群众在文化建设中的“话语权”，尊重人民群众的文化表达权和文化参与权。因此，公共文化建设在强调发挥“输血”功能的同时，更要重视“造血”功能的培育。文化建设不能仅仅依赖于政府的指导与城市的文化输送，而要“确立人民群众在公共文化建设中的主体地位，激发群众在文化领域的积极性和创造性”①，在传统与现代的交流与融合中，优化社会的文化生态。

（六）城乡联动，创新发展

推动公共文化建设，要将统筹城乡发展的理念贯穿于文化设施布局、文化经费投入、文化生活安排、文化产品供给等方面，实现以城带乡、城乡联动。② 在城乡一体化战略中，应坚持重心下移，加强县级“三馆”建设、乡镇综合文化站、村文化室建设，推进基层文化信息网络建设，扩大覆盖、完善服务、改进管理；鼓励文化单位面向基层提供流动服务、网点服务，积极开展文化志愿者活动；推动城乡文化资源的交流互动，实现以城带乡、城乡互动、对口支援，形成城乡文化资源一体化的发展格局。

公共文化建设是一场发展与改革交织的深刻实践，要不断探索、勇于创新：其一，要确立公共文化建设的新观念，将其作为一项长期的战略任务和基础工程纳入经济社会发展的总体规划，科学谋划、全面布局。其二，要构建一个能动员各方力量、吸纳各种资源、公平合理配置文化资源的体制。③ 其三，要创文化建设的模式。除了公益性文化事业，覆盖全社会、惠及全民的基本公共文化服务应由政府主导外，文化建设的其他方面应让民间力量参与，注意培育文化的内生机制。

三、公共文化治理的关系协调

（一）“种”与“送”的关系

近年来，我国政府通过开展多种形式的“文化下乡”，为群众送去了大量精彩的文艺节目，在一定程度上丰富了基层社会的文化形式，在满足

① 曹爱军：农村公共文化的“衰弱”与“滞后”——以甘肃省为例［J］. 北京行政学院学报，2012（2）.

② 曹爱军：农村公共文化的“衰弱”与“滞后”——以甘肃省为例［J］. 北京行政学院学报，2012（2）.

③ 陶笑眉. 新农村文化建设是一项复杂的系统工程——新农村文化建设的基本思路和主要任务［J］. 湖北社会科学，2007（2）.

农民群众的文化需求方面起到了积极作用。但这种“嵌入式”文化发展方式，很少考虑农民的现实文化需求和基层丰富的文化资源，不仅数量有限、内容单一、供需背离，而且忽略民间文艺人才在文化建设中的重要作用，很难培育出深深植根于民间的文化形式。当下，基层公共文化建设的一个重要方向，就是要积极引导基层群众参与文化建设，尊重农民在文化建设中的“话语权”，尊重农民的文化表达权和文化参与权。因此，基层公共文化建设在强调发挥“输血”功能的同时，更要重视“造血”功能的培育。基层文化建设不能仅仅依赖于政府的指导与城市的文化输送，而要“确立农民在基层的文化主人地位，激发基层群众在文化领域的积极性和创造性”，在传统与现代的交流与融合中，优化基层社会的文化生态。①

（二）“软”与“硬”的关系

近年来，我国各级政府重视新基层文化建设，不断加大对新基层公共文化建设的投入力度，为新基层文化建设提供了一定的财力保障，但许多地方公共文化基础设施和配套设施仍很薄弱，有待进一步加强。因此，必须把整合资源、形成合力作为基层公共文化建设的一个重要“抓手”，坚持以政府为主导，加强基层文化发展的硬件建设，以县为推手、以乡为依托、以村为重点、以农户为对象，实现基层公共文化服务网络构建的广覆盖、无盲点、规范化。与此同时，在基层公共文化建设中，要正确认识、切实贯彻“两手抓，两手都要硬”的方针，在加快基层物质文明建设和硬件设施建设的过程中，应注重改造农民的主观世界，提高农民综合素质和基层文明程度。为此，应坚持为“三农”服务的方向，鼓励并扶持面向基层、面向农民的出版物、广播电视节目和栏目的创办，倡导农民学知识、学文化、学技能，提高农民的思想道德水平、科学文化知识和农业生产技能；要以文明乡镇、文明村社、文明户的创建为依托，积极引导农民以理性精神参与基层社会事务，形成积极进取的精神状态、文明健康的生活风尚。总之，基层文化建设需要“软硬兼施”，双管齐下。

（三）“建”与“管”的关系

基层文化建设，要“一手抓繁荣，一手抓管理”，协调好“建设”与

---

① 曹爱军．农村公共文化的“衰弱”与“滞后”——以甘肃省为例［J］．北京行政学院学报，2012（2）．

“管理”的关系。一手抓繁荣、一手抓管理，既是文化特性和文化功能的本质规定，也是基层文化发展健康有序发展的基本要求。新基层公共文化建设，必须坚持建设和管理相结合的方针。通过建设，达到实现群众文化权益、满足群众文化需求的目的；通过管理，达到维护社会文化秩序、引领文化健康发展的目的。一方面，文化阵地建设是新基层文化建设的基础工程，是开展基层文化活动的基本依托，必须通过加强建设力度，实现基层文化阵地的普及化。另一方面，也要认识到新基层文化建设是一个持续的过程，文化阵地的有效管理是其重要组成部分。加强政府对基层文化阵地的长效管理，可以为基层公共文化发展提供良好的社会环境，堵住有害的精神垃圾，警惕腐朽思想文化的渗透，保证社会主义先进文化的纯洁性、高尚性和方向性。为此，公共文化建设应坚决摒弃“重建设，轻管理”的错误观念，坚持“建设”与“管理”两手都要抓、两手都要硬。

（四）“同”与“异”的关系

任何一个时期的文化都是多元一体、多样共生的，推进公共文化建设既要强化主导，壮大主流，也要因地制宜，突出特色。推进基层公共文化建设，必须坚持弘扬主旋律与提倡多样化的统一。一方面，通过先进文化建设，达到振奋精神、鼓舞斗志、统一思想、凝聚共识的效果；另一方面，通过优秀传统文化和民间文化的传承创新，达到激活文化资源、丰富文化形态，满足多样化需求的功效。源远流长、博大精深的民族传统文化和民间民族文化，沉淀了中华民族最深厚的精神基因，包含着特定地域个性化的文化特质，对民族传统文化和民间民俗文化进行辩证性继承和选择性发展是公共文化建设的基本要求。各地在公共文化建设中，应该围绕公共文化建设的丰富内涵，因地制宜、科学规划，把握好“核心”与“个性”的关系，实现价值底线坚守与文化多样发展的统一。一方面，要充分体现公共文化建设实现公民文化权益的本质规定和弘扬主旋律的基本要求，保证基层公共文化建设方向的统一性；另一方面，要充分利用各地丰富的文化资源，因地制宜，在文化建设的内容、形式和方法上突出地方特色。

第二节　公共文化治理的政府作为

促进公共文化的多方协同治理，政府虽无须事必躬亲，但必须掌握全局。政府作为公共文化治理结构的核心主体，要担当起全面的“领导者”角色，牢固树立合作共赢的思维，促进各参与方信任和契约关系的确立。一方面，政府要扮演好协同治理的“催化者”角色，通过自觉的职能收缩和定位，为社会力量参与公共文化治理释放空间；另一方面，政府要扮演好“主导者”角色，通过公共文化政策引导、促进公共文化事业发展；再一方面，政府要扮演好“服务者”角色，通过合作项目规划实施和公共文化服务绩效管理，推进公共文化服务的可及性和均等化。

一、政府公共文化职能定位

（一）公共文化提供与生产职能的区分

传统的公共管理理论认为，公共服务的提供与生产是一体的，都应该由政府来承担。新公共管理理论认为，公共服务的提供与生产是可以分离的，公共服务的提供由公共部门来承担，但公共服务的生产可以由多元主体来承担。[①] 区分提供与生产有助于清楚地界定政府职能。对于政府机构来说，一个重要任务是提供公共产品和服务，但却不一定要负担生产的职能。政府机构是作为供给主体出现的，它的核心职责在于代表公民进行集体选择，即汇集和表达公民的愿望和要求，根据这些愿望和要求决定提供哪些公共文化服务。对于公共文化服务的生产，则可根据其类型和性质的不同进行区别对待。政府可以选择自己生产，也可以通过协调生产、共同生产、合同生产等方式与市场和社会组织合作。这些方式可以打破政府的垄断性供给格局，通过在生产环节上引入准市场竞争，保障了公民的自主选择权，促进多元主体以最有效率的方式提供最优质的服务。《公共文化服务保障法》的颁布，为私营机构、社会组织和志愿者等社会力量参与公

① 卢映川，万鹏飞等．创新公共服务的组织与管理［M］．北京：人民出版社，2007：261-262.

共文化治理，提供了法律保障。为此，应吸纳各地公共文化合作治理的典型样态和运作模式，建立政府主导、市场和社会力量积极互动的公共文化整体治理格局。

公共文化服务提供和生产的区分，解决了政府应该管什么，不应该管什么的问题，有利于政府实现政治角色和服务角色之间的平衡。现代政府，既要扮演管理角色，也要扮演政治角色。因此，必须在公正、公平、效率、回应性、代表性等相互冲突的价值中寻求适当的平衡。区分公共文化服务的供应和生产，在一定程度上为平衡点的寻找提供了一个新思路。公共文化服务是政府的重要职能，其中，服务的提供，主要是一个集体选择的过程，是一个政治过程；服务的生产，则是技术性的，是一个管理的过程。政府的主要职能在于提供，在提供公共文化服务时，应强化政府的政治角色，重视民意的汇集和表达，并将公平、公正、回应性作为衡量政府绩效的主要指标。在政府进行生产时，则应要以效率标准衡量其工作效果，以保证服务的数量和质量。在执行不同职能时优先考虑不同的目标，就可以在一定程度上实现政治、服务两个角色的平衡。

（二）各级政府公共文化治理的职能界分

作为公共文化治理的核心主体，政府必须根据公共文化发展的客观规律和发展要求，打破各级政府“各自为政”的“职责同构”体系，界定各级政府公共文化服务事权的划分，明确它们各自在公共文化治理中的主体地位。

一是县级政府是基层公共文化的管理主体和公共文化服务的实施主体。我国公共文化体系包括公共图书馆系统、文化馆系统、博物馆（美术馆）系统、广电系统、影剧院系统、数字化服务系统等。这些系统基本上都设在县一级，是承上启下、链接城乡的枢纽。国家和省、市对基层公共文化服务的配送，如“送欢乐下基层”“流动文化服务”“送书下乡”等公益性文化活动，都要由县统一组织实施。为此，县级政府必须明确自己公共文化管理主体和实施主体的地位，以县（区）为主导，以乡镇（街道）为依托，以村（社区）为重点，以城乡人民群众为服务对象，建立覆盖城乡的、可持续的公共文化服务体系。

二是地市级政府是公共文化的统筹管理主体和公共文化的建设主体。地市级政府具有较强的统筹和协调能力，具有较强的财力和人才支撑，能够统筹城乡文化发展、统筹较大区域的公共文化服务体系建设。国家公共文化服务体系示范区创建工作确定在地市级区域，是地市级公共文化服务体系的特点，有助于发挥地市级政府公共文化建设的统筹管理和协调职能，有助于集成、整合、提升公共文化建设成果，解决公共文化建设中的深层次和根本性问题，完善制度设计、整合文化资源，统筹城乡文化发展。

三是省级政府是公共文化宏观管理主体和决策主体。我国地域广阔，各地区自然环境、人口规模和密度、地域文化特点、文化发展和社会经济发展水平差异很大，省级政府作为公共文化建设的宏观管理主体，自然需要根据省域的具体情况，制定本省公共文化建设的具体政策。具体来说，省级政府的公共文化职能包括：制定本省公共文化的政策法规和规范标准，制定本省公共文化发展规划，供给公共文化制度平台和促进政策，提供公共文化服务体系的财力支持，实施公共文化治理的绩效管理、监管考评和行政问责工作。

四是中央政府是公共文化的宏观管理主体和战略决策主体。公共文化体系是社会主义文化体系的重要构成，也是我国文化强国战略的重要依托。毫无疑问，中央政府是公共文化发展的战略决策主体和宏观管理主体，负责全国公共文化事业发展的战略规划和宏观布局。中央政府的文化职能包括：确定公共文化发展战略和核心价值理念，提出公共文化治理的宗旨、原则和目标，制定全国公共文化发展规划，制定全国性的公共文化政策、法规和标准，确定公共文化建设的内容体系，维护国家文化主权、文化利益和文化安全。

二、政府公共文化政策供给

随着国家对文化建设认识的深化和文化建设发展格局的确立，我国有关公共文化建设的国家规划、部门政策不断出台，初步形成了公共文化政策体系。一是国家宏观层面的政策规划。2002 年中共十六大明确了“文化事业”与“文化产业”二元格局，提出国家要支持和保障公益性文化事业发展，明确了文化事业的公益性定位。之后，历年政府工作报告都辟有文化建设的相关板块，提出文化建设的基本任务和重点领域。与此同时，有关文化建设的专门规划也相继出台，以《国家“十一五”时期文化发展规划纲要》和《国家“十二五”时期文化改革发展规划纲要》为代表，后者从“构建公共文化服务体系、加强公共文化产品和服务供给、加快城乡文化一体化发展、广泛开展群众性文化活动”四个方面进行了深入论述，提出了相关发展蓝图和政策措施。二是部委中观层面的支持保障政策。2005 年，中办、国办联合发布了《关于文化建设的意见》，专门就文化建设进行了论述，提出了相关支持政策和保障措施。2008 年，中宣部、文化部、财政部、国家文物局等四部委联合发布了《关于全国博物馆、纪念馆免费开放的通知》，以保障全民都能享有基本的公益文化服务。2010 年，文化部、财政部联合发布了《关于开展国家公共文化服务体系示范区（项目）创建工作的通知》，提出以示范区或特色项目建设为引擎，带动公共文化服务体系建设。此外，财政部发布了一系列旨在促进基层公共文化建设的办法，涉及“三馆”免费开放、乡镇文化站建设、文化信息资源共享工程等方面的经费保障和资金管理。[①] 2017 年 3 月，首部公共文化的综合性法律——《中华人民共和国公共文化服务保障法》颁布实施。至此，我国初步建构起了从宏观的国家规划和指导意见到微观的政策措施和实施细则的政策体系，为公共文化建设起到了重要的推动和保障作用。三是地方性政策的跟进。依据国家和中央部委的要求，各地结合当地实际出台了相应的政策措施。广东省于 2012 年出台了《公共文化服务促进条例》；北京市于 2015 年出台了“1+3”公共文化政策文件[②]，统筹设置基层公共文化设施和资源，构建“15 分钟文化服务圈”。

公共文化政策属于公共政策范畴，具有对文化发展的引导、调控和分配的功能。我国现有的文化政策体系虽已初步形成，但有关公共文化建设的指导意见、方针政策未能上升为国家意志，现有政策也多为部门的行政规章和管理条例，国家层面涉及文化建设的法律较少，这在一定程度上影响到政策的权威性和效能。法律具有权威性、平等性、普遍性和适用性，以法律形式确定国家发展公共文化的基本政策，明确各级政府、文化事业

① 傅才武．中国公共文化政策实验基地观察报告［M］．北京：社会科学文献出版社，2014：2-4.

② “1+3”公共文化政策文件，即《北京市人民政府关于进一步加强基层公共文化建设的意见》《首都公共文化服务示范区创建方案》《北京市基层公共文化设施建设标准》《北京市基层公共文化设施服务规范》。

单位、公民社会组织、社会大众等的法律地位、权力与责任、权利与义务；通过法律法规来调整文化关系、保护文化发展环境、促进文化事业发展，是实现国家公共文化建设制度化、常规化的基本前提，也是政府政策调节效能的重要保障。在统一、规范的法律尚未颁布实施之前，各级政府需倚重经济社会发展的规划，按照“重视城乡、区域文化协调发展”要求，统筹均衡规划，优化资源配置，形成适度向农村、基层倾斜的公共文化服务体系。

公共文化建设的相对滞后，意味着在国家战略部署和整体规划下，需要通过一系列引导性和扶持性政策措施加以推进：一是文化投入支持政策。公共财政的支持力度，关系到公共文化服务体系的可行性、稳定性、现实性和长效性，决定着公共文化服务体系的存在命运与发展效果。国家“十一五”文化发展规划纲要中开列出的“文化建设专项基金”，给出了一个可操作性的解决方案。公共文化事业发展，需要在财政能力均衡的基础上，形成稳定增长的财政保障机制，确保文化建设的财政投入适应文化发展的现实需要。二是文化设施建设政策。文化基础设施是开展公益性文化活动和群众文化活动的基本依托，各级政府要把文化设施建设纳入城乡一体化总体规划，纳入“五个建设”的整体预算，通过建设资金、建设用地、建设项目的合理规划和政策保障，形成以标志性文化设施为抓手、惠民性文化设施为主体，面向基层、深入城乡的公共文化设施体系。三是文化服务的促进政策。公共文化服务的发展，需要公共财政支持，但在投入方式上可适度吸纳市场机制，根据公共文化服务项目的特点，恰当选择以政府采购、政府补贴作为政策手段，通过服务外包、委托生产、合作供给等方式，提高公共文化服务效能。四是文化扶贫政策。“十一五”以来，国家启动了文化扶贫工程，通过“万村书库”、电视扶贫、报刊下乡、儿童送戏等方式，为贫困地区人口提供文化资源和文化活动。2013 年国家又实施了教育扶贫工程，通过加强教育基础设施建设等措施，保障连片特困地区的青少年接受文化教育，提高职业技能。五是文化供给的适度民营化政策。依据公共文化服务项目的性质与特点，在保证公益性的前提下，在政府供给、市场供给、志愿供给等方式间进行合理选择，通过有秩序、有差别的分工合作，实现公共文化产品的高效供给。

三、政府公共文化绩效管理

公共文化绩效管理体系是对公共文化服务体系的有效性、运行效率和服务效果进行检测和评估的系统，关乎公共文化服务体系的自我调节、自我修复和自我改进。建立科学合理的公共文化绩效管理体系，是促进政府从管制型文化行政模式向服务型文化行政模式转变、保障公民文化权利和文化民生诉求的现实回应。

早在 20 世纪 80 年代，西方国家的“重塑政府”运动就将绩效管理引入公共文化领域，形成了一套较为科学的理论体系和技术方法。随后，亚洲日韩等国和中国台湾地区，也先后在公共部门开展绩效评估的实践。就发达国家和地区开展的绩效评估实践来看，公共文化行政部门的绩效评估和管理已经历了“财务导向”“目标导向”“战略导向”等发展阶段，呈现制度化、法治化、规范化、评估主体多元化、评估过程公民导向等特点。① 近年来，随着我国公共文化服务体系建设的推进，公共文化服务绩效评估与管理日益引起中国政府的重视。2006 年 9 月，国务院发布的《国家“十一五”时期文化发展规划纲要》明确提出，要建立公共文化机构评估系统绩效考评机制。2007 年中办、国办联合颁布的《关于加强公共文化服务体系建设的若干意见》再次强调，要根据图书馆、博物馆、文化馆、乡镇综合文化站等公共文化服务机构的特点，制定建设标准和服务标准，加强绩效评估。这些要求，为开展公共文化服务体系的绩效评估提供了政策依据，一些地方，如浙江、上海、深圳、成都开始探索开展公共文化服务绩效评估。

构建公共文化服务体系的最终任务是有效保障公民的文化权益，满足公众文化需求，这应当是公共文化服务体系绩效管理的最高准则和行动指南。具体来讲，公共文化服务体系的绩效评估，就是要看其“是否使公民得到充分的文化参与权利，是否对创造的精神或物质上的艺术成果进行保护，是否提高公民的文化素养，是否塑造公民的人格、提升国家精神”。②

---

① 毛少莹. 公共文化服务绩效指标体系若干基本问题思考［M］//于群，李国新. 中国公共文化服务发展报告（2012），北京：社会科学文献出版社，2013：74.

② 陈威. 公共文化服务体系研究［M］. 深圳：深圳报业集团出版社，2006：100.

公共文化服务的绩效评估作为改善公共文化服务供给体制、优化公共文化资源配置、提高公共文化服务供给能力和质量的有效工具，应当建立在公共行政的公平与效率价值准则之上。公共文化服务的“效率”指的是公共服务的投入与产出的转化关系，包括“生产效率”（productive efficiency）和“配置效率”（allocation efficiency）两个方面。随着“新公共服务”运动的兴起，使不同社会阶层和社会群体获得一致的公民权利成为公共管理的重要议题，也成为公共服务绩效评估的重要价值维度。公共文化服务的“公平”原则强调必须使所有的群体和个人享受公共服务的“底线完全平等”。在公共文化服务的公平与效率准则的优先顺序上，应当主张“公平优先，兼顾效率，并努力用最有效率的方式去追求公平”。①

在明确绩效管理价值准则的基础上，应该根据公共文化服务体系建设的关键影响因素，合理选择绩效的基本维度。通过评估维度的区分，可以使评估项目更加全面、评估层面更加条理、评估标准更具有可行性。依据我国公共文化服务体系的建设目标，借鉴学术界既有的理论探索②，我们提出公共文化服务的绩效评估应重点从财政投入、发展规模、社会参与和公众满意度等四个方面展开：①财政投入。充足而稳定的经费投入，是公共文化发展的基本保证。政府财政投入及其使用情况是绩效评估的主要内容。在西方发达国家和中国香港等地，政府公共财政投入及其使用情况是公共文化服务绩效评估的首要内容。②发展规模。公共文化服务依赖于一定规模的设施、载体和活动。公共图书馆、群众艺术馆、文化站等公共文化设施及其配套资源的状况，是衡量公共文化发展规模的主要方面。③社会参与。公共文化服务项目和活动，既需要政府部门，也需要社会力量的参与，这是公共文化服务社会化和市场化的问题。公共文化服务是否符合人民群众的需要，可以从人民群众的参与程度，如图书借阅次数、观看艺术演出或展览的人数及次数予以测度。④公众满意度。发达国家公共文化服务绩效评估最直接的办法，就是以问卷的形式调查了解公众的满意度。

① 陈昌盛，蔡跃洲．中国政府公共服务：基本价值取向与综合绩效评估［J］．财政研究，2007（6）．

② 参见毛少莹．公共文化服务绩效评估指标体系的构建［M］//《中国公共文化服务发展报告（2007），北京：中国社会科学出版社，2007；蒋建梅．政府公共文化服务体系绩效评价研究［J］．上海行政学院学报，2008（7）；李少惠，余君萍．公共治理视野下我国农村公共文化服务绩效评估研究［J］．图书与情报，2009（6）．

选择这一维度，能更好地体现公共文化服务以人为本、保障和实现公民文化权利、促进人全面发展的基本宗旨。在明确评估基本维度的基础上，可以分解形成评估的指标体系。评估指标的选择和确定，关系到评估工作的有效性和可靠性，关系到考评结果的客观性、准确性。

公共文化建设的绩效管理，需要建立科学有效的绩效考评机制。[①] 推进基层公共文化发展，需要建立公共文化服务的绩效考核机制，明确规定对政府官员问责的内容范围和基本方式，做到内容上有安排、考核上有指标。但我国目前的基层文化建设绩效考评机制，依然是计划体制下单一的自上而下的考评机制，这种考核机制只对上负责而不对下负责，容易诱发文化建设中的“政绩工程”和“形象工程”，忽略了人民群众作为受众的需求和感受，无法体现人民群众对文化服务的满意程度。为此，应该在基层文化建设之中建立科学的评价考核机制，恰当“嵌入”人民群众的参与机制，形成自上而下的考核问责机制和自下而上的公众监督机制的有机结合。[②] 实行评估制度设定与评估过程实施的分离，政府主要负责评估程序的制定、评定行政绩效奖惩等制度性工作；评估过程实施、评估方法选择等交由专家学者和人民群众代表等组成的第三方机构完成。

公共文化建设的绩效管理，需要建立动态式管理机制。一方面，建立政府的文化信息公示制度、公共文化行政问责制度，公益文化事业单位的服务问责制度，群众文化需求的表达机制和反馈回应机制等，维护基层群众的知情权、表达权、监督权和评议权，加强对基层政府和文化服务机构的监督约束。同时，政府部门应通过绩效评估、运营审计、服务问责等方式，加强对公益性文化服务机构等主体的监督管理。另一方面，建立绩效关联制度和绩优奖励制度[③]，将公共文化服务绩效评估与政府行政效能的测评、政府官员政绩考核联系起来，构建有效的激励约束机制，使绩效评估成为提升公共文化服务指数的有效手段，实现公共文化服务体系绩效管理的最终目的。

---

① 曹爱军，方晓彤．新农村公共文化服务的系统构建［J］．农村经济，2010（3）．

② 吴理财，张良．乡村治理转型视域下的文化体制改革［J］．社会主义研究，2012（5）．

③ 刘吉发，金栋昌，陈怀平．文化管理学导论［M］．北京：中国人民大学出版社，2013：338-339.

第三节 公共文化治理的保障体系

公共文化服务体系，是公共文化治理的基础性平台和依托。公共文化服务体系，是一个由财政投入与资源供给系统、项目规划与设施布局系统、人力整合与配置保障系统、政策调节与生态优化系统等诸多系统要素耦合构成的整体性框架。① 立足公共文化服务的价值目标和功能设置，公共文化服务体系要重点从资源供给、设施配置、人力保障、生态优化等方面科学建构起基本框架，实现体系的结构优化和功能整合，最大限度地释放其服务功能和社会功能。如此，公共文化治理才可望在稳定、可靠、均衡的体系支撑下达到预期效果。

一、公共文化资源供给体系

公共文化服务体系建设，文化资源供给至关重要。就我国文化建设的现实来看，公共文化资源供给的主体主要包括政府部门、文化事业单位、国有文化企业、民间文化机构和志愿性机构。②

政府是公共文化资源当然的供给主体，其功能作用主要体现在四个层面：一是发挥宏观指导功能。公共文化资源供给，要以社会主义核心价值体系为内核，体现健康文化价值导向、保障公民文化权益，形成对公共文化资源的数量、品种、结构的合理布局。二是发挥统筹协调功能。公共文化资源供给应追求区域之间、城乡之间、人群之间的相对均衡，但现实中政府对全社会公共文化资源供给却因体制限制被分割为“块块”，并且出现地区之间、城乡之间发展的不平衡。为此，各级政府必须兼顾区域、城乡、群体等因素，分别在国家、省市、县乡等层面“统筹”公共文化资源相对均衡地生产供给。三是政府履行运行管理职能。政府有必要在微观层面采取资质认定、政府采购、订单管理等必要的组织运行机制，推动公共

① 王列生，郭全中，肖庆．国家公共文化服务体系论［M］．北京：文化艺术出版社 2009：26-28.

② 巫志南．公共文化资源供给的主体、方式、渠道和机制研究［M］//于群，李国新．中国公共文化服务发展报告（2012），北京：社会科学文献出版社，2012：42-47.

文化资源生产供给各项具体工作的开展。

我国公共文化资源的主要部分存在于各类公益性文化事业单位。公益性文化事业机构中，图书馆、文化馆等是公共文化资源供给骨干主体，应当在公共文化资源供给中发挥积极作用。现阶段，在我国公共文化资源的供给实践中，图书馆的定位和功能比较明确，通过中心图书馆建设、“总分馆制”、社区参与阅读终端建设，初步形成以基层为重点的资源供给网络；而文化馆的机构定位则相对模糊，功能发挥不足。因此，应发挥文化馆的区域性组织指导功能、面向基层的综合服务功能、集聚和整合使用各种文化资源的功能。此外，政府举办的博物馆、美术馆，政府支持举办的文化宫、青少年宫、科技馆等，也应结合各自特点，确立在资源供给中的定位、功能和服务方式，逐步纳入公共文化资源“政府主导”的基本框架。同时，继续推动公共博物馆、纪念馆和有条件的美术馆、科技馆、文化馆免费开放。积极探索适合基层社会、适应群众需要的公共文化服务方式，有条件的文化事业单位可以尝试通过适度的社会化和市场化，激发文化组织运作活力，提升组织服务能力。当然，这种改革取向应在保持公共文化公益性特征的前提下进行，防止公益性文化机构因“过度市场化”蜕变为营利性或准营利性组织。

坚持以公益性事业单位为主的公共文化资源供给体制安排，并不阻碍社会力量成长为合格的公共文化资源供给主体。近年来，以提供社会文化服务资源为主营业务或专业从事社会文化组织或社区文化服务的社会组织，在一些中心城市迅速成长，如上海市“华爱社区文化服务中心”，已经形成专业化、规模化、连锁化发展的态势。这些组织的发展，对原有公益性文化事业机构形成重要的补充和促进作用。但是总体上看，由于体制关系，目前我国在公共文化领域社会力量的能力和影响力还比较薄弱，因此要对其进行积极引导、培育和扶持。在公共文化建设中，应该将基层群众纳入主流视野、纳入“政府主导”框架，以统筹、协调、共享的方式发挥人民群众“自我管理、自我发展”的功能，以形成不同于“自上而下”的“配给制”文化供给方式。在某种意义上，基层群众文化是公共文化服务规模巨大、富有活力、取之不尽的天然资源库。应加强对民间艺术家、基层文化团体的政策扶持、业务指导、财政补助，支持它们参与购置文化设备、积极创作优秀的文艺作品、筹建文化大院或文化活动室，提高公共文化资源供给效率。注意发挥村民自治组织、社区服务组织、社会志愿组织参与文化资源的动员、聚集和整合，引导驻村单位、民间文艺社团、慈善人士等社会力量参与供给文化资源；打通文化资源供给上的行政封锁和地域壁垒，鼓励相邻的村社（社区）共同筹建文化基础设施、购置基本文化设备，实现文化资源的共建共享。

此外，要适当发挥国有文化企业在文化资源供给中的作用。我国的国有文化企业大部分都是由国有经营型文化事业机构转型而来的，这些机构长期承载、集聚了大量公共文化资源，没有这些机构的参与和支持，会削弱全社会公共文化资源的供给能力。实现经营型文化事业单位的转企改制，并不意味着它们丧失原有的社会文化服务功能。用好这些机构所拥有的公共文化服务资源及其生产、供给能力，可以借助公共文化资源供给形成新的需求、新的带动，支持这些机构在改革中找到新定位、发展新领域、拓展新空间、形成新路径；逐步发展、培育和扶持一批以承接政府公共文化服务采购作为自身主要业务的一些市场化、专业化、主力型机构。在这方面，浙江省以政府采购为主导，成功打造了“钱江浪花”艺术团文化直通车巡演等服务品牌。面向基层的数字电影放映、文化下乡等公益性文化项目也实行政府采购。借鉴各地创新实践经验，政府可以建立公益性文化项目采购制度，通过公开招标、邀请招标、竞争性采购等方式购买一批重点项目，引导国有文化企业参与公共文化资源的供给，探索建立“企业经营、市场运作、政府购买”的公共文化服务运作机制。

二、公共文化设施网络体系

公共文化设施是开展文化活动的物质载体，也是其他文化产品的集聚地，是多种文化服务活动的物质载体和文化服务网络的支撑点。[①] 公共文化基础设施覆盖广泛，既有依托图书馆、文化馆、博物馆、群艺馆等文化单位而存在的，也有以开放性的公共文化空间，如文化风情线、文化长廊、文化广场、文化大院等而存在的。公共文化设施的数量、种类、布局，在很大程度上决定着公共文化服务的充实性、丰富性和辐射性。经过

① 刘吉发，金栋昌，陈怀平．文化管理学导论［M］．北京：中国人民大学出版社，2013：302.

多年努力，我国覆盖城乡的公共文化设施体系初步形成，但很多地方有设施但形不成设施网络，“设施孤岛”“排他使用”“公地悲剧”等现象突出。为此，应五级联动，重点推动文化设施网络建设，既要抓好省、市、县（区）、乡（镇）、村五级文化基础设施建设，又要促进各层级、各地域文化设施的合理布局、功能互补、服务共享。

公共文化服务设施网络建设，要按照国家县有两馆（文化馆、图书馆）、乡有一站（文化站）、村有一室（文化室）建设的要求，坚持重心下移、便民实用的原则，重点强化县、乡、村三级文化基础设施和文化活动场地建设，构建覆盖广的公共文化服务网络。在县一级，要加强文化馆、图书馆、博物馆的扩建或修缮，增强“三馆”的服务功能和辐射半径，使其沟通上下、联动城乡；在乡镇一级，要由省级文化主管部门根据一定标准统一规划综合性文化站，由县级政府具体负责设施建设。在村一级，建设较齐备的文化活动场所，把文化活动室、图书室、文化大院、农家书屋建设纳入“村级办公场所建设工程”，配备必要的文化活动器材。同时，通过设施修缮和功能重建，鼓励将闲置校舍、旧礼堂、旧戏台、旧祠堂等改建成村级文化活动场所。需要指出的是，许多地方已经提出了“十五分钟文化圈”“十里地文化圈”一类的构想，旨在突破基层文化设施短缺及“设施孤岛”，消除城乡文化差距和知识鸿沟。此外，要以重点文化惠民工程和文化信息资源共享工程为引擎，完成百部戏曲、千场电影、万册电子图书建设，建成多样化、分布式文化信息资源库，建立覆盖县、乡、村的数字文化资源服务网点。

要科学利用各地特色文化圣地和文化设施，发掘它们的文化服务功能。在甘肃，天水的羲皇故里、静宁成纪文化城、会宁的红军会师塔、灵台的周文化遗存，以及遍布乡间的宗教庙宇、宗族祠堂、地方戏楼等特色文化设施，不仅是公共文化建设的基础和载体，也是各地文化事业发展的传统品牌。对这些具有鲜明地方特色的文化圣地及文化设施的修缮和利用，可以形成地方特色文化优势，塑造地方特色文化品牌。以这些特色文化圣地、文化设施为依托，引导专业文艺团体、民间文艺社团和乡土艺术家，以地方文化特色为题材，创作并提供融艺术性、观赏性和教育性为一体的文艺作品，不仅能满足群众文化需要、陶冶大众文化情操，而且可发挥民族民间文化薪火相传的重要作用。此外，以当地特色文化场所为依托，实现特色文化与基层旅游的整合发展，不仅可以推动文化旅游业态的发展，而且可以带动特色文化的传承创新和公共文化服务的辐射扩散。

在基层文化设施网络建设中，要探索公共文化基础设施运行管理的新机制，制定公共文化设施服务与运作规范，做到管理规范、资源共享、综合利用。同时，要最大限度地变静态服务为动态服务，从体制层面形成促进、激励、保障机制，凝结形成公共文化服务项目和服务方式的参与、互动、协商机制，扩大公共文化服务设施的覆盖面、参与面和受惠面。此外，对电影院、剧院等地方文化设施，在确保其功能不变的前提下，可采取公办民营、联合经营、委托经营等方式，最大限度地发挥现有文化设施和文化资源的使用效果和服务效能。

三、公共文化人才保障体系

公共文化建设，队伍是基础，人才是关键。文化人才保障体系的重要作用在于通过对公益性文化机构工作人员的选聘、培训和任用，对民间文艺人才和志愿者的有效聚集，有效激活公共文化服务体系的功能。完整的人才保障体系，不仅包括参与公共文化事业的各类人才，还包括一套科学合理的人力资源管理制度，这样才能为各类人才的发展创造良好的环境。

公共文化人才队伍的建设，要按照“存量优化、增量优选”的原则，制定基层文化队伍建设规划，切实落实县级图书馆、文化馆、文工团和乡镇文化站等公益性文化事业单位的机构编制、待遇保障等方面的政策措施，建立一支结构合理、规模适中的公共文化服务队伍。这方面要取得实质性突破，需要彻底改革文化系统的人事体制，按照身份平等、利益公正、机会均等、科学规范的制度规则；在编制规模、薪酬管理、技能培训、绩效考评等方面取得实质性突破，推行人力资源的社会化管理、合同制管理和竞争性管理；颠覆传统文化系统存在的机构本位主义、职业官僚主义、身份精英主义；推进人力资源社会化统筹管理，实现文化系统人力资源的角色从机构人、身份人向服务人转变。① 人力资源管理模式的转型是一个渐变的过程，不可能一蹴而就，现阶段应重点做好以下工作：实施

① 王列生，郭全中，肖庆．国家公共文化服务体系论［M］．北京：文化艺术出版社，2009：131-146.

文化站服务人员的从业资格制度，实行动态“岗位管理”，引导文化人才合理配置、有序流动；制定完善的文化服务岗位管理条例，明确岗位责任、考核办法和激励条例，建立基层文化服务人员的福利保障制度；制定文化人才培养规划，提高人员素质、挖掘人才潜能、增强工作能力。

受城乡二元结构的深远影响，文化人力资源的城乡分布呈“倒金字塔结构”，大量的文化精英和公共文化从业者聚集在大中城市，基层公共文化建设面临人才缺失的问题。为此，人力资源的调配应实现重心下移，通过战略引导、政策倾斜、项目规划，使人力资源的主体部分活跃于基层社区和乡镇，建立重心在下的稳态结构。要鼓励文化事业单位改革中分流的工作人员到基层担任文艺辅导员、文化指导员；鼓励高校毕业生从事公共文化服务工作。这方面，可以利用国家“高校毕业生服务计划”，选拔一批优秀的大学毕业生从事文化信息传播、文化活动策划、文艺技能辅导等工作。公共文化建设的推进，既要引导大批文化专门人才深入基层，也要注意“就地取才”，搞好基层文化骨干队伍建设。借鉴福建省的成功经验，由省财政安排专项经费予以支持，采用“县聘、乡管、村用”的管理模式①，建立一支稳定的“村级文化协管员”队伍。文化协管员来自基层，是当地的文化精英和“能人艺士”，他们熟悉当地生活，了解人民群众的文化需求，在整合文化资源、传播先进科技文化、弘扬民间民俗文化等方面发挥着联结上下、搭建平台、营造氛围、组织管理等重要作用，是人民群众自主文化参与的倡导者、引领者和组织者。

公共文化建设中，乡土人才不可或缺。他们不仅通过组建民间文艺社团活跃基层文化生活，而且通过组织文化活动吸引人民群众的参与。政府应当通过政策引导、财政补贴或奖励等方式，扶持民间艺术家和文艺社团的发展壮大，发挥业余演出队、文化中心户、文化大院的作用，使之成为文化的承载者和传播者。在此过程中，要充分发挥离退休文艺工作者、干部和教师在文化建设中的引领作用，聘任他们担任民间文化社团的组织管理者和文艺辅导员。基层政府和公共文化服务机构可以采取“请进来、走出去”的办法，组织高校艺术院校（系）、文化艺术机构等参与到公共文化服务中来，利用它们有利条件和优势资源，组织艺术家、专家学者、专

---

① 李晓林．福建万名“村级文化协管员”各显神通［N］．中国文化报，2009-11-29．

业文化工作者深入基层，举办业务知识培训、专业技能训练、文艺创作演示等。组织并资助群众文化骨干、文艺爱好者到艺术院校、文艺社团接受系统训练，不断提高基层民间文化队伍的文化知识、专业素养、艺术技能以及文化活动的筹办、组织能力。

志愿者队伍建设是基层公共文化发展可依靠的重要人力资源。文化志愿者是基于某种信念、道义、良知，自觉自愿从事公益性文化活动的人或人群。公共文化建设，应制定出台文化志愿者队伍建设的方针和政策，引导和动员专业文化工作者和社会各界人士参与基层文化建设，形成全社会志愿服务的良好环境。这些文化志愿者，有的是能歌善舞者，有的是能工巧匠，有的是民间技艺传人，有的是文艺管理人才，不可忽视这些“被遗忘”的“元素”在公共文化建设中的重要作用。为此，要在全社会弘扬“奉献、友爱、互助、进步”的志愿者精神，不断提高志愿者队伍的团队凝聚力和社会影响力。同时，政府应积极创造条件，建立志愿者服务机构，通过经常性的教育培训，提高志愿者的知识涵养和服务技能。文化志愿者的教育培训，可采取课堂讲授、座谈交流、作品加工、文艺观摩、田野采风等形式，坚持理论与实践结合，保证培训的导向性和实效性。在此基础上，建立文化志愿者人才库，根据服务活动的需要，合理选配人员，做到“人尽其才”。在公共文化建设中，文化志愿者在信息咨询、公益宣传、义务支教、弱势群体的文化救助等方面发挥着重要作用，丰富文化志愿者的服务内容和形式，聘任他们担任博物馆、美术馆、名胜古迹、主题公园的“宣传员”和“讲解员”；注意发挥志愿者在“文化下乡”“图书下乡”等流动服务项目中的组织协调作用。

四、公共文化的生态体系

文化生态是民族民间文化的历史积淀，是地域人文景观的现实反映，包含着丰富、多样的文化形式。这些文化形式，为人的发展和社会进步提供着深刻的文化意义。公共文化建设，需要自觉维护社会文化生态，保护文化的多样性。

挖掘整理民族民间文化。民族民间文化见证了民族文化的发展历程，并记录着民族文化的特质和样貌。民族民间文化是乡土社会历史记忆的重要部分，也是社会伦理秩序的重要源泉①，应当融入公共文化系统之中。然而，随着市场经济理性的张扬，经济利益逐渐支配着人们的观念、意识和行为，很多地方的民族民间文化传承面临着后继无人的问题。近年来，一些地方政府采取“经济搭台、文化唱戏”的方式试图加以发掘，但由于人民群众自觉参与的缺失而使其丧失了原初的民间性与文化内涵。以甘肃为例，裕固族因复杂悠久的历史变迁，其文化记录了古代西部游牧民族和近代西部少数民族的兴衰发展史，叙事长歌《黄黛琛》《萨拉玛克》《西至哈至》是裕固族的经典作品，是研究裕固文化的“活化石”。东乡族在历史文化变迁形成了“拜提”这种民歌形式，以叙事长歌形式反映了本民族的文化、历史、宗教渊源。然而，这种民族民间文化形式正随着乡土艺人的相继离世而渐成绝唱。② 陇东南文化底蕴深厚，存在着众多以古老文化图腾为内涵民间文化形式，如陇绣丰富多变的图案多与图腾崇拜等有关，剪纸艺术中以鱼、龙、蛇为内容的造型也与彩陶图案“人面鱼”等装饰图形酷似，这些民间文化形式都是宝贵的文化遗产，需要加以整理、发掘和传承。民族民间文化是不可再生性资源，一旦毁灭或失传，将危及文化形态的多样性并破坏地域文化生态的平衡。为此，要以公共文化建设为契机，建立民族文化生态保护区和民族文化艺术之乡，构建较为完善的非物质文化遗产资源保护体系、传承展示体系、开发利用体系、保护制度体系，促进民族民间文化保护、发掘和传承。同时，需要发挥乡土艺术家在民族民间文化传承中的作用，通过创作、提供一些高品质寓教于乐的、通俗易懂的文艺作品，动员当地民间文化传人、文化达人、普通人民群众自发参与举办公益文化活动，创造民族民间文化薪火相传的文化环境。

保护传承民俗文化。传统民俗文化是长期历史发展的积淀，不同地域都有其独特的民俗文化，无论是文化民俗、节日民俗，还是民间艺术，都是历史积淀与现代传承的结合。民俗文化形式多样，有节庆风俗、服饰礼仪、宗教信仰、饮食起居、民间工艺、曲艺杂要、民俗活动等。以甘肃为例，陇南市大山深处的“白马人”（据考是历史上古老氐族后裔），有着原始古朴的民族文化和独具特色的风俗，面具舞“池哥昼”、火圈舞、敬酒

① 何兰萍. 新基层文化建设中民间文化的传承与保护［J］. 开发研究，2008（2）.

② 赵彤. 三个甘肃独有少数民族民间文化面临失传危机［N］. 人民政协报，2005-04-13.

歌、沙嘎帽民间工艺及“白鸡翎”美丽传说等民俗文化流传至今。在陇东地区，香包、剪纸、皮影、道情、民歌、纸织画、麦秸画、灯盏头戏、白事唢呐曲牌、木偶戏也是独特而灵动的“文化符号”。在定西市，具有地方民族特色的民俗文化形式非常丰富，以二郎山花儿会、岷县巴当舞、通渭小曲戏、洮砚制作技艺等最为著名，记载着当地繁衍进步的历史足迹。然而，市场经济条件下，各地丰富的民俗文化活动受资本逻辑、经济理性的影响，呈现出逐渐减少且日渐变味的现象，这对文化生态构成巨大威胁和破坏。面对这样的现状，各地要坚持保护与创新并重，建立民俗文化体系，以此推动公共文化服务与传统民俗文化传承的有机结合向纵深推进。举办民俗文化节是保护传统民俗的有效形式，甘肃庆阳的做法值得借鉴。自 2002 开始，每年端阳节之际举办的香包民俗文化节，以庆阳地区的传统民俗香包刺绣、剪纸、皮影、道情、民歌等“庆阳五绝”为基础，保护和开发民间民俗文化，不仅带动地方特色文化产业的发展，而且使以香包刺绣为代表的民间民俗文化得以传承。各地传统民俗文化历经多年，有着独具特色的文化元素，需要依托特色文化资源，培育和发展“一县一品”“一乡一品”和“一村一品”特色文化。

塑造公共文化景观与形象。文化景观是文化生态体系的组成部分，鲜活地展现了地域的文化底蕴和文化特色。以甘肃为例，号称兰州“外滩”的滨河路就形象而鲜明地体现了兰州的黄河文化特色，无论是水车园，还是中山桥，抑或平沙落雁，无一不体现了这座黄河唯一穿城而过的省会城市的文化特色。沿着黄河两岸修筑的风情线，形成了一批颇具特色和功能的文化景观，如金城关仿古建筑群、龙源、黄河母亲雕塑、碑林、水车博览园、湿地公园、百合公园等，不仅提升了金城的文化底蕴，也为人民群众文化休闲提供了公共空间。天水是华夏文明的重要发源地，历史悠久、人文荟萃，境内文化古迹甚多，有新石器时代的文化遗址、天水伏羲庙、麦积山石窟等特色人文景观，有卦台山、大象山、仙人崖等游览胜地，构成公共文化建设的人文禀赋和资源基础。在公共文化服务体系的构建中，要科学决策、统一规划，及时修缮原有的文化景观，规划塑造新的文化景观，使文化景观与文化底蕴相得益彰。此外，要重视地方整体文化形象塑造。在静态层面上，应该有形象鲜明、独特、经典的文化标志；在动态层面上，应该有声名远扬的文艺品牌，有高水平、高品位的艺术展演活动，有群众广泛参与丰富多彩的大众性文化活动，有发达的文化产业、丰富的文化产品和繁荣规范的文化市场；在人的行为层面上，有普遍存在的社会公德氛围，有崇尚真善美的审美取向和价值取向。在整体文化形象的塑造中，重点是开发具有地域特色的文化品牌，在历史文化资源和现代文化积淀的基础上，构建独具特色的文化长廊。

参考文献

［1］郭建宁．当代中国的文化选择［M］．北京：北京大学出版社，2004.

［2］王列生，郭全中，肖庆．国家公共文化服务体系论［M］．北京：文化艺术出版社，2009.

［3］许明等．当代中国的文化发展［M］．北京：中国大百科全书出版社，2008.

［4］王列生．文化制度创新论稿［M］．北京：中国电影出版社，2011.

［5］吴理财等．公共性的消解与重建［M］．北京：知识产权出版社，2014.

［6］郭建宁．中国文化强国战略［M］．北京：高等教育出版社，2012.

［7］王岳川，胡淼森．文化战略［M］．上海：复旦大学出版社，2010.

［8］祁述裕，王列生，傅才武．中国文化政策研究报告［M］．北京：社会科学文献出版社，2011.

［9］［美］托比·米勒、乔治·尤迪斯．文化政策［M］．蒋淑珍等译，台湾：巨流图书公司，2006.

［10］胡惠林．文化政策学［M］．上海：上海文艺出版社，2003.

［11］陈鸣．西方文化管理概论［M］．书海出版社，山西人民出版社，2006.

［12］陈威．公共文化服务体系研究［M］．深圳：深圳报业集团出版社，2006.

［13］吴理财，等．当代中国农民文化生活调查［M］．北京：知识产

权出版社，2011.

［14］凌金铸．公共文化行政学［M］．上海：上海交通大学出版社，2012.

［15］刘吉发，金栋昌，陈怀平．文化管理学导论［M］．北京：中国人民大学出版社，2013.

［16］孙萍．文化管理学［M］．北京：中国人民大学出版社，2005.

［17］艺衡，任珺，杨立青．文化权利：回溯与展望［M］．北京：社会科学文献出版社，2005.

［18］蒯大申，饶先来．新中国文化管理体制研究［M］．上海：上海人民出版社，2010.

［19］［美］托比·米勒，乔治·尤迪斯．文化政策［M］．蒋淑珍等，译．台湾：巨流图书公司，2006.

［20］于群，李国新．中国公共文化服务发展报告（2012）［M］．北京：社会科学文献出版社，2012.

［21］陈瑶．公共文化服务：制度与模式［M］．杭州：浙江大学出版社，2012.

［22］陈威．公共文化服务体系研究［M］．深圳：深圳报业集团出版社，2006.

［23］艺衡，任珺，杨立青．文化权利：回溯与解读［M］．北京：社会科学文献出版社，2005.

［24］夏勇．走向权利的时代［M］．北京：中国政法大学出版社，2000.

［25］周浩然，李荣启．文化国力论［M］．沈阳：辽宁人民出版社，2000.

［26］罗争玉．文化事业的改革与发展［M］．北京：人民出版社，2007.

［27］庄英章．文化人类学［M］．台北：国立空中大学出版，1992.

［28］司马云杰．文化社会学［M］．北京：中国社会科学出版社，2001.

［29］辛秋水，吴理财．文化贫困与贫困文化［M］．西安：陕西教育出版社，2001.

[30] 孟繁华．传媒与文化领导权：当代中国的文化生产与文化认同［M］．济南：山东教育出版社，2003.

[31] 于群，李国新．中国公共文化服务发展报告（2012）［M］．北京：社会科学文献出版社，2012.

[32] 傅才武．中国公共文化政策实验基地观察报告（2014）［M］．北京：社会科学文献出版社，2014.

[33] 祁述裕．中国文化产业国际竞争力报告［M］．北京：社会科学文献出版社，2004.

[34]［美］塞缪尔·P·亨廷顿．文化的重要作用——价值观如何影响人类进步［M］．程克雄等，译．北京：新华出版社，2002.

[35]［德］马克思·韦伯．新教伦理与资本主义精神［M］．韩水法，译．西安：陕西师范大学出版社，2002.

[36]［美］杜赞奇．文化、权力与国家——1900—1942 年的华北农村［M］．王福明，译．南京：江苏人民出版社，1996.

[37] 王宁．全球化与文化：西方与中国［M］．北京：北京大学出版社，2002.

[38]［德］哈贝马斯．公共领域的结构转型［M］．曹卫东，译．上海：学林出版社，1999.

[39]［美］理查德·桑内特．公共人的衰落［M］．李继宏，译．上海：上海译文出版社，2008.

[40]［美］塞缪尔·P·亨廷顿．文明的冲突与世界秩序的重建［M］．周琪等，译．北京：新华出版社，1999.

[41]［美］约瑟夫·奈．软力量——世界政坛成功之道［M］．吴晓辉，译．北京：东方出版社，2005.

[42]［美］罗伯特·基欧汉，约瑟夫·奈．权力与相互依赖［M］．门洪华，译．北京：北京大学出版社，2002.

[43]［美］丹尼尔·贝尔．资本主义文化矛盾［M］．赵一凡等，译．上海：三联书店，1989.

[44] 陈庆云．公共政策分析［M］．北京：中国经济出版社，1996.

[45]［美］麦克尔·麦金尼斯．多中心体制与地方公共经济［M］．毛寿龙，译．上海：三联出版社，2000.

［46］［澳］欧文·E·休斯．公共管理导论［M］．毛寿龙，译．上海：三联出版社，2000.

［47］陈振明等．公共服务导论［M］．北京：北京大学出版社，2011.

［48］张康之，李传军．公共行政学［M］．北京：北京大学出版社，2008.

［49］李军鹏．公共服务学——政府公共服务的理论与实践［M］．北京：国家行政学院出版社，2007.

［50］俞可平．权利政治与公益政治［M］．北京：社会科学文献出版社，2005.

［51］［美］亨廷顿．变革社会中的政治秩序［M］．李盛平，译．北京：华夏出版社，1988.

［52］毛程连．西方财政思想史［M］．北京：经济科学出版社，2003.

［53］［法］莱昂·狄骥．公法的变迁［M］．郑戈等，译．沈阳：春风文艺出版社，辽海出版社，1999.

［54］曾峻．公共管理新论——体系价值与工具［M］．北京：人民出版社，2006.

［55］联合国开发计划署．2002 年人类发展报告：在碎裂的世界中深化民主［M］．北京：中国财政经济出版社，2002.

［56］林尚立等．政治建设与国家成长［M］．北京：中国大百科全书出版社，2008.

［57］金鸣娟．中国传统文化［M］．北京：中国农业大学出版社，2004.

［58］中国（海南）改革发展研究院．基本公共服务与中国人类发展［M］．北京：中国经济出版社，2008.

［59］安应民等．构建均衡发展机制——我国城乡基本公共服务均等化研究［M］．北京：中国经济出版社，2011.

［60］［德］米希尔·兰德曼．哲学人类学［M］．彭富春，译．北京：工人出版社，1988.

［61］李景源，陈威．中国公共文化服务发展报告（2009）［M］．北京：社会文献出版社，2009.

［62］陈昌盛，蔡跃洲．中国政府公共服务：体制变迁与地区综合评价

[M]. 北京：中国社会科学出版社，2007.

[63] 叶辛，蒯大申 .2007 年上海文化发展蓝皮书 [M]. 北京：社会科学文献出版社，2007.

[64] [美] A·佩思 . 服务营销 [M]. 郑薇，译 . 北京：中信出版社 1998.

[65] [美] 阿尔温·托夫勒 . 第三次浪潮 [M]. 朱志焱，译 . 上海：生活·读书·新知三联书店，1983.

[66] [美] 迈克尔·J·桑德尔 . 自由主义与正义的局限 [M]. 万俊仁等，译 . 南京：译林出版社，2001.

[67] [德] 米希尔·兰德曼 . 哲学人类学 [M]. 彭富春，译 . 北京：工人出版社，1988.

[68] [美] 阿瑟·奥肯 . 平等与效率——重大的抉择 [M]. 王奔洲，译 . 北京：华夏出版社，1987.

[69] [美] 奥斯本，盖布勒 . 改革政府：企业家精神如何改革着公营部门 [M]. 周敦仁等，译 . 上海：上海译文出版社，2006.

[70] [美] 弗雷德里克·杰姆逊 . 全球化的文化 [M]. 南京：南京大学出版社，2002.

[71] [英] 克里斯托弗·胡德 . 国家的艺术：文化、修辞与公共管理 [M]. 上海：上海人民出版社，2004.

[72] 全球治理委员会 . 我们的全球之家 [M]. 牛津大学出版社，1995.

[73] 陈振明 . 政府再造——西方“新公共管理运动”述评 [M]. 北京：中国人民大学出版社，2003.

[74] [美] 乔治·弗雷德里克森 . 公共行政的精神 [M]. 张成福等，译 . 北京：中国人民大学出版社，2003.

[75] [美] 罗伯特·登哈特，珍妮特·登哈特 . 新公共服务——服务，而不是掌舵 [M]. 丁煌，译 . 北京：中国人民大学出版社，2004.

[76] 俞可平 . 治理与善治 [M]. 北京：社会科学文献出版社，2000.

[77] [埃] 萨米尔·阿明 . 世界一体化的挑战 [M]. 任有谅等，译 . 北京：社会科学文献出版社，2003.

[78] [美] 塞缪尔·P·亨廷顿 . 变化社会中的政治秩序 [M]. 王冠

华等，译．上海：三联书店，1998.

［79］［美］奥斯本、盖布勒著．改革政府：企业家精神如何改革着公营部门［M］．周敦仁等，译．上海：上海译文出版社，2006.

［80］王沪宁．行政生态学［M］．上海：复旦大学出版社，1988.

［81］世界银行．1997 年世界发展报告：变革管理中的政府［M］．北京：中国财政经济出版社，1997.

［82］卢映川，万鹏飞，等．创新公共服务的组织与管理［M］．北京：人民出版社，2007.

［83］宋立根，赵新峰．地方政府公共服务部门改革研究［M］．北京：人民出版社，2007.

［84］彭国甫．地方政府公共事业管理绩效评估研究［M］．长沙：湖南人民出版社 2004.

［85］俞可平．和谐社会与政府创新［M］．北京：社会科学文献出版社，2008.

［86］刘豪兴．农村社会学［M］．北京：中国人民大学出版社，2004.

［87］程国顺．当代中国农村政治发展研究［M］．天津：天津人民出版社，2000.

［88］徐浩．农民经济的历史变迁：中英乡村社会区域发展比较［M］．北京：社会科学文献出版社，2002.

［89］陈昌盛，蔡跃洲．中国政府公共服务：体制变迁与地区综合评估

［90］陈昌盛，等．中国公共服务发展报告（2006）［M］．北京：中国社会科学出版社，2007.

［91］李军鹏．公共服务型政府［M］．北京：北京大学出版社，2004.

［92］冯云廷．城市公共服务体制：理论探索与实践［M］．北京：中国财政经济出版社，2004.

［93］［美］道格拉斯·C·诺斯．经济史中的结构与变迁［M］．上海三联书店，上海人民出版社，1994.

［94］韩永进．中国文化体制改革 32 年历史叙事与理论反思［D］．中国艺术研究院，2010.

［95］俞楠．文化认同的政治建构：当代中国公共文化服务战略研究［D］．华东师范大学，2008.

[96] 王晓刚．文化体制改革研究［D］．中共中央党校，2007.

[97] 张波．政府公共文化服务职能创新研究［D］．吉林大学，2009.

[98] 王沪宁．文化扩张与文化主权：对主权观念的挑战［J］．复旦学报（社会科学版），1994（3）．

[99] 祁述裕，董小宇．我国文化建设面临的三大历史性转变［J］．马克思主义与现实，2004（1）．

[100] 俞可平．现代化与全球化双重变奏下的中国文化发展逻辑［J］．学术月刊，2006（4）．

[101] 祁述裕．中国和欧盟国家文化体制．文化政策比较分析［J］．中国社会主义研究，2005（2）．

[102] 毛少莹．发达国家的公共文化管理与服务［J］．特区实践与理论，2007（2）．

[103] 王列生．论构建公共文化服务体系的意识形态前置［J］．文艺理论与批评，2007（2）．

[104] 凌金铸．文化体制改革的拐点及意义［J］．上海交通大学学报（哲学社会科学版）2010（6）．

[105] 刘俊生．公共文化服务组织体系及其变迁研究——从旧思维到新思维的转变［J］．中国行政管理，2010（1）．

[106] 万林艳．公共文化及其在当代中国的发展［J］．中国人民大学学报，2006（1）．

[107] 夏国锋，吴理财．公共文化服务体系建设的发展历程．基本逻辑与经验启示——深圳样本的表达［J］．理论与改革，2012（3）．

[108] 全国农村文化联合调研课题组．中国农村文化建设的现状分析与战略思考［J］．华中师范大学学报（人文社会科学版），2007（4）．

[109] 贺雪峰．农民价值观的类型及相互关系——对当前中国农村严重伦理危机的讨论［J］．开放时代，2008（3）．

[110] 吴毅．从革命到后革命：一个村庄政治运动的历史轨迹——兼论阶级话语对于历史的建构［J］．学习与探索，2003（2）．

[111] 吴淼．论农村文化建设的模式选择［J］．华中科技大学学报（社会科学版），2007（6）．

[112] 俞可平，徐秀丽．中国农村治理的历史与现状——以定县．邹

平和江宁为例的比较分析［J］. 经济社会体制比较，2004（3）.

［113］贺雪峰. 中国农民价值观的变迁及对乡村治理的影响［J］. 学习与探索，2007（5）.

［114］吴理财，夏国锋. 农民的文化生活：兴衰与重建——以安徽省为例［J］. 中国农村观察，2007（2）.

［115］陈剩勇，赵光勇. 参与式治理研究述评［J］. 教学与研究，2009（8）.

［116］傅才武，陈庚. 三十年来的中国文化体制改革进程：一个宏观分析框架［J］. 福建论坛（人文社科版），2009（2）.

［117］任彦甲. 文化体制改革与我国文化产业竞争力［J］. 北京大学学报，2005（2）.

［118］傅才武. 中国文化管理体制：性质变迁与政策意义［J］. 武汉大学学报（人文科学版），2013（1）.

［119］霍步刚，傅才武. 我国文化体制改革的理论分期与深化文化体制改革的策略问题［J］. 中国软科学，2007（8）.

［120］刘俊生. 公共文化服务组织体系及其变迁研究——从旧思维到新思维的转变［J］. 中国行政管理，2010（1）

［121］傅才武，宋丹娜. 我国文化体制的缘起. 演进和改革对策［J］. 江汉大学学报，2004（6）.

［122］毛少莹. 现代发达国家公共文化管理经验及启示［J］. 公共管理改革，2006（5）.

［123］吴理财. 非均等化的农村文化服务及其改进对策［J］. 华中师范大学学报（人文社会科学版），2008（5）.

［124］傅才武，余川. 我国农村文化建设中民间力量参与的价值及其实现路径［J］. 江汉论坛，2011（2）.

［125］吴理财. 公共文化服务的运作逻辑及后果［J］. 江淮论坛，2011（4）.

［126］周晓丽，毛寿龙：论我国公共文化服务及其模式选择［J］. 江苏社会科学，2008（1）.

［127］蒋晓丽，石磊. 公益与市场：公共文化建设的路径选择［J］. 广州大学学报（社会科学版），2006（8）.

[128] 李丽. 文化公共性与社会和谐 [J]. 马克思主义与现实, 2009 (6).

[129] 周晓丽, 毛寿龙. 论我国公共文化服务及其模式选择 [J]. 江苏社会科学, 2008 (1).

[130] 李少惠, 曹爱军, 王峥嵘. 行政变革中的公共文化服务及其路向 [J]. 中国行政管理, 2007 (4).

[131] 俞可平. 全球治理引论 [J]. 马克思主义与现实, 2002 (1).

[132] 孙柏英. 公共性: 政府财政活动的价值基础 [J]. 中国行政管理, 2001 (1).

[133] 金人庆. 完善促进基本公共服务的公共财政制度 [J]. 中国财政, 2006 (11).

[134] 邵学峰. 财政转型下的公共投资结构分析 [J]. 吉林大学社会科学学报, 2007 (5).

[135] 侯玉兰. 新公共服务理论与建设服务型政府 [J]. 国家行政学院学报, 2005 (4).

[136] 应若平. 参与式公共服务的制度分析——以农民参与灌溉管理为例 [J]. 求索, 2006 (7).

[137] 杨团. 探索"第四域" [J]. 学海, 2004 (4).

[138] 陈鹏. 公民权社会学的先声——读 T. H. 马歇尔公民权与社会阶级 [J]. 社会学研究, 2008 (4).

[139] 李少惠, 余君萍. 西方公共文化服务体系综述及其启示 [J]. 图书馆理论与实践, 2012 (3).

[140] 祝灵君, 聂进. 公共性与自利性: 一种政府分析视角的再思考 [J]. 社会科学研究, 2002 (2).

[141] 王乐夫, 陈干全. 公共管理的公共性及其与社会性之异同分析 [J]. 中国行政管理, 2002 (6).

[142] 王覃刚. 中国政府主导型制度变迁的逻辑及障碍分析 [J]. 山西财经大学学报, 2005 (3).

[143] 梁謇. 论中国城乡二元体制的变迁 [J]. 行政论坛, 2011 (5).

[144] 陈喜梅. 城乡统筹发展——基于城市偏向政策的研究 [J]. 当代世界与社会主义, 2009 (2).

[145] 应小丽. 市场发育、政府主导和社会管理创新: 五届中国地方

政府创新奖浙江项目的分析［J］. 浙江社会科学，2011（9）.

［146］丁言．建构我国基层文化制度体系的理性分析［J］. 广东行政学院学报，2006（3）.

［147］沈荣华．论政府公共服务机制创新［J］. 北京行政学院学报，2004（5）.

［148］孔凡河，蒋云根．我国公共服务市场化的多维困境及其路径选择［J］. 学习与探索 . 2006（5）.

［149］魏鹏举．文化事业的财政资助研究［J］. 当代财经，2005（7）.

［150］李少惠，王峥嵘．论城市社区文化发展中的公共行政——基于新公共服务视角的探析［J］. 经济体制改革，2006（5）.

［151］蒋建梅．政府公共文化服务体系绩效评价研究［J］. 上海行政学院学报，2008（7）.

［152］彭岚嘉．甘肃文化资源的整合与开发［J］. 西北师范大学学报（社会科学版），2003（11）.

［153］朱文镇，赵秋喜．关于中国农村文化性贫困的若干思考［J］. 农村经济，2004（1）.

［154］林万龙．乡村社区公共产品的制度外筹资：历史．现状及改革［J］. 中国农村经济，2002（7）.

［155］邓朴，石正义．公共服务市场化的主体多元性探析［J］. 四川大学学报（哲学社会科学版），2006（2）.

［156］赵秀玲．当前中国村民自治的难题及其突破［J］. 社会科学辑刊，2003（6）.

［157］宋立．我国公共服务供给中各级政府事权配置改革研究［J］. 经济研究参考，2005（25）.

［158］于德运．我国农民文化心态的变化与现阶段农村文化建设的价值取向［J］. 社会科学战线，2003（3）.

［159］丁言．文化生产力理论的实践价值［J］. 中共四川省委党校学报，2006（2）.

［160］王锡锌．政府改革：从管理主义模式到参与式治理，中国改革，2011（4）.

［161］金民卿．构建多种文化发展模式［N］. 中国社会科学报，2011-

11-08.

［162］周明海，吴兆雪．基本公共服务均等化问题探讨［J］．学术界，2008（4）．

［163］王玮．政府预算改革：我国构建公共财政框架的关键［J］．首都经济贸易大学学报，2001（5）．

［164］刘熙瑞，段龙飞．服务型政府：木质及其理论基础［J］．国家行政学院学报，2004（5）．

［165］许士密．文化生产力的价值理性与和谐社会的文化自觉［J］．求实，2007（2）．

［166］王鲁娜．文化生产力是一种客观现实的物质力量［J］．学术论坛，2005（9）．

［167］吕方．构建公共文化服务体系：当代中国发展的新基石［J］．学海，2007（6）．

［168］侯玉兰．新公共服务理论与建设服务型政府［J］．国家行政学院学报，2005（4）．

［169］钟晓敏．公共财政与基本公共服务：浙江的实践与经验［N］．中华读书报，2009-01-01．

［170］汪杰贵．政府文化职能概念新论［J］．社会科学论坛，2006（1）．

［171］唐亚林，朱春．当代中国公共文化服务均等化的发展之道［J］．江汉论坛，2012（5）．

［172］高迎刚．当代中国公共文化建设的历史回顾与现状分析［J］．艺术百家，2013（6）．

［173］苗瑞丹．反思与借鉴：美国公共文化政策对我国文化发展成果共享的现实启示［J］．学术论坛，2013（10）．

［174］马雪松，张贤明．公共文化服务体系建设：功能预期、价值取向与路径选择［J］．探索，2012（6）．

［175］刘忱．公共文化服务体系建设的实践考察与建议［J］．中共中央党校学报，2012（6）．

［176］羊许益，林德忠．公共文化服务体系建设与马克思主义大众化的耦合及其四个维度［J］．当代世界与社会主义，2013（2）．

［177］顾金喜．公共文化建设的路径探析——一种从个体理性到公共

理性的演进逻辑［J］. 浙江社会科学，2012（11）.

［178］杨泽喜 . 构建公共文化服务体系的逻辑原点与路径选择［J］. 江汉论坛，2012（5）.

［179］曲芳艾 . 简论公共文化服务倡导社会价值观［J］. 社会科学战线，2012（10）.

［180］杨泽喜 . 建构工具理性与价值理性契合的公共文化服务评估体系［J］. 中国地质大学学报（社会科学版），2012（1）.

［181］刘辉 . 理解公共文化服务：内涵、主体与发展中的问题［J］. 河南社会科学，2012（5）.

［182］凌金铸 . 美国公共文化体制的结构［J］. 上海交通大学学报（哲学社会科学版），2013（6）.

［183］李少惠 . 民族传统文化与公共文化建设的互动机理［J］. 西南民族大学学报（人文社会科学版），2013（9）.

［184］张良 . 政府主导、社会参与、市场配置：农村公共文化服务体系建设的理想模式［J］. 理论与现代化，2012（4）.

［185］王富军 . 农村公共文化建设：问题与对策——基于体制机制层面的思考［J］. 福建论坛（人文社会科学版），2012（2）.

［186］夏洁秋 . 文化政策与公共文化服务建构［J］. 同济大学学报（社会科学版，2013（1）.

［187］张楠 . 纵横结构的公共文化服务体系模型建构［J］. 浙江社会科学，2012（3）.

［188］唐亚林，朱春 . 当代中国公共文化服务均等化的发展之道［J］. 学术界，2012（5）.

［189］陈立旭 . 公共文化发展模式转型：浙江的实践与历程［J］. 浙江社会科学，2014（10）.

［190］张波 . 公共文化服务的均等化和多样性之逻辑解析［J］. 社会科学战线，2015（1）.

［191］吴理财 . 公共文化服务的运作逻辑及后果［J］. 江淮论坛，2011（4）.

［192］陈通，廖青虎 . 公共文化项目辐射的“四维度、三层次”评价［J］. 天津大学学报（社会科学版），2015（1）.

［193］常莉．共同治理视阈下公共文化管理运行基础和路径研究［J］．西安交通大学学报（社会科学版），2015（1）．

［194］苗瑞丹．构建现代公共文化服务体系：他国镜鉴与启示［J］．重庆社会科学，2015（1）．

［195］杨泽喜，陈继林．国家公共文化服务体系价值分层论［J］．湖北行政学院学报，2014（1）．

［196］王列生．论“功能配置”与“公众期待”的对位效应及其满足条件——基于现代公共文化服务体系建设中工具激活的向度［J］．江汉学术，2014（3）．

［197］田川流．论公共文化服务的当代意蕴与发展路径［J］．艺术百家，2014（6）．

［198］杨立青．论公共文化服务的社会化［J］．云南社会科学，2014（6）．

［199］胡智锋，杨乘虎．免费开放：国家公共文化服务体系的发展与创新［J］．清华大学学报（哲学社会科学版），2013（1）．

［200］夏玉珍，卜清平．前世与今生：乡镇文化站的历史变迁与路径转向——公共文化服务不同时期的功能［J］．甘肃社会科学，2014（1）．

［201］张波．我国公共文化服务的政治意蕴及其供给逻辑［J］．理论探讨，2015（2）．

［202］胡税根，李倩．我国公共文化服务政策发展研究［J］．华中师范大学学报（人文社会科学版），2015（2）．

［203］王洛忠，李帆．我国基本公共文化服务：指标体系构建与地区差距测量［J］．经济社会体制比较，2013（1）．

［204］印子．乡村公共文化的面孔、式微与再造——基于湖北农村老年人协会建设实践的分析［J］．南京农业大学学报（社会科学版），2015（2）．

［205］魏鹏举，戴俊骋．中国公共文化经济政策探析［J］．中国行政管理，2016（12）．

［206］耿达，傅才武．公共文化行政：理论、模式与发展路径［J］．天津行政学院学报，2016（5）．

［207］陈立旭．公共文化发展：政府的职能与界限［J］．浙江社会科学，2016（9）．

[208] 苗瑞丹．英国公共文化服务的分权与共治经验及其借鉴 [J]．马克思主义与现实，2016（4）．

[209] 孟祥林．公共文化服务：发达国家的经验与我国的发展选择 [J]．贵州社会科学，2019（5）．

[210] 吴予敏．城市公共文化服务的结构二重性和社会行动者——以吉登斯结构化理论为视角 [J]．学术研究，2016（10）．

[211] 罗云川，阮平南．公共文化服务网络治理：主体、动力因素与分析模型 [J]．图书馆理论与实践，2016（7）．

[212] 项江涛．公共文化服务体系建设的文化效应与价值实现 [J]．思想战线，2016（4）．

[213] 谢锡文，郭佳琦．空间制造：文化社区、文化资本与文化生产 [J]．山东大学学报（哲学社会科学版），2016（4）．

[214] 颜玉凡，叶南客．政府视野下公共文化治理的三重使命 [J]．浙江社会科学 2016（3）．

[215] 黄旭．公共文化物品的时空转换与政府文化职能演变 [J]．广州大学学报（社会科学版），2016（2）．

[216] 陈立旭．中国公共文化体制的改革创新历程审视 [J]．浙江学刊，2017（2）．

[217] 胡税根，陶铸钧．中国公共文化服务的发展逻辑研究 [J]．华中师范大学学报（人文社会科学版），2018（5）．

[218] 黄玉蓉．企业资助公共文化：域外经验与中国路径 [J]．艺术百家，2018（3）．

[219] 吴理财，解胜利．中国公共文化服务体系建设 40 年：理念演进、逻辑变迁、实践成效与发展方向 [J]．上海行政学院学报，2019（5）．

[220] 曹树金，刘慧云，王雨．我国公共文化服务政策演进（2009—2018）[J]．图书馆论坛，2019（9）．

[221] 李国新．公共文化研究 10 年：回顾与前瞻 [J]．图书馆建设，2019（5）．

[222] 靳亮，陈世香．文化属性“三分法”与中国公共文化治理的本土化建构 [J]．上海交通大学学报（哲学社会科学版），2018（2）．

[223] 颜玉凡，叶南客．践行文化自信的公共文化治理：价值内涵、实践场域和行动取向 [J]．南京社会科学，2019（2）．

索引关键词

后 记

公共文化是文化生态系统的有机构成，是社会主义文化体系的重要方面。新时代，在“五个建设”国家战略视野中，适应我国社会的全面转型，推进具有健康文化价值导向性、全民文化权益共享性的公共文化建设，成为关乎增强国家文化认同、维护社会文化秩序、实现公民文化权益的重大议题。

公共文化治理是一项复杂的议题，其间既涉及理论建构，也涉及实践发展，需要进行多维视野的整合研究，将应然与实然结合起来，使理论建构与实践动态、规范研究与实证研究“各得其所”并“彼此回应”。本书重视“本土知识”的整合和建构，遵循建构主义的研究理路，吸纳文化社会学、文化生态学、政治社会学、公共行政学、文化传播学的理论元素，初步建构起公共文化议题的话语逻辑和理论框架。特别是，聚焦于国家文化主权、公民文化权利、社会公平正义等理念，从文化自觉、文化生态、文化认同等向度，构建起公共文化治理的理论框架，明确了公共文化治理的核心关切、价值维度及功能目标。本书关注“地方性经验”的归纳和提炼，通过遴选典型实践展开案例研究，提出若干在政策推广、模式构建、机制创新等方面具有典型性和示范性的经验性知识。通过对地方知识的理论化和体系化，为公共文化治理提供协同性的全局方案，明确公共文化发展的宏观思路、核心领域和关键节点。

本书是笔者主持完成的国家社科项目成果的扩容版和升级版。在书稿形成过程中，吸收了最新研究成果和理论观点，对原有成果进行了全方位修改完善和理论提升，力求在问题聚焦、逻辑结构、内容体系、书写表达等方面有较大突破。当然，受限学术能力，书稿仍略显粗陋，有一些问题还需要做深入探讨。在书稿完成付梓之际，深感欣慰但仍清醒地意识到，书中点滴研究成果是在大量研读、参考并应用学者们已有研究成果基础上完成的，且不免疏漏之处，恳请各位专家学者批评指正！在此，对写作过程中给予笔者思想启发和无声援助的同人表示诚挚的感谢！

本书的出版，得到了甘肃政法大学科研启动经费的资助，也得到了中国经济出版社的大力支持，在此一并表示感谢！

曹爱军

2019 年 11 月